KB261314

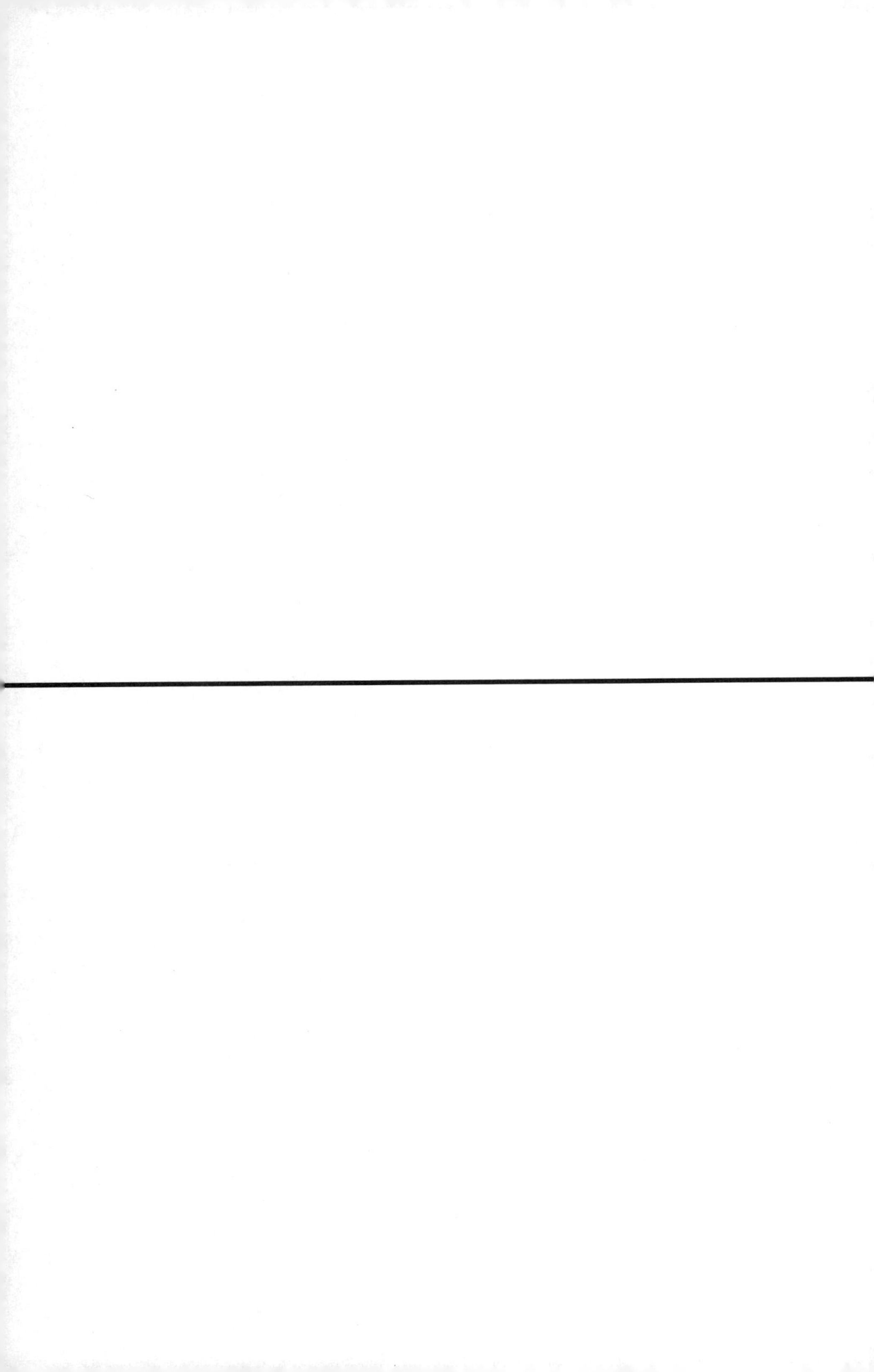

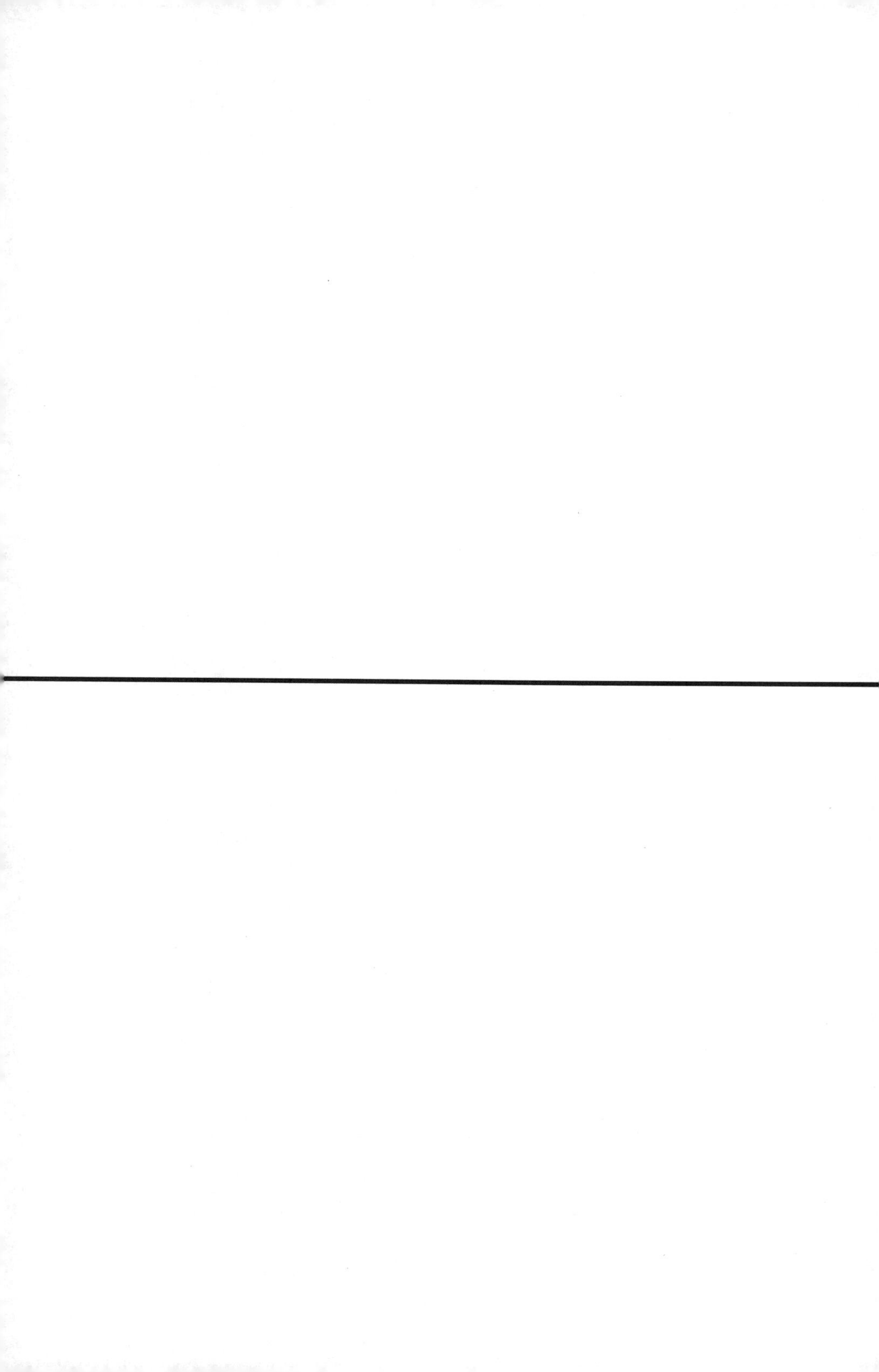

화 해 와 평화의 좁은 길

남북나눔이 걸어온 20년

홍정길
이만열
권호경
강경민
김영주
이문식
신명철
지음

홍성사

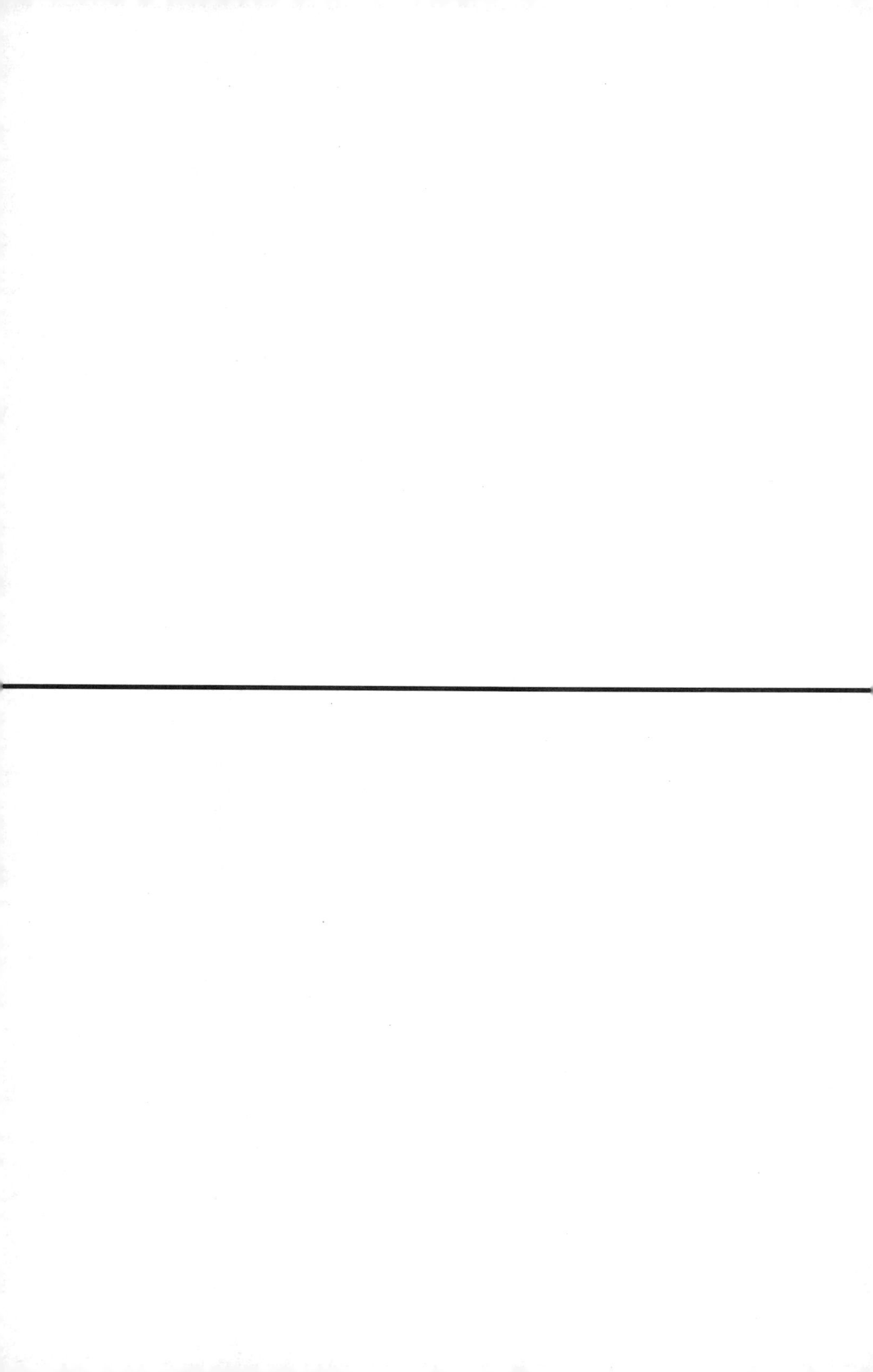

마음과 마음으로 쌓은 20년에 감사하며

한국기독교교회협의회(NCCK, The National Council of Churches in Korea) 총무였던 권호경 목사님과 그 일행이 1992년 방북했을 당시, 평양 주석궁에서 논의하며 장려한 일이 '남북나눔운동'입니다. 통일을 염원하던 믿음의 사람들이 선언문을 시작으로 통일운동의 불을 지폈습니다. 그리고 구호에 머물지 않고 남북 교류의 첫걸음을 뗐습니다. 그렇게 1993년, 보수와 진보 가운데 온건한 분들이 모여 '통일만큼은 교회가 통일된 마음으로 해야 한다'는 당위로 이 모임을 시작하게 되었습니다.

그간 한국 역사는 늘 변화하여 어떤 때는 '곧 통일이 되지 않을까?' 하는 호시절이 있었는가 하면, '이제 모든 것이 끝나 버린 것 아닌가?' 하는 위기의 시간도 있었습니다. 이런 형편과 상관없이 남북나눔운동은 꾸준한 보폭으로 걸어왔고, 이어 생긴 여러 대북 지원 및 교류 단체들과 연합하며 함께 통일운동의 역사를 만들어 왔습니다. 남북나눔운동이 세워진 지 벌써 20년이나 되었다니 체감하는 것에 비해 많은 세월이 흘렀음을 깨닫습니다. 아울러 그 세월 속에 크고 작은 변화는 있었으나 만족할 수 없는 현실에 우리의 실상을 다시금 느낍니다.

지난 20년 동안 살아온 이야기를 남북나눔운동에 몸담았던 동지들이 구술하고 정리했습니다. 각자 처한 상황이 서로 다르고 일한 시기도 다르기 때문에 시간을 거슬러 살펴보는 추억들이 같은 사건임에도 상충되고 모순되는 모습이 곳곳에 보입니다. 하지만 통일운동을 하면서 '서로 다름이 함께한 증거'인 역사적 기록물이기에 이 책을 그대로 펴냅니다.

오늘에 이르기까지 참으로 많은 수고를 한 초창기 멤버들이 생각납니다. 그중에서도 귀한 헌신으로 남북나눔운동의 초석을 다져 주신 김경민 통일교육원 원장님, 지금은 탈북자 목회를 하는 임용석 목사님, 만주 벌판을 같이 뛰어놀며 몸으로 일한 김문일 목사님, 남북나눔 일에 동참해 준 연변의 동포들 그리고 처음부터 지금까지 20년간 삶 전체를 드려 헌신하신 신명철 장로님……. 책을 펴내면서 한 분, 한 분 추억 속에서 다시 만나게 되어 지난날이 참으로 귀한 시간이었다는 생각이 듭니다.

여기 남북나눔운동의 20년이 기록되었는데, 앞으로 20년은 또 어떻게 귀하게 사용될지 기대해 봅니다. 또한 보이지 않는 곳에서 섬긴 여러 교회의 귀한 헌신 또한 하나도 빼놓지 않고 언젠가는 기록으로 남겨 두어야 할 통일운동의 중요한 근간이라고 생각합니다. 앞으로 펼쳐질 새 드라마, 주께서 어떻게 인도하실지 기대합니다.

부족한 부분이 너무도 많지만 뒤따라 통일운동에 동참하는 분들께 역사적인 사실을 확인하는 장이 될 것이기에 이 책을 펼칩니다. 그러나 통일된 다음에 밝혀야 할 일은 아직 숨겨져 있다는 것 또한 밝혀 둡니다.

20년의 시간, 힘들었지만 보람 있는 걸음이었고, 민족의 미래를 향한 귀한 투쟁이었다고 생각합니다. 이 일에 동참해 주신 귀한 분들에게 중심의 감사를 드리며, 이 나라 통일운동에 헌신한 많은 동지의 노고 또한 이처럼 기록되어 통일 한국의 그날, 기쁨으로 읽히는 축복이 있기를 마음에 소원해 봅니다.

남북나눔운동 회장

홍정길

가슴 벅찬 내 인생의 황금기

신명철 본부장

신명철 홍정길 목사의 권유로 남북나눔 초기에 자원봉사자로 남북나눔에 발을 들여놓았다. 이문식 목사와 초기 식량 지원의 물꼬를 텄으며, 남북나눔 본부장을 맡아 오늘에 이르고 있다. 대기업 CEO를 역임하는 등 다양한 실무 경험과 지식을 토대로 남북나눔 운영에 역량을 발휘해 왔다. 70-80여 차례의 방북 경험과 북한 사람들과의 만남으로 북한과 대북 사업에 깊은 이해를 갖고 있으며, 발기인대회부터 오늘에 이르기까지 모든 과정을 지켜본 남북나눔의 산증인이기도 하다.

"같이하시는 겁니다"

　　과거 오랜 기간 북한은 내게 타도의 대상이었다. 한국전쟁을 겪었으며 개성이 고향인 실향민으로 투철한 반공 교육을 받으며 자랐으니 자연스러운 생각이었다. 1968년 1월, 내가 서른한 살이었을 때 북한 무장 게릴라 31명이 청와대를 습격한 '김신조 사건'은 아직도 기억이 생생하다. 집안으로 보자면, 할아버지가 제헌 국회의원(2년 임기)에 이어 제2대 국회의원으로 재선하셨는데 선거구가 오늘날 개성 외곽 개풍군으로 작고하신 소설가 박완서 선생과 국어학자 이희승 선생의 고향이기도 하다. 초등학교 5학년 때 국회의원이신 할아버지를 따라 가족이 서울로 올라와 중학교에 입학한 지 석 달 만에 한국전쟁이 터졌다. 전쟁은 많은 것을 무너뜨리고 앗아 갔는데, 그 와중에 할아버지의 선거구가 사라져 버렸다.

　　성장 배경으로나 기억으로나 북한에 대한 이미지가 좋을

리 만무했다. "저들이 아무리 악하고 미워도 우리는 주님의 사랑을 전하고, 또 그 사랑으로 대해야 합니다. 그게 우리 사명입니다." 홍정길 목사님이 늘 강조하신 말씀이지만, 내게 그런 사명감이 있을 턱이 없었다. 그런 내가 북한을 평화의 파트너로 여겨 지원하고 돕는 민간 대북 지원 최일선에서 일하게 될 줄 꿈이라도 꾸었을까. 게다가 지난 스무 해 동안 삶의 후반부를 이 일에 쏟아붓게 될 줄 상상이나 했을까.

사단법인 남북나눔(이하 '남북나눔')은 1992년 12월 7일 서울 서초구 반포동에 위치한 남서울교회에서 발기인대회를 열었다. 나는 본래 충신교회를 다니다가 1981년부터 남서울교회에 출석했는데, 홍정길 목사님을 잘 알지 못했지만 말씀에 은혜가 있다는 아내의 권유로 다니게 되었다. 발기인대회를 열 당시, 교회에는 그다지 달가워하지 않는 정서가 팽배했다. 이유는 간단했는데, "빨갱이를 왜 돕느냐"는 거였다. 발기인대회에 참석했더니 여러 교단의 목회자들이 초청되어 오셨다. 정식 창립대회는 이듬해인 1993년 4월 27일, 비가 부슬부슬 내리는 오후에 덕수궁 옆 정동제일교회에서 했다. 1부 예배, 2부 조직 구성과 선언문 낭독에 이어 식사를 하고 이후에 순서가 더 있었는데, 식사를 마치고 보니 사람들이 대거 빠져나가 버렸다. 나는 교회 담임목사님이 중심이 되어 열린 행사니까 그저 순진한 마음에 끝까지 남아 있었다. 행사가 다 끝나고 나오는데 홍 목사님이 본당 입구에서 참석자들과 일일이 악수를 하고 계셨다. 내 차례가 되자 손을 내밀면서 "장로님, 같이하시는 겁니다" 하시는 게 아닌가! 그 자리에서 "저는 못합니다" 할 수는 없지 않은가. 그래서 "네" 하고 대답했는데, 별 뜻 없이 내뱉은 그 말이 지금껏 스무 해 동안이나 내 발목을 붙잡게 될 줄 그때는 전혀 상상하지 못했다.

나는 1938년생으로 이만열·손봉호 장로, 고(故) 옥한흠 목사와 동년배다. 초등학교 2학년 때까지 일제 치하에 있다가 광복을 맞았다. 한국전쟁 중에는 1·4후퇴 때 부산에서 3년간 피난 생활을 하다가 1954년에 다시 서울로 돌아왔는데, 고등학교 2학년 중간쯤이었다. 고등학교를 마치고 대학을 진학했는데, 지금이야 대학 진학이 보편적인 일이지만 그땐 경제적 이유 등으로 쉽지 않은 일이었다. 경영학을 전공했는데 당시는 경영학과가 일반인에게는 생소한 때였다. 나는 경영학에서도 회계를 전공했고, 학부 졸업 후 대학원에서도 회계학을 공부했다. 회사에 취직해서는 주로 재무부서에서 일했다.

취직이 굉장히 어려운 시절이었는데, 첫 직장은 6년 반을 다녔다. 아주 오래 다닌 두 번째 회사에서는 회계과장, 경리차장, 기획부장, 비서실장, 이사, 전무이사로 일했는데, 해외 담당 이사를 여러 해 맡아 했다. 나중에는 인도네시아 원목개발 업무까지 했다. 물론 성경 말씀대로라면 다 '배설물'일 따름이다. 다만, 직장생활을 통해 여러 직책을 맡고 업무 경험을 쌓은 것은 결국 하나님께서 이 일을 맡기시려 그랬던 게 아닌가 싶다.

예를 들어 원목을 수송하기 위해 많은 배를 용선(用船)한 경험은, 북한에 물자를 보내기 위해 배를 빌리는 데 많은 도움이 되었다. 또한 건설회사 경영자로서의 경험은 북한의 농촌 주택 개량 사업 지원 시 자재 선정 과정에 보탬이 되었고, 화학제품 생산업체 원가계산 담당자로서의 경험은 대북 지원용 플라스틱 비닐과 스티로폼 등 여러 합성수지 제품의 견적 비교와 선택에 큰 도움이 되었다. 이런 경험이 유용하게 쓰인 덕분에, 세관 수출면장 작성을 관세사에게 맡긴 것을 제외하고는 대북 지원 과정의 온갖 절차와 까다로운 업무를 남북나눔은 모두 자체적으로 진행해 왔다.

지난날의 모든 경험이 '이때를 위함'이라고 생각한 건 또 있다. 북한에 수해가 났을 때 통일부 기금으로 남북나눔이 약품을 굉장히 많이 사서 보낸 일이 있다. 군에서 위생병으로 복무해 기초적인 수준이지만 약품별로 용도와 효능을 상당 부분 알고 있어 도움이 많이 되었다. 하나님께서 이렇게 훈련시키셨구나 하는 생각이 들어 놀랍고 감사했다.

회계 업무도 그렇다. 세무사를 부르지 않아도 기본적인 것은 직접 할 수 있다. 2000년 초부터 부가가치세를 환급받고 있는데, 당시 다른 대북 지원 단체에서 남북나눔 사무실로 부가세 환급 관련 문의가 많이 왔다. 과거 재무부서에서 일했던 게 지금 이렇게 쓰시려 그랬구나 싶었다. 이처럼 하나님이 직장생활을 통해 남북나눔에서 더 효과적으로 섬길 수 있게 도우셨다고 나는 믿는다.

자원봉사자의 눈물

남북나눔이 창립되고 1년여 지난 1994년 봄, 홍 목사님으로부터 연락이 왔다.

“장로님, 지금 북한에 식량난이 굉장히 심각하다고 합니다. 이문식 목사와 같이 상황이 어떤지 좀 알아보고, 쌀을 보낼 수 있으면 좋겠습니다.”

자원봉사자로 남북나눔 일을 돕고 있었기에, 나로선 실무에 참여하는 것도 전혀 이상할 게 없었다. 남북나눔 기획실장 이문식 목사는 체격이 장대한 분인데 비해 나는 단신에 속하는 편이다. 이때부터 우리는 거꾸리와 장다리 듀엣처럼 남북나눔 초기 사역을 감당하는 환상의 복식조가 되어 오랫동안 고락을 함께했다.

그때는 중국 천진(톈진)까지 가는 대한항공 부정기 노선이 있었다. 천진에서 두 시간 차를 타고 북경으로 갔다. 숙소를 천안문 근처 베이징호텔로 정했다. 외신 기자들이 많이 묵어 괜찮은 곳인 줄 알았더니 커다란 바퀴벌레가 얼마나 많던지, 바퀴벌레가 만리장성 닮았다 싶게 컸다.

북경에서 다시 연길(옌지) 가는 비행기를 탔는데, 더글러스 DC-4라는 프로펠러 항공기로 수송기를 개조한 비행기였다. 좌석이 총 40석이었는데, 뒤쪽 10-20석은 짐을 싣는다고 사람을 안 태웠다. 유리창도 덜렁덜렁하고 안전벨트조차 고장 나 있어 생명보험을 들어도 아무 소용 없겠다 싶었다. 창밖으로 내려다보이는 이착륙 타이어는 얼마나 닳았던지 ‘저게 제대로 굴러갈까’ 걱정스러웠다. 어렵사리 연길에 가긴 갔는데, 남대문에서 김 선생 찾으라는 격이지 대체 무엇을 어떻게 해서 북한에 쌀을 보낼지 막막했다. 떠나기 전 홍 목사님이 하신 말씀이 떠올랐다.

“어떻게 해서든 북한에 식량을 보내야 합니다. 누가 받아도 좋으니 꼭 쌀을 보내고 오셔야 합니다.”

연길에서 두 사람을 소개받았다. 연길교회 류두봉 목사와 장홍을 화백이 그들이었다. 장홍을 화백은 480명쯤 되는 중국의 화원 화가 중 유일한 조선족으로 민속화와 산수도를 많이 그리는 분이다. 장 화백을 만난 자리에 장 화백 부인도 함께했는데, 연변 오케스트라 단원인 그녀가 북에 다녀온 지 얼마 안 된 터라 생생한 최신 소식을 들을 수 있었다. 그들과 만나고 대화하면서 북한에 대한 생각과 고정관념이 하나둘 깨지기 시작했다.

류두봉 목사와는 함께 신학교 대지를 보러 다니기도 했는데, 사회주의 국가 중국에서 개인이 토지를 사들이는 건 불가능한 일이었다. 류 목사는 공터에다 교실 하나를 대충 지어 놓고 거기서 신학생을 가르치고 있었다. 북한에 쌀을 보내게 된 건 류 목사가 주선해 준 덕분이었다.

“목사님, 우리 남북나눔에서 북한에 식량을 지원하려고 하는데, 무슨 방법이 없습니까?”

밑도 끝도 없는 물음에 그는 젊은 사업가를 소개해 주었다. 연길교회 어느 장로의 사촌인 그 사업가는 북한에 투자를 한 사람으로, 김일성 주석과 손을 잡고 사진을 찍었을 정도로 북한의 신임을 받는 인물이었다.

그가 중개인 역할을 맡자 쌀의 국경 통관 절차가 진행되기 시작했다. 쌀을 보따리로 가져가면 머리에 이거나 등에 지고 가면 그만이다. 쌀이 몇 자루라 해도 수레로 끌고 가면 되는 일이다. 그런데 우리는 트럭으로 들여보내야 했으니 통관 절차가 필요했던 것이다. 세관을 중국이나 북한에선 ‘해관’이라고 한다. 정식 절차는 아니지만, 식품 검역도 받아야 하고 거쳐야 할 절차가 다 있다. 절차를 밟는 과정에서 예전 직장 경험이 굉장히 도움이 되었다.

1994년 6월 7일, 당시 미국 클린턴 행정부가 북한 핵 시설을 폭격할 것이라는 보도가 한창일 때, 드디어 우리는 쌀 60톤을 도문(투먼)에서 북한으로 들여보냈다. 그 순간의 감격을 어찌 잊을 수 있을까. 여러 달 어려운 과정을 거쳐 마침내 북한 땅으로 넘어가는 쌀 트럭을 보면서, 장대한 체구의 이문식 목사도 울고 나도 목 놓아 울었다.

당시만 해도 해외 나갈 때 소지할 수 있는 돈은 1인당 5천 달러가 최대 한도였다. 이문식 목사와 둘이서 나가니까 우리는 한 번에 1만 달러가 최대 한도인 셈이었다. 그런데 대북 식량 지원을 하다 보면, 매번 1만 달러에 맞춰 보낸다는 게 말처럼 쉬운 일이 아니었다. 1만 달러를 초과하여 쌀을 보내야 할 때가 생기기 마련인데, 문제는 실정법을 어겨야 한다는 것이었다. 실정법을 지키면서 1만 달러 넘게 대북 쌀 지원을 하려면, 한 번에 할 일을 두 번, 세 번에 걸쳐 나눠 진행할 도리밖에 없었다. 당시에는 복수비자도 없을 때라, 일의 번거로움은 물론이고 중국을 오가는 경비도 왕복 횟수만큼 고스란히 더 들 게 불 보듯 뻔했다. 그 문제를 홍정길 목사님에게 상의하면 대답은 한결같았다.

"장로님, 아무리 좋은 일, 훌륭한 일을 한다 하더라도 법을 어기며 할 수는 없는 일입니다. 나라의 법은 꼭 지켜야 합니다."

일은 더 고되고 비용도 더 들었지만, 명분이 훌륭하다면 방법이나 과정도 정당해야 한다는 홍 목사님의 지론이 가슴 깊이 새겨졌다. 오히려 더 좋은 점도 있었다. 한도 비용 내에서 대북 지원 업무를 진행하다 보니, 현지에 오래 머물지 않고 집에 돌아올 수 있었다. 타지 생활의 고달픔과 빨래 같은 자잘한 일이 그만큼 줄어들었던 것이다.

60톤의 쌀을 처음으로 북한에 들여보낼 무렵, 현지 숙소는 연길교회 어느 장로가 소개해 준 호텔이었다. 그런데 호텔 내에 있는 사람들이 모두 김일성 배지를 달고 있는 것 아닌가. 식사를 할 때나 화장실에 갈 때나 사방이 온통 북한 사람들이었다. 이문식 목사와 나, 둘 외에는 온통 북한 사람으로 둘러싸인 상황에서 찾아오는 긴장과 압박감은 엄청났다. 다른 호텔이 있는 줄 알았다면 애초에 가지 않았을 곳이다. 당시에는 어떻게든 북한으로 쌀을 보내야 한다는 생각에 마음에 여유가 없었다. 그만큼 절박했고, 그래서 힘들다고 느낄 겨를조차 없었다. 돌이켜 보면, 그때 안팎으로 겪은 긴장과 스트레스가 굉장했구나 하는 생각이 새삼스레 든다. 하지만 가장 힘들었던 그때가 자원봉사자로 남북나눔 일을 하면서 가장 감격스러웠던 순간이었다.

아, 장홍을 화백!

"저들이 아무리 악하고 미워도 주님의 사랑으로 대해야 합니다. 그래서 주님의 사랑을 전해야 합니다. 그게 우리 사명입니다."

남북나눔 사역을 하면서 홍정길 목사님은 늘 이렇게 얘기하셨다. 앞서 얘기한 대로 나는 반공 교육을 철저히 받은 세대다. 하물며 실향민이다. 북한을 적대시하지 않는다면 이상할 사람인 내게 그런 사명감이 있을 리 만무했다. 그저 홍 목사님에 대한 존경심과 신뢰로 일할 따름이었다. 내가 좋아하고 존경하는 분이 북한을 사랑으로 품고 돕자고 하시니 순진한 마음으로 따를 뿐이었다.

그런데 이문식 목사와 처음 연길에 방문해 장홍을 화백을 만난 뒤로 생각이 바뀌기 시작했다. 장 화백과는 참 많은 이야기를 나누었는데, 그가 들려주는 북한 동포들의 실상을 접하고는 '세상에! 사람 사는 게 어떻게 그럴 수가 있나' 하는 생각이 떠나질 않았다. "북한에서는 분유가 사치품"이라고 했던 말이 지금도 귀에 쟁쟁거린다. 분유가 사치품이라니! 막연히 식량이 부족하다고만 알았는데, 분유가 사치품이라면 갓난아기들이 대체 무얼 먹고 자란단 말인가! 그래, 죽을 먹을 수도 있겠지……. 그런데 죽은 뭐 흙으로 끓이나? 쌀이 있어야 죽이라도 끓이지……. 단단한 마음속 냉전의 얼음벽이 눈사람 녹듯이 녹아내리기 시작했다. 그렇게 오랜 마음의 장벽이 허물어지기 시작했으니, 국경을 넘어 북으로 가는 쌀 트럭을 보면서 어찌 눈물이 터져 나오지 않았겠는가. 이제 저 쌀이 가면 아이들이 살 수 있겠구나, 아이들이 자랄 수 있겠구나 하는 생각만으로도 북받쳐 눈물이 샘처럼 터져 나왔던 것이다.

장 화백을 보면 볼수록, 이 사람이야말로 진짜 한국인이요, 애국자 아닐까 하는 생각을 여러 번 했다. 중국 국적인 그가 그리는 그림은 우리나라 민속화였으며, 자기 뿌리를 잊지 않은 채

동포들의 고통을 외면하지 못하고 미력이나마 보태려는 모습에서 나는 말로서가 아닌 진짜 애국자를 만났다. 장 화백과 그의 부인에게 들은 당시 북한의 식량난은 상상을 초월했다. 그분은 우리가 연길에 도착하기 며칠 전에 북한을 다녀온 터라 이야기가 생생하고 구체적이었다.

북에서 쌀 한 톨은 곧 목숨 한 줌이었다. 국경을 넘어갈 트럭에 쌀을 실을 때에도, 짐칸 바닥에 비닐을 깔았다. 쌀을 싣고 내릴 때 떨어지는 낟알을 모으기 위해서였다. 쌀 품질을 조사하느라 쌀가마니를 찔러 볼 때마다 딸려 나오는 낟알들을 주머니에 담기 바빴다. 쌀을 실어 나르는 중국인에게 양권(식권)이 없다고 밥을 먹이지 않을 정도였고, 어찌어찌해서 겨우 옥수수 국수를 주더란다. 식량을 싣고 간 트럭이 저녁 8시가 넘도록 북한에서 돌아오지 않기에 어찌 된 일인가 했는데, 기사가 돌아와 하는 말이 휘발유가 바닥나서 차가 움직일 수 없었다는 것 아닌가. 멀쩡히 채워 간 휘발유가 왜 바닥이 나냐 물으니, 운전수가 옥수수 국수를 먹는 동안 사람들이 휘발유를 빼서 작은 병에다 담아 갔다고 했다. 그 얘기를 듣고 북측에 강하게 항의했다. 나중에 알고 보니 나름 사정이 있었는데 그냥 모른 척 지나칠 걸 왜 그렇게까지 했는지, 지금도 그 일이 마음에 걸려 후회스럽다.

환상의 복식조

정부가 민간단체의 대북 지원 채널을 공식적으로 열어 주기 전에 남북나눔에서는 열두 차례에 걸쳐 물자를 보냈다. 그때 이문식 목사와 함께 일하면서 지금도 웃음 짓게 되는 몇 가지 에피소드가 남았다.

중국 연변 쪽으로 자주 다니다 보니, 중국 사람들이 소 꼬리와 내장을 안 먹는다는 걸 알게 되었다. 중국에는 내장탕이 없다는 얘기다. 단동(단둥)에서도 소를 잡으면, 내장이나 꼬리를 죄다 내다 버렸다. 단동에서 소개받은 분의 한마디는 우리를 흥분시켰다.

"중국인들은 내다 버리는 저 소 꼬리로 곰탕을 끓여서 리북 아이들에게 먹이면 좋지 않겠습니까?"

꾸물거릴 이유가 없었다. 곧바로 실행에 옮기려고 물어물어 단동에 있는 조선 소 농장을 찾아갔다. 우리나라는 이미 기계화가 되어 옛날 소는 거의 없고 개량된 비육우(肥肉牛)가 대부분이지만, 거기에는 옛날 조선 소가 그대로 있었다. 그곳 관계자가 하루만 있으면 북한의 축산 책임자들이 올 텐데 만나 보겠느냐기에 좋다고 했다. 다음 날 저녁 7시에 일러 준 식당 2층으로 이문식 목사와 둘이서 갔다. 우리가 아는 분은 저만치 떨어져 앉아 있었다. 조금 있자니 몇 사람이 들어오더니 그와 얘기를 나누는데 김일성 배지가 눈에 들어왔다. 그런데 그들 중 한 사람이 일어나더니 우리 식탁 앞으로 성큼성큼 다가오는 게 아닌가.

"남조선에서 왔습네까?"

갑작스러운 질문에 당황하여 하얗게 질렸다. 남한 사람을 납치해 간다는 얘기가 떠돌 때였다. 아무 대답도 못하고 우물거리고 있는데 갑자기 이문식 목사가 중국 말로 대답했다.

"부쯔다오!"

'모른다'는 뜻의 중국 말이었는데, 가만 따져 보면 그 북한 사내 말을 알아들었으니 그리 대담한 것 아닌가. 겨우 식당을 빠져나온 뒤, 놀란 가슴을 진정시키고 비로소 숨을 돌릴 수 있었다.

단동에 갔을 때에, 둘이서 압록강으로 가서 먼발치에서라도 신의주를 보고 오기로 했다. 이삼백 명 정도 타는 유람선은 중국 돈으로 8원쯤이었고, 모터보트를 타면 뱃삯이 32원인가 했다. 가서 알게 된 사실이지만, 강의 경계는 한가운데에서 나뉘는 것이 아니라 강 전체가 양측 공동의 영토인 셈이어서 건너편 신의주 땅에 상륙하지만 않으면 가까이 가도 아무 문제가 없다고 했다. 우리는 모터보트를 선택했다. 유람선은 강 한가운데까지만 가는 데 비해, 모터보트는 위화도부터 북한 군인들이 지나가는 신의주 인근 강변까지 아주 가까이 붙어서 북한 땅을 볼 수 있었기 때문이다. 이문식 목사가 (지금처럼 손바닥만 한 게 아니라 상당히 큰 사이즈의) 비디오 촬영기를 점퍼 속에 숨겨 몰래몰래 도둑 촬영을 하다가 북한 군인들이 볼라치면 황급히 내리곤 했다. 그런데 강을 타고 가다가 신의주가 바짝 가까워지자 갑자기 선장이 시동을 꺼버리는 게 아닌가. 시동을 끄고 모터를 걷어 올리는데 순간 '아차, 이거 큰일 났구나' 싶었다.

강물에 흔들리는 조그만 모터보트가 신의주 땅을 코앞에 두고 물살을 따라 흘러가고 있었다. '이제 영락없이 우리 둘 다 끌려가서 남쪽에서 자유 귀순했다면서 평양방송에 대문짝만하게 나오겠구나' 하는 생각에 머릿속이 하얘지는데, 선장이 이문식 목사 쪽으로 다가왔다. 그러더니 사진 찍는 시늉을 연신 해댔다. 알고 보니, 북한 땅을 배경으로 사진을 찍어 주겠다는 뜻이었다. 이문식 목사 혼자 열심히 동영상을 찍는 걸 알고는, '당신 얼굴은 안 나왔으니 내가 찍어 주겠다'는 것이었다. 승객이 식겁하여 식은땀을 흘리는 줄도 모르고 친절을 베푸는 선장에게 손사래를 치며 그냥 돌아가자고 했다. 모터보트 엔진에 다시 시동이 걸리고 나서야 비로소 놀란 가슴을 슬며시 쓸어내렸다.

　한번은 두만강 유역 회령 부근의 삼합(싼허)에 갔을 때였다. 가는 길에 북한의 역과 기차 다니는 것도 볼 수 있었다. 이문식 목사의 신학교 동기 김문일 목사가 동행해 봉고차를 몰았는데, 전날 비가 온 뒤여서 땅이 질퍽했다. 이문식 목사는 북한 정취를 경험하자면서, 그곳이 인적이 드물고 밤에는 북한군이 넘어와서 먹을거리도 가져가곤 한다고 덧붙였다. 이는 물론 우리를 겁주려고 재미 삼아 한 얘기였다. 그런데 돌아오는 길에 문제가 생겼다. 빨리 오느라고 강변길을 달렸는데, 비가 많이 온 탓에 타이어가 빠져서 나오지를 않았다. 가속페달을 아무리 밟아도 소용이 없어서 이문식 목사와 차에서 내려 둘이서 밀어야 했다. 시간이 흘러 어두워지기 시작하자, 이문식 목사는 차를 버리고 산으로 올라가자고 했다. 북한군이 넘어와 우리를 발견하면 그 즉시 우리는 죽은 목숨이라는 것이었다. 반은 농담인 줄 알았지만, 그래도 오금이 저렸다. 그저 '도와주세요. 구해 주세요, 주님' 하는 기도 외에는 할 수 있는 게 없었다. 천신만고 끝에 겨우 차가 구덩이를 빠져나왔는데 밤 9시가 넘어 있었다. 배는 고픈데 식당은 이미 문을 다 닫은 뒤였다. 숙소인 두만강호텔로 가는 길에 문 닫기 직전의 식당을 한 곳 찾아서 겨우 식사하고 숙소로 돌아가서 옷을 갈아입으려는데 가슴이 철렁 내려앉았다.

"아이고, 큰일 났어요! 여권이 없어요, 목사님……."

봉고차 바닥에 떨어졌나 싶어 운전하느라 지칠 대로 지친 김문일 목사에게 차 안을 좀 살펴봐 달라고 부탁했지만, 찾아봐도 없다는 거였다. 밤새 한숨도 못 자고 일곱 살 때 저지른 잘못까지 회개하고 기도하면서 밤을 꼴딱 새울 지경인데, 옆에서 이문식 목사는 태평하게 말하면서 약을 올렸다.

"장로님, 아무 걱정 마시고 그냥 내일 기차 타고 북경 가십시오. 거기 대사관 가서 여행증명서 받아서 귀국하시면 됩니다. 아 참, 그런데 기차 탈 때 여권이 있어야 할 텐데, 여권이 없으면 검열에서 걸릴 텐데……. 어떡하지?"

걱정 말라는 건지, 문제가 된다는 건지 도무지 종잡을 수 없는 이문식 목사의 태평한 농담에도 나는 잠을 이룰 수 없었다. 이튿날, 아무래도 전날 방문한 장소를 찾아가야겠다고 마음을 단단히 먹었다. 예배를 드리고 떠날 채비를 할 즈음 연길교회 류두봉 목사에게 부탁한 운전과 통역을 맡은 분들이 왔다. 그런데 숙소로 갑자기 전화가 한 통 걸려 왔다.

"저, 혹시 신명철 선생이십네까?"

"네, 그런데 어쩐 일이신지……."

"선생님 여권 때문에 연락드립니다. 어젯밤 우리 식당에 오셨다가 흘리신 것 같습네. 제가 선생님 계신 호텔로 지금 갖다 드리갔습네."

"세상에, 이렇게 고마운 일이……. 정말 감사합니다!"

얼마나 기쁘고 감사하던지, 하나님께 감사 기도를 하고 또

했다. 어제 늦게 들렀던 식당 종업원이 식당 청소를 하다 여권을 발견하고 전화한 것이었다. 외투를 벗다가 여권이 떨어진 모양인데, 여권 비닐 커버에 호텔 예약 영수증이 들어 있어 내가 묵는 호텔을 어렵지 않게 찾았던 것이다. 영수증이 없었거나 다른 곳에 넣어 두었다면 여권은 영영 못 찾았을지도 모른다.

또 한 번은 이문식 목사의 굼뜬 줄행랑 실력(?)이 만천하에 드러난 사건이 있었다. 눈이 오는 겨울철이었는데, 1994년 12월 9일이었다. 보통은 도문에서 남양(난양)으로 지원 물자가 넘어갔는데, 그때는 도문에서 더 서쪽에 위치한 남평(난핑) 세관에서 절차를 마치고 20톤 트럭 여섯 대에 물자를 실어서 간이 다리를 건너 북으로 들여보내던 중이었다. 이때는 이문식 목사와 나 둘뿐 아니라 홍정길 목사님과 남서울교회 장로 두 분, 남서울은혜교회 교인 두 분 등 모두 열두 명이 대북 지원 물자가 북으로 넘어가는 현장을 함께 지켜보고 있었다. 다리 위로 트럭이 넘어가는 장면을 배경 삼아 "지금 북녘 땅으로 우리가 보내는 지원품이 넘어가고 있습니다" 하고 영상을 찍고 있는데, 갑자기 "뛰어!" 하는 소리가 들려왔다. 돌아보니 공안원들이 쫓아오고 있었다.

일행 중 홍 목사님이 가장 앞서 뛰었고, 이문식 목사가 맨 꼴찌였다. 영상을 찍던 김문일 목사는 비디오 촬영기를 얼른 조선족에게 던져 줬다. 더 이상 뛰지 못하고 차 안에 들어가 있는데, 한참 만에 조선족이 오더니 카메라를 달라고 하기에 홍 목사님이 필름을 바꾸고는 아무 데나 몇 장 찍은 뒤 건네줬다. 결국 비디오는 돌려받지 못한 채 돌아왔고 그때 찍은 영상 기록은 영영 찾을 길이 없게 되었다. 이 일을 홍 목사님과 이문식 목사,

그리고 나 이렇게 셋이 모여 회상할 때마다 얼마나 즐거운지 모른다. 이 이야기만 나오면, 이문식 목사가 항상 하는 말이 있다.

"그때 혹시라도 홍 목사님이 잡히시면 어쩌나 걱정이 돼서 제가 맨 뒤에서 천천히 뛰었잖아요. 한국의 대표 목사님이 여기서 잡히시면 안 된다는 생각 때문에 말이지요."

이문식 목사와 함께 일하는 동안은 외롭지 않아 좋았다. 일이 잘 안 풀리면 머리를 맞대고 의논하고 방법을 찾으며 많이 의지가 되고 힘이 되었다. 그래서였을까. 연변과기대 김진경 총장이 우리 둘을 보고 한 말이 있다. "참 성경적이네요. 두 사람이 꼭 같이 다니시는 걸 보면."

일곱 평 사무실, 분단 조국을 품다

남북나눔이 설립된 1993년 4월 27일, 일곱 평 남짓한 작은 사무실에서 대북 지원 사업이 시작되었다. 그런데 지원할 품목도, 물자를 넘겨줄 북한 측 파트너도 전혀 정해진 것이 없는 상태였다. 그럼에도 앞뒤 형편 가리지 않고 대북 지원을 벌이고 본 건, 북한의 식량난이 너무 심각해서였다. '고난의 행군' 기간에 가장 힘든 건 말할 것도 없이 어린아이들과 노인들이었다. 어린아이들은 영양 결핍 상태였는데, 당시 전문가 말로는 생후 24개월 이내에 제대로 영양 공급을 받지 못하면 지적·육체적 장애가 생긴다고 했다. 무슨 수를 써서라도 그 아이들을 구하지 않으면 북한의 재앙을 넘어, 나중에 통일이 된 이 나라 미래에도 재앙이라는 결론이 내려졌고 결국 영유아를 위한 우유를 보내는 사업이 시작되었다.

우유는 가루우유, 즉 분유(粉乳)를 보냈다. 분유에는 전지분유와 탈지분유가 있는데, 지방분이 제거되지 않은 전지분유는 안 먹던 사람이 먹으면 배탈이 난다. 반면 탈지분유는 입에 달라붙긴 하지만 배탈이 나지 않아 처음엔 탈지분유를 열심히 보냈다. 액체 우유는 유통기한이 길지 않은 데다 우유갑마다 남한 상표가 붙어 있어 북에서 싫어하는 탓에 보내지 않았다. 물론 북은 무조건 식량(쌀)을 달라고 했는데, 우리는 밀가루와 함께 우유를 배편으로 보냈다.

조제분유는 서울우유나 매일유업, 나중엔 일동후디스 것 등으로 바꿔 가며 보냈는데, 북한에 갔을 때 실제로 분유를 받았는지 물어보곤 했다. 그러면 '서울우유', '매일우유' 하는 식으로 분유통에 적힌 이름으로 답이 돌아왔다. 파스퇴르우유로 바꿨을 때는 어물거리다가 "모르갔습네다. 미국 놈 물건이 왔습네다"라고 해서 웃은 적도 있다. 어쨌든 중요한 것은, 대북 지원 사업의 밑바탕에 지원받는 쪽 입장에서 꼭 필요하고 절실한 것이 무엇인지를 늘 염두에 두는 시각이 일관되게 유지되어야 한다는 점이다.

남북나눔 사역 초기에 결핵 차를 보낸 일도 있었다. 현재 연대 세브란스병원 국제진료센터 소장으로 있는 인요한(미국명 존 린튼John Linton) 교수가 한번은 홍정길 목사님을 찾아왔다. 인 교수 집안은, 외증조부 유진 벨이 미국 장로교 선교사로 우리나라에서 의료 선교를 했고, 할아버지 윌리엄 린튼 또한 의료 및 교육 활동을 펼쳤으며, 아버지와 형도 한국에서 선교 활동을 벌여 온 선교사 집안이다. 그가 홍 목사님에게 부탁이 있다며 찾아온 것이다.

"목사님, 북한에는 지금 결핵 환자가 급증하고 있습니다. 뭔가 조치를 취하지 않으면 안 됩니다."

"그럼, 우리가 뭘 어떻게 해야 합니까?"

"북한에 결핵 검진차를 제공해서 일단 결핵 환자 실태부터 점검하는 게 급선무입니다."

결핵 검진차를 준비하려면 4.5톤짜리 트럭을 사서 개조 작업을 거쳐야 했다. 그때 기아자동차가 신모델을 내놨는데 생각보다 비싸서 구형을 사려고 알아보니 그게 쉽지 않았다. 어찌어찌해서 결국 광주에 있는 전시용 구모델을 겨우 사서 서울까지 수송해 왔다. 그다음에는 엑스레이 촬영 장치와 제너레이터(발전기)를 넣고 엑스레이 필름 2만 장과 현상액, 교체용 타이어 등을 하나씩 준비해 나갔다. 준비가 다 끝나 인 교수에게 연락하니 타이어 제조사를 물어 왔다. 한국타이어라고 했더니 북한에서는 미쉐린타이어라야 한다면서 좀 구해 달라는 게 아닌가. 금호타이어도 안 되고, 기어이 미쉐린이어야 한다는 것이었다. 당시만 해도 전량 수입이던 미쉐린타이어로 교체하여 인천항을 통해 보냈다.

결핵 차 외에 초기 사업 가운데 의류 대량 지원이 있었다. 역시 대북 지원 사업이 본격화되기 전이었는데, 북한에 옷을 직접 보낼 수가 없어서 천진에 있는 위생국에 기증을 하고 위생국에서 다시 북으로 보내는 과정을 거쳤다. 그때 보낸 옷은 정말 어마어마한 양이었다.

영양이나 의료, 의류뿐 아니라 농업 분야에도 지원이 이루어졌다. 한번은 북에 조생종 봄보리 씨앗을 보내려 한 적이 있다. 봄보리를 파종해 모내기 전에 수확하는 이모작을 하면 북의 식량난 해소에 크게 도움이 되리라는 홍 목사님 제안이 있었던 데다, 재미 농학자인 김필주 박사가 유엔 산하 기구에서 조생종 봄보리 씨앗을 북에 이미 제공했다는 얘기를 들은 터였다. 그래서 이를 후원연합회 사업으로 추진하기로 한 것이다.

평안도 지역에 적합한 씨앗을 구하려고 백방으로 수소문했다. 마땅한 씨앗이 중국 흑룡강(헤이룽장)성 자무쓰(佳木斯)에 있다는 정보를 얻어 김영주 목사와 고(故) 황주석 국장(YMCA 재정국)이 교통이 몹시 불편함에도 어렵게 찾아갔다. 도착했을 때는 이미 밤늦은 시각이었다. 구매 상담을 하고 계약을 체결하기 직전, 누군가의 귀띔으로 그 씨앗이 조생종 보리가 아니라는 사실을 알게 되었다. 급히 계약을 취소하고 부리나케 트럭을 얻어 타고서 밤새 달려 하얼빈으로 돌아왔다. 씨앗 구매 대금을 지니고 있었기에 강도를 염려한 것이다. 결과적으로 이 사업은 초기 단계에서 무산되었으나, 그 일이 있고 북에서는 '두벌농사'(이모작) 구호가 등장하기도 했다.

조생종 봄보리 씨앗 지원 사업과 달리 지금까지 성공적으로 진행되는 일도 있다. 평양 두루섬 수경재배 시설 사업이 그것이다. 이 사업은 조그런 강영섭 위원장이 호주를 방문하면서 시작된 일이다. 그가 호주 교포 김은각 선생이 운영하는 수경재배 농장을 돌아보고는 북에도 이런 농업 시설이 있으면 좋겠다고 한 것을 계기로 평양 두루섬에 수경재배 시설을 지원했다. 월드비전과 남북나눔이 합의하여 각 1,500평씩 총 3,000평 규모의 시설을 2000년 7월에 완공했다. 이 시설에서 토마토, 오이 등을 연간 약 225톤이나 생산한다. 매년 수확한 작물은 어린이 시설과 병원 등에 공급하고 있다.

남북나눔에서 대북 지원 사업을 시작한 뒤, 김영삼 대통령이 공식적으로 적십자사를 대북 지원 창구로 열어 주었다. 적십자사를 통해 남북나눔이 최초로 북한에 보낸 건 평창 감자 1,650톤이었다. 감자를 보낸 데는 그만한 이유가 있다. 1996년 9월 강릉 북한 잠수함 침투 사건이 터졌는데, 그 일로 관광객이 끊겼다. 그때가 감자 수확기였는데, 보통 동해안을 찾는 관광객들은 여행지나 휴게소 등지에서 감자를 박스째 사서 돌아가곤 했다. 그런데 잠수함 침투 사건으로 관광객이 끊겨 소비되지 않으니 감자가 썩어 나갈 지경이었다. 평창군수가 각지에 감자 소비를 당부했는데, 물론 북한에 지원해 달라는 의미는 아니었지만 거기에서 아이디어를 얻었다. 우리 농민이 농사지은 것을 북한에 구호물자로 지원하면 좋겠다는 아이디어가 나온 것이다. 홍정길 목사님이 김명혁 목사님과 평창군으로 직접 달려가서 감자 1,650톤을 구매하여 북한으로 보내는 수송 작전을 펼쳤다. 25톤 트럭 수십 대로 실어 나른 감자를 인천항에서 선적하여 남포항으로 보냈다.

물론 북한에는 남북나눔이 아니라 대한적십자사 이름으로 보냈다. 기독교가 80퍼센트 이상을 댔고, 다른 종교가 5-10퍼센트 정도씩 맡았다는데, 그리스도의 이름을 앞세울 수 없다 보니 홍 목사님이 정부 관계자를 만나 '기독교 단독으로 대북 지원을 할 수 있게 해달라'고 요청하기에 이르렀다. 정부에서는 '기독교 단체가 많으니 단일 연합체를 만들어 제안해 오면 승인하겠다'고 하여, 월드비전과 기아대책기구, 굿네이버스를 비롯한 여덟 개 단체와 열네 개 교단이 연합하여 단일 대북 지원 단체를 만들었다. '한국기독교북한동포후원연합회'가 바로 그 단체다. 당시 상임대표는 예수교장로회 통합 및 합동 총회장과 감리교 감독회장이 공동으로 맡았고, 홍정길 목사님이 사무총장을 맡았다. 지금도 남북나눔이 대북 지원하는 모든 물자는 남북나눔이 아닌 '후원연합회' 이름으로 보낸다. 조선그리스도교연맹(조그런)으로 보내는 물자는 통일부에서도 후원연합회 이름으로 승인해 준 것이다.

김대중 정부부터는 햇볕 정책의 영향으로 일정 자격만 갖추면 대북 지원을 할 수 있게 해주었다. 민간의 대북 지원 조건과 여건이 많이 완화된 것이다. 그때 이후 대북 지원은 각 단체별로 대북 지원 사업자로 등록되어 있는 상태다.

한국기독교북한동포후원연합회는 김대중 정부 초기에는 상당히 활기를 띠었다가, 김대중 정부 후기에 이르러 활력을 잃었다. 연합회에 적은 두고 있지만, 개별 단체가 제각기 사업을 벌이고 활동하게 되자 그 역할과 기능이 거의 중단된 상태가 되고 만 것이다.

한국 기독교계가 느슨한 상태라도 연합체를 만드는 일은 매우 어려운 일이다. 따라서 비록 잠정 활동 중단 상태에 있지만, 후원연합회를 해체할 필요는 없을 것이다. 세금을 내는 법인

체도 아닌 데다, 언제 다시 연합체가 필요할지 모르는 일이기 때문이다. 더욱이 북한의 대남 창구인 조그련은 기독교 후원연합회 이름을 쓰는 걸 상당히 반기고 좋아한다. 남북이 '기독교' 연합(연맹)이라는 이름으로 상호 교류하는 모양새라 그런 게 아닐까 싶다.

신덕샘물, 수성천 모래, 쌀 회담

남북나눔이라는 이름에도 나와 있듯이, 일방적으로 남한이 북한에 시혜를 베푸는 것이 아니라 '남과 북이 서로 나눈다'는 게 남북나눔운동의 기본 취지요 정신이다. 그 정신에 따라 들여오려고 계획했던 게 바로 북한의 신덕샘물이다. 당시만 해도 생수는 미8군 관계자나 가족에게만 배달되고 있었다. '다이아몬드'나 '크리스탈'이 그 브랜드였는데, 그 시절 북한산 생수를 수입한다는 게 그리 호락호락한 일이었겠는가? 게다가 어렵사리 들여온다 해도 마케팅은 또 어떻게 할 수 있겠는가.

신덕샘물은 동화은행 각 지점을 통해 소비하려 했는데, 여기에는 그럴 만한 이유가 있었다. 지금은 없어진 동화은행은 노태우 대통령 시절 북에 고향을 두고 내려온 실향민들의 표를 의식해서 만든 은행이다. 주주들이 이북5도 소속 실향민들이었고, 그들은 고향도 돕고 재테크도 한다는 차원에서 동화은행을 이용했다. 북한에서 들여온 생수를 실향민이 주 고객인 은행에서 소비하면 향수도 달래고 차별화도 되니 여러 모로 좋지 않겠나는 것이었다. 게다가 평창동에 있는 이북5도청에 가서도 신덕샘물 이야기를 꺼냈더니 긍정적인 대답이 돌아왔다. 마지막으로 보건복지부 음용수과에 가서 허가만 받으면 되는 일이었다. 그런데 거기서 막혔다. 담당자가 어렵다는 것이었다. 더 이상 도리가 없었다. 밀수입할 수는 없는 일이었다.

또 한번은 북에서 함경북도 수성천의 모래를 보내 주겠다고 했다. 그런데 모래를 실은 바지선이 동해의 해상 경계선을 넘어오는 것도 문제였지만, 모래를 채취할 장비와 운반기구 등도 정부 허가와 함께 해결해야 할 과제였다. 결국 포기할 수밖에 없었는데, 국내 건설업계의 경기 활성화로 염분이 섞인 바다 모래까지 등장하던 때여서 아쉬움이 컸다.

남북나눔 초기 무렵인 1995년 6월, 대북 식량 지원을 논의하기 위해 북경에서 머문 한 주간도 즐거운 추억으로 회고되는 시간이다. 조그련 초청으로 쌀 지원 논의차 방북하기 위해 북경에 대기 중이었는데, 이 일에는 흔히 '복음주의 4인방'이라 불리는 목회자 네 분, 곧 홍정길·옥한흠·이동원·하용조 목사님이 함께 나섰다. 이분들이 무슨 배짱인지 북한에 쌀 5만 톤을 지원하겠다고 뜻을 모았다. 그래서 초청을 받아 북경으로 가서 북한의 삼천리회사 관계자를 만났다. 당시 정부 실무자 간 회담이 같은 기간에 진행되었는데, 우리 정부 측 실무 책임자로는 이석채 재정경제원 차관이 와 있었다.

삼천리회사 관계자를 만나는 자리에서 옥한흠 목사님이 물었다.

"요즘 북한 식량 사정이 많이 어렵습니까?"

그러면 그냥 상식적으로 "네, 좀 어려운 상황이긴 합니다"
라고 하면 될 걸, 그 관계자의 대답이 기가 막혔다.

"우리는 고저 수령님 은혜로 만풍년입네다!"

그 얼토당토않은 말에 옥 목사님이 어이가 없었던 모양이
다. 그들이 잠시 전화를 하기 위해 자리를 비운 사이 자리를 박
차고 일어나더니, 지갑을 꺼내면서 이동원 목사님에게 말했다.

"이 목사, 커피 값 내고 그만 나가자."

네 분 목회자 중에 막내인 이 목사님이 놀라서 말렸다.

"아니, 형. 왜 그래?"

"이 목사, 우리가 그래도 목산데 저 사람들 뻔한 말이나 듣
고 앉아 있어야겠냐?"

상황이 안 좋게 돌아가는데 때마침 우리 정부에서 연락이
왔다. 정부 측 회담이 진행 중이니 우리 쪽 회담을 늦춰 달라고
했다. 민간단체가 정부보다 앞서 가면 힘들다는 얘기였다. 정부
는 정부대로 막아서고, 북한 관계자의 허세 때문에 분위기는 분
위기대로 깨지고 말았다. 옥한흠 목사님은 허세나 거짓을 몹시
싫어하시는 대쪽 같은 분이면서 한편으로 매우 꼼꼼하신 분이
다. 교회 일을 전화로 꼼꼼히 챙기시느라 나중에 숙박비를 계산
할 때 전화비가 숙박비만큼 나왔을 정도였다.

북경 체류 기간에 재미있는 일이 많았다. 건강이 좋지 않던
하용조 목사님은 아침이면 트레이닝복을 입고 호텔 근처를 돌면
서 운동을 하셨다. 아침 운동을 하고 나니 시장하셨는지 호텔
바로 앞 청국장집에서 조반을 시켜 드셨다. 조선족이 운영하는
초라한 가게였는데, 괘념치 않고 땀을 흘리며 한창 식사 중인 하

목사님에게 뒤늦게 알고 찾아온 이동원 목사님이 말을 걸었다.

"형, 좀 천천히 먹어. 뭘 그리 급히 드시우?"

"이게 건강에 좋다잖아. 너도 좀 먹어."

"형, 내가 오늘 아침 큐티한 내용이 뭔 줄 알아?"

"뭔데?"

"응, 식탐하는 자하고는 상대를 하지 말래."

식당 안에 한바탕 웃음보가 터졌다. 네 분 목사님과 함께
한 시간은 내게 참 인상 깊게 남아 있는 즐거운 추억이다.

역사적인 망명의 현장에서

남북나눔 대북 지원 통로가 여럿 있었는데, 그중 하나가 황
장엽 전 조선노동당 국제담당 비서였다. 일명 '고난의 행군' 기간
이던 1996년 8월경 심양(선양)의 한 호텔에서 홍정길 목사님과
김영주 목사가 황장엽 비서를 만나 식량 지원을 논의했다. 그 자
리에는 그로부터 6개월여 뒤 황 비서와 함께 망명한, 그의 수행
원 김덕홍 여광무역 총사장도 있었다. 대화는 점심시간에도 계
속되었는데, 수행원 한 사람이 해삼 접시를 황 비서 앞으로 옮기
며 건강에 좋으니 많이 드시라고 권했다. 그러자 "인민들은 먹거
리로 고생하는데 다 늙은 노인네가 건강은 챙겨 뭣하겠나"라며
사양했는데, 북측 인사를 여러 번 만났지만 이런 유의 말을 들
은 적이 없어서 적잖이 놀랐던 기억이 있다. 그날 밤 홍 목사님
과 주체이론의 대가 황 비서 사이에 내세가 있다 없다 하는 문제

로 유물론 대 유신론의 '맞짱 논쟁'이 벌어졌다. 칸트와 데카르트가 인용되는 그 논쟁의 자리는 철학과 신학 논쟁을 방불케 할 정도로 인상 깊었다. 다음 날 헤어질 때 황 비서가 북에서 가져온 도자기 꽃병을 홍 목사님에게 선물했는데, 목사님이 내게 주셔서 지금도 우리 집 거실에 가보처럼 소중하게 간직하고 있다.

그리고 1997년 2월 초순, 북경에서 식량 지원에 관해 논의하는 자리에서 다시 황 비서를 만났다. 처음에는 김덕홍 사장 혼자 나왔는데, 우리 일행과 저녁식사를 하는 자리에서 "황장엽 비서가 지금 일본에 있는데, 이틀 후에는 올 것"이라고 했다. 그러고는 헤어지는 차 안에서 홍 목사님에게 이렇게 덧붙였다.

"황 비서 동지래 내게는 형님과 같습네다. 나는 형님이 죽으라고 하면 죽고, 살라고 하면 삽네다."

40홍 목사님은 그것이 망명을 암시하는 말인 줄 짐작조차 못했다고 한다. 황장엽 비서가 북경에 도착한 다음 날인 2월 11일 저녁, 만나자는 연락이 와서 약속한 호텔로 갔더니 우리 일행을 아파트 같은 건물로 다시 안내했다. 안가 같은 그곳에서 우리를 보자마자 황 비서는 대뜸 꾸짖는 투로 말하기 시작했다.

"홍 목사 선생은 왜 하라는 학생운동을 안 하고 있는 거요? 지금 남조선에서 학생운동을 힘차게 밀고 나가야 하는데, 대체 뭘 하고 있는가 이 말이요."

앞뒤 없는 호통에 어이가 없는 듯 홍 목사님이 말했다.

"그게 무슨 말씀입니까? 우리는 북녘 동포들의 식량에 관심을 갖고 있고, 지금도 그 일을 돕고 있습니다."

이미 지원한 상당한 규모의 물자에 대한 인사는 고사하고 호통이라니, 우리 모두 어안이 벙벙한 상태였다. 동석한 NCCK 총무 김영주 목사가 분위기를 바꾸려고 카메라를 꺼내 기념사진을 찍으려고 했는데, 방 안 공기가 워낙 냉랭해진 탓에 홍 목사님이 이를 제지하셨다. 후에 그때 기념사진을 찍었더라면 백만 불짜리가 되었을 거라고 우스개 삼아 회고하곤 했다. 짧은 만남이 끝나고 헤어지기 전 홍 목사님이 "황 선생님, 오래오래 건강하십시오" 하고 인사를 했다. 그러자 "서편에 지는 해 같은 늙은이가 어찌 내일을 기약할 수 있겠소" 하는 적이 엉뚱한 대답이 돌아왔다. 나는 호텔로 돌아오는 내내 속이 풀리지 않아 앞으로 황 비서를 통한 대북 지원은 정리해야겠다는 생각까지 했다. '아니, 어쩌면 그럴 수가 있나. 고맙다는 말은 고사하고라도 생뚱맞은 발언을 하다니…….'

그런데 밤늦게 다시 연락이 왔다. "황 비서 동지가 아까 초저녁에 만났을 때 일은 미안하다며 내일 아침 8시 30분경 우리 일행이 묵고 있는 호텔로 찾아오겠다"는 내용이었다. 마음이 흔쾌하지는 않았지만 "오겠다는 사람을 오지 말라고 할 수야 없지 않겠느냐"는 홍 목사님 말씀에 따라 약속을 잡았다.

이튿날인 2월 12일, 우리 일행은 아침 일찍 호텔 로비에서 황 비서를 기다리고 있었다. 그때 호텔 커피숍에는 심양에 살고 있다는 황 비서의 수양딸과 무역중개인인 듯한 조선족이 먼저 와 있었다. 사실 그날은 서울로 돌아오는 비행기 시간 때문에 10시경에는 북경 공항으로 가야 해서 마음이 급했다. 그러나 약속한 시간이 지나도 황 비서는 나타나지 않았고, 9시경 수행원으로 보이는 사람들이 우리 일행을 찾았다.

"황 비서 동지래 오늘 3시에 평양으로 돌아가시는데 장군님 선물 사려고 중간에 내리셨습네다. 우리더러 먼저 가서 홍 목사 선생에게 말씀드리라고 했습네다. 인차 오실 겁니다."

곧 온다고 한 황 비서가 10시가 다 되도록 오지 않자, 수행원들도 시계를 보며 초조한 모습이었다. 휴대전화가 없던 시절이라 따로 연락할 방법도 없었다. 더 이상 기다릴 수 없어 수행원들에게 공항으로 가야겠다며 나중이라도 오시면 기다리다가 비행기 시간 때문에 떠났다고 얘기해 달라고 했다. 수행원들도 미안했던지 황 비서가 탔던 차로 북경 공항까지 우리 일행을 태워다 주었다.

그날 서울에 도착하자, 황장엽 비서와 김덕홍 사장의 망명 소식이 저녁 5시 뉴스특보로 보도되고 있었다. 황 비서의 수양딸은 아침에 우리 일행과 호텔 커피숍에 있었는데도 심양에서 황 비서의 안위를 걱정하고 있다는 오보와 추측성 보도도 있었다. 당시 우리 일행이 망명 현장에 있었던 것으로 인해 홍 목사님이 혹 망명에 관여한 것이 아닌가 하는 오해도 있었다. 미처 알아차리지 못한 사이 일어난 일이긴 하지만, 남북나눔 실무자로서 남북 관계의 흐름 속 역사적인 망명 현장에 있었던 일은 지금도 가슴 뛰는 일 가운데 하나로 남아 있다.

자원봉사자에서 실무 책임자로

내가 본격적으로 남북나눔 일을 맡게 된 건, 개인 사업에 큰 실패를 겪고 나서였다. 이름만 대면 알 만한 기업의 CEO를 끝으로 정든 직장생활을 접고 1983년에 개인 사업을 시작했다. 시베리아 원목 사업이었다. 시베리아 원목이라는 게 포플러나 자작나무 같은 것인데, 가격이 굉장히 쌌기 때문에 러시아 상업항구 나홋카를 통해 무더기로 들여왔다. 항구에 배를 대고 차례로 쌓여 있는 원목을 3-4천 큐빅씩 싣는데, 이 원목 무더기에 포플러 외에 물푸레나무나 자작나무가 일정량 섞여 있으면 수익을 상당액 기대할 수 있었다. 왜냐하면 프로야구가 출범하면서 골목마다 아이들이 야구를 하며 놀았는데, 야구방망이 재료가 바로 물푸레나무였기 때문이다. 그러니 값싸게 사들인 원목에 섞여 있는 물푸레나무만 팔아도 나머지 원목 구입 비용을 상당 부분 회수할 수 있었다. 자작나무는 아이스크림 스틱, 젓가락, 의료 용품에 쓰였기에 물푸레나무 다음으로 인기가 있었다.

원목을 배 두 척에 실어 부산항으로 들여왔는데, 그즈음 대한항공 격추 사건(1983년 9월)이 일어났다. 구소련 전투기가 대한항공 007기를 미사일로 요격한 비극적인 사건이었다. 이 일로 세관에서 원목 통관을 불허하는 바람에, 여름에 들여온 원목이 겨울을 나고 봄이 되니 썩기 시작했다. 배 두 척에 실어 온 원목 구입 비용은 은행에서 80퍼센트 지급 보증을 선 것이니 외상이나 마찬가지였다. 외상으로 수입한 원목은 팔지도 못한 채 썩어 갔고, 내 마음도 그랬다. 그때 아내가 조용히 내게 한마디 했다.

"여보, 당신이 돈 좀 벌겠다고 아무리 뛰어다녀도 하나님 앞에 바로 서지 않으면 다 무슨 소용이에요. 저 원목처럼 제대로 쓰지도 못하고 썩어 가지 않겠어요?"

그 말이 마음속에서 천둥처럼 울렸다. 한편으론 마음을 다잡고 정신을 차려야겠다고 생각하면서도 다른 한편으론 이제 무슨 사업을 해야 하나, 마음이 왔다 갔다 하는 시기를 보내고 있었다. 그 뒤로도 10여 년간 사업을 했는데, 괄목할 만한 성과를 냈다면 남북나눔 일은 그냥 자원봉사자로 돕는 데 만족했을지도 모르겠다.

그런데 2000년 즈음, 홍정길 목사님이 만나자고 하셨다.

"장로님, 이제 남북나눔 사무실로 들어와서 여기 일을 제대로 좀 챙겨 주시면 좋겠습니다. 사례는 매월 활동비 정도밖에는 안 되겠지만 말입니다."

그때 내 나이 예순셋이었는데, 주위에 여전히 같이 사업하자는 이들이 있었다. 나도 내가 잘 아는 분야에서 사업을 한 번 더 해봐야 하지 않을까 하는 마음에 선뜻 결정을 내리지 못하고 뭉그적거리고 있었다. 그때도 아내가 조용히 권면했다.

"여보, 쓰임 받는 것만으로도 감사하지 뭘 망설이세요? '주께서 쓰시겠다 하라'는 말씀도 있잖아요. 그러잖아도 당신이 목사님을 그렇게나 좋아하는데, 주변의 많은 분 중에 목사님이 당신을 지명하신 거잖아요. 재정적인 면도 내려놓으세요. 주기도문에도 '일용할 양식'을 구하라 하셨지, '일평생 먹을 양식'을 꼭꼭 채워 달라고 기도하라 하시지 않았잖아요."

아내가 성경 말씀을 들이대며 얘기하는데 더 이상 피할 구멍이 없었다. 게다가 홍 목사님과 일하면 좋겠다는 생각에 마음이 움직였다. 사업국장이든 협동국장이든 직위는 중요하지 않았다. 그렇게 해서 이제는 자원봉사자가 아니라 남북나눔의 공식 실무자 명함을 갖고 정식으로 일을 맡게 되었다. 남북나눔운동 발기인대회가 열린 날, "같이하시는 겁니다"라는 홍 목사님 말씀에 "네" 하고 대답한 장면이 다시 생생히 떠오르는 순간이었다.

개성의 '잠 못 드는 밤'

앞서 내 고향이 개성이라는 것은 이야기했다. 아버지가 86세에 돌아가셨는데, 돌아가시기 전에 가벼운 치매가 있었다. 아침에 "아버지, 잘 주무셨어요?" 하고 문안드리면 "애, 내가 개성 집에 갔다 왔다!" 하시는 거다. "아버지, 거긴 인민군이 지키고 있는데 어떻게 가실 수 있겠어요?" 하면, 또 아버지는 "아니다. 불도 켜져 있고 집이 그대로더라!" 하셨다. 아버지는 결국 개성 땅을 다시 밟아 보지 못하고 돌아가셨지만, 아버지의 꿈은 아들을 통해 이루어졌다.

2003년 3월에 북한을 방문했을 때다. 4박 5일 일정이었는데 이틀째 되는 날, 갑자기 셋째 날에는 개성을 방문하게 될 것이라는 말을 들었다. 당초 계획에 없던 개성 방문 얘기에 가슴이 쿵쾅거리기 시작했다. 옆에서 그 말을 들은 홍정길 목사님이 마치 당신 일처럼 기뻐해 주셨다. 그날 밤 눈앞에는 온통 어린 시절 고향 마을의 모습이 아른거리고 가슴은 두근대 밤새 잠을 설쳤다. 방북 3일째, 조그런 사람이랑 차를 타고 갔는데, 내 본관인 황해도 평산(平山)을 둘러 160킬로미터를 내려가면서 예성강 철교를 건너 개성 땅으로 들어갔다. 그야말로 진달래 먹고 물장구 치고 다람쥐 쫓던 어린 시절의 기억을 품고 다시 개성 땅으로 들어가던 그 감격이야 어찌 말로 다 할 수 있을까. 그런데 내가 꿈에 그렸던 그 모습은 찾을 길이 없었다. "산천(山川)은 의구(依舊, 옛날 그대로 변함없음)한데 인걸(人傑, 인물)은 간 곳 없네"가 아니라, 옛사람은 돌아왔는데 산천이 너무 변해 버린 것이었다. 당시만 해도 개성공단이 막 시작할 무렵이었기에 개성을 방문한 남한 사람이 거의 없을 때였는데, 정○○이라는 개성 인민위원회 대외협력국장이 마중 나와 선죽교를 거쳐 고려박물관으로 우리를 안내했다.

그러나 고향집을 찾아 보고 싶은 마음에 온몸이 달아오른 사람에게 박물관이며 유물이 눈에 들어올 리 만무했다. 나는 그를 붙들고 내 고향집이 개성인데 집 주변으로 이러저러한 게 있었다면서 열을 내어 설명을 해댔다. 개성에서 김 서방 찾는 격이지, 그게 벌써 언제 적인데 반세기도 더 전의 옛집과 집 주변 풍경이 그대로겠는가 말이다. 그런데 그이가 가만히 듣더니 무심히 한마디를 내뱉었다.

"그 집 뒤 축대가 화강암인데, 집 앞쪽에 느티나무 두 그루가 있긴 하디."

내가 흥분으로 몸이 달아올라, 탁자를 치며 소리쳤다.

"세상에! 거기, 거기가 바로 우리 아버지 집이오!"

엇비슷한 곳 아닌가 싶어 거듭 확인해도 세세한 점이 다 들어맞았다. 확률로 따지면 대체 이게 얼마나 가능한 일일까? 진심으로 하나님의 은혜라고밖에는 달리 무슨 말이 필요할까. 고려박물관을 구경하고 나온 사람들이 왜 안 들어왔냐고 한마디씩

하다, 얼굴이 흥분으로 달아오른 채 눈동자가 벌게져 있는 나를
보고 무슨 일이냐며 다들 재우쳐 물었다. 문득 아버지 얼굴을 떠
올랐다. 집에 돌아가서 개성 들른 얘기며, 옛 개성집에 대해 들
은 이야기를 전해 드리면 얼마나 좋아하실까 싶어 눈시울이 뜨
거워졌다.

점심시간이 되어 다 함께 식사를 하던 중 홍 목사님이 한
마디 하셨다.

"신 장로님, 아주 좋은 수가 생겼습니다. 오늘 우리가 밀가
루를 북에 더 보낼 수 있는 재원을 확보했어요."

"그게 무슨 말씀이세요, 목사님?"

동석한 이들이 다들 의아한 표정으로 바라보자, 개성 인민
위원회 대외협력국장을 가리키며 이렇게 말씀하시는 게 아닌가.

"지난 50년간을 신 장로님 집에서 저분이 공짜로 살았잖
아요. 그러니까 50년간 밀린 월세를 받아서 그 돈으로 밀가루를
사서 보내자는 거예요. 아니, 그 돈 다 받지 말고 그냥 밀가루 살
만큼만 받으면 되겠네요."

홍 목사님 말에 좌중이 웃음바다가 되었다. 그 와중에 표
정이 시무룩해져 가던 대외협력국장을 보시면서 또 이렇게 얘기
하셨다.

"국장님은 그동안 집 지켜 준 관리비 내놓으라고 하세요."

병 주고 약 주는 그 말에 또 한 번 웃음이 터져 나왔다. 식
사가 끝나고 다시 이동하는데, 초등학교 등하교 때 지나다니던
길가에 느티나무가 정말 그대로 있었다. 50년 전 그 나무가 변
함없이 우뚝 서 있는 것을 보면서, 나이깨나 먹으며 인생 만년에

이른 내 눈에서 막을 새도 없이 눈물이 터져 나왔다. 또 초등학생 때 지나다니던 기차 터널이 그대로 남아 있었다. 그 시절에는 그렇게 높고 컸던 터널이 다시 보니 별로 커 보이지 않는 것이었다. 그렇게 나의 첫 개성 방문이 저물고 있었다. 그 뒤로도 개성은 여러 번 갔지만 처음 갔을 만큼의 감격에 비할 바 아니었다.

그런데 개성 방문 뒤 한동안 마음이 뻥 뚫린 듯 휑한 느낌을 지울 수 없었다. 내 어린 시절 고향엘 다녀왔다고, 그 마을의 느티나무를 보고 왔다고 자랑할 곳이 아무 데도 없었다. 동생들은 아주 어릴 적 떠나왔으니 기억에 남아 있지 않을 게 뻔했고, 아내는 고향이 경상도다. 아버지가 살아 계시다면, 미주알고주알 시간 가는 줄도 모르고 이야기타래를 풀었을 텐데 아버지가 살아 계시지 않다는 게 그렇게 내 마음을 울릴 수 없었다. 아버지 돌아가셨다는 부고를 공중전화로 한참을 돌린 뒤 집에 돌아와서 "아버지, 공중전화에 사람들이 얼마나 많이 줄을 섰는지 겨우 전화를 돌리고 왔네요"라고 했다는 친구 생각이 났다. 내가 그런 격이었다. 가슴이 저며 왔던 첫 개성 방문이었다.

진짜일까, 가짜일까?

인도적 대북 지원 일을 하다 보면, 늘 받는 질문이 있다. 무엇보다 "북한의 기독교 단체나 기독교인이라고 나서는 이들이 진짜냐?" 하는 것이다. 이 질문에 담긴 속뜻은 '혹시 가짜라면 대북 지원이 엉뚱한 데 쓰이는 거 아니냐' 하는 염려에 가깝다.

우리 남북나눔에는 몇 가지 중요한 대북 지원 원칙이 있는데, 그중 하나가 대북 지원 물자는 가능한 한 조그련으로 보낸다는 것이다. 남한의 대북 민간지원 단체와 연결되는 다른 북측 기관이나 단체가 있지만, 우리가 조그련에 물자를 보내는 이유는 분명하다. 무엇보다 후원자 대다수가 그리스도인들이다. 그리스도와 교회의 이름으로 모금한 지원 물자를 북한의 기독교 단체에 보내는 게 당연한 일 아닌가. 그들이 가짜다, 진짜다 하는 문제는 내 판단 영역 밖의 일이라는 게 내 생각이다. 진위 여부를 판단하느라 죽어 가는 강도 맞은 자를 그대로 내버려 둘 수는 없는 일 아닌가. "나의 기뻐하는 금식은 …… 주린 자에게 네 식물을 나눠 주며 유리하는 빈민을 네 집에 들이며 벗은 자를 보면 입히며"(이사야 58:6-7)라고 하신 성경 말씀대로, 그리스도의 사랑으로 인내하고 섬기면서 중단 없이 노력해야 하지 않겠는가.

또한 적잖은 이들이 이렇게 반문한다.

"우리나라에도 배고픈 사람들, 어려운 이웃이 많은데 왜 하필 저들을 도와야 하는가?"

우리의 과거를 돌이켜 보면 답이 나온다. 한국전쟁 이후 우리나라가 외부 지원이나 도움 없이도 오늘날처럼 다시 일어설 수 있었을까? 당시 우리를 돕던 나라들에는 빈곤층이 없었을까? 결코 아니었을 것이다. 만약 그들이 자국 내 빈곤층 지원만 중요하다는 생각에 우리에게 도움의 손길을 내밀지 않았다면 지금 우리는 어떻게 되어 있을까?

대한적십자사를 통해 공식 대북 지원을 하기 전에 우리가 맨 처음 보낸 물품은 쌀이었다. 당시에는 일단 북한으로 들어가기만 하면 된다는 식이었다. 쌀을 보내다 나중엔 밀가루로 바꾸었다. 두 가지 이유 때문인데, 우선 쌀 한 포대 살 돈으로 밀가루는 한 포대하고도 3분의 2를 더 살 수 있어서 좋았다. 게다가 쌀은 엄격한 허가제인 반면, 밀가루는 그렇지 않았다. 이 두 가지 면에서 쌀보다 밀가루가 유리하다 판단했던 것이다.

물론 처음 쌀을 보냈을 때 북측에서는 누가 보내왔는지 몰랐다. 결과적으로 나중에 우리가 줬다는 걸 알게 되었다. 우리가 보내는 지원 물품을 중간에서 전달한 조선족 사업가가 있었는데, 그가 도중에 그만두었다. 그러자 그의 사촌형인 연길교회 장로가 북측에다 "동생은 중간 역할을 했고, 사실은 남쪽의 남북나눔에서 보냈다"고 얘기했다는 것이다.

당시에는 북한 주민들이 극심한 식량난으로 고통 받는 시기였기에 어느 곳에 어떻게 분배되느냐 하는 문제보다는 어떻게 해서든 북으로 식량을 넘겨 보내는 것이 급선무였다. 중국과 북한의 국경을 넘어간 쌀이 평양으로 보내졌을지 아니면 국경 지방에서 소비되었는지는 아마 하나님만이 아실 것이다. 물론 남북 정부 간에 공식적으로 인도적 지원이 이루어지면서 처음에는 적십자사를 통한 인도확인서를, 이후에는 각 단체별로 인수증과 분배확인증을 받고 있으며 그 지역 중 일부를 방문하고 있다. 해외 NGO나 유엔 기구에서 하는 모니터링에 비하면, 지방으로의 접근이 매우 제한적이라는 한계가 있는 것은 사실이지만, 처음에 비하면 많이 달라졌다. 사실 초기 고난의 행군 때 북을 돕기 위해 앞장섰던 여러 해외 NGO도 북한의 폐쇄적인 정책 때문에 1999년을 전후로 북한에서의 사업을 대부분 접었다. 그러나 그런 제약 가운데서도 인내하면서 신뢰를 바탕으로 계속 북한 당국을 설득하며 지금의 모니터링 수준을 이루어 낸 것이다. 우리 정부 입장에서는 유엔 기구나 해외 NGO에 견주어 대북 지원 사업의 현지 모니터링 수준이 부족하고 아쉬운 점이 많을 것이다. 그러나 그것은 하루아침에 이루어지는 일이 아니다. 오랜 시간에 걸친 인내와 신뢰가 쌓여야 가능한 일인 것이다.

우리 정부에서는 대북 지원 물품을 보내면서 북한 현지에서 어떻게 배분되는지 기록으로 남기기 원한다. 밀가루를 보내도 아무리 적은 규모의 양이라 하더라도 사전에 배분 계획을 받고 보낸 뒤에는 사후 확인을 원하는 것이다. 그런데 그렇게 조건을 달기 시작하면 북한은 아예 받지 않겠다고 나선다. 현재 민간 지원이 거의 이뤄지지 않는 데는 이런 원인이 크다.

'5·24 조치'는 2010년 3월 26일 천안함 사건 이후 정부에서 발표한 대북 제재 조처를 말하는데, '주지도 말고 만나지도 말고 가지도 말고 투자하지도 말라'는 것이다. 물론 여기에 예외가 있었다. 영유아가 먹거나 쓰는 우유, 두유, 이유식, 기저귀 같은 건 보내도 좋다는 것이었다. 그러나 영유아 용품을 보내려 해도 해상으로 운송할 수 있는 여건이 여의치 않다.

예전에는 매주 한 차례씩 컨테이너를 싣고 다니는 정기선이 있었다. 하지만 5·24 조치로 물동량이 없어지면서 몇 차례 부정기 운행을 하다 결국 2012년 폐선되고 말았다. 그래서 중국의 대련(다롄)이나 단동에서 북한 남포로 들어가는 배를 이용하거나 거기서 육로로 압록강을 넘어가야 한다. 물량이 많으면 그렇게라도 하겠지만, 물량이 많지 않으면 실제로 들어갔는지 여부를 파악하는 일은 차치하더라도 너무 번거로워지는 것이다. 우리 배로 한 번에 가는 게 아니라 중국과 북한 배로 두 번을 거쳐 가게 되니 말이다. 경의선 육로로, 휴전선을 통해 보내면 제일 좋다. 비용도 훨씬 절감되고 시간도 굉장히 단축된다. 다만, 물량이 몇백 톤 정도는 되어야 북에서도 당국의 허가를 받고 받으러 나올 것이다. 지금처럼 우유나 기저귀를 받으러 나오지는 않을 것이다.

왜 평양이 아닌 천덕리인가?

현재 우리나라 대북 관련 민간단체는 대북협력민간단체협의회(북민협) 회원 단체만 56개다. 그밖에도 유니세프나 각 교단의 북한선교부 등 다양한 기관이 존재한다. 대개 다른 단체는 평양을 중심으로 활동하는데 비해, 남북나눔은 농촌 지역과 농민을 찾아갔다. 특히 '천덕리 사업'은 내가 남북나눔에 참여한 이래로 가장 큰 보람이기도 하다. 평양에서 멀리 떨어진 농촌 지역을 가보면, 밖에 가는 비가 오면 집 안에는 굵은 비가 내릴 정도로 허름한 60년 넘은 노후 주택이 즐비한 상황이었다. 김대중 정부 말기, 대북 구호 정책 전환에 대한 논의가 일어나기 시작했다. 그때까지도 대북 구호는 식량을 지원해 주는 긴급 구호 위주였다. 그런데 이제는 생산성 향상을 돕는 시설 지원 사업 중심의 개발 구호로 전환이 필요하다고 본 것이다. 북의 생산성을 높이고 경제적 자립을 돕는 것은 향후 통일 비용을 줄이기 위해서도 중요한 일이 아닐 수 없었다. 문제는 시설 지원 사업이 주로 평양을 중심으로 이루어진다는 데 있었다. 북측에서는 시설 지원 사업을 평양 내에 해줄 것을 원하였으나, 우리 입장에서는 평양보다는 지방으로 가서 일반 주민과 농민을 만나는 것에 더 큰 보람이 있기 때문에 지방에서 지원 사업을 할 수 있도록 지속적으로 애써 왔다. 시설 지원 사업(개발 구호)을 위해 정부가 3개 단체 이상이 시행하는 합동사업 신청을 받기 시작했다.

북민협에는 의료분과, 농업축산분과, 복지분과, 일반분과의 네 개 분과가 있는데, 남북나눔이 일반분과 위원장을 맡았다. 생필품 지원이 일반분과의 일이고 의약품 지원이 의료분과의 일인데, 의료분과에서 북한의 병원 현대화 사업이다 뭐다 하는데 우리 분과에서는 생필품 외에 딱히 합동사업으로 할 만한 게 없었다. 그런데 과거 조그런 측에서 평양 주택 건설에 위생 자재나 엘리베이터 설치 등을 지원해 달라고 요청해 온 일이 생각났다. 그래서 북한 농촌의 노후한 주택이나 화장실 개량 사업을 하면 어떨까 하는 구상을 하기 시작했다. 그때부터 아직 구체적인 계획도 없고 허가나 승인도 나지 않은 '북한 농촌 주택 사업'이 상상의 나래를 타고 펼쳐지고 있었다.

그 길로 홍정길 목사님을 뵙고 주택 개량 사업을 말씀드리자 목사님도 흔쾌히 진행하자고 하셨다. 그리하여 중국 단동에 있는 민족경제협력연합회(민경련) 대표부를 방문하여 북한 농촌 지역 주택 개량 사업을 제안했다.

"우리가 북의 농촌 지역 주택을 개량하는 일을 지원하고자 합니다. 평양 말고 어느 지역이든지 말씀하시면, 지붕을 고치든지 화장실을 새로 놓든지 뭐든지 하겠습니다. 농촌 지역의 주택을 개량하거나 짓게 하면 더 좋겠습니다."

담당자가 제안서를 놓고 가라면서 얼마 후에 다시 오라고 했다. 시간이 지나 다시 찾아갔는데 결론이 나지 않아 항의했다.

"도대체 얼마나 제안서를 가지고 있을 겁니까? 비용은 우리가 모금을 해서라도 다 대겠습니다. 그러니 시간 좀 그만 끌고 일을 하게 해주시오."

결국 황해북도 봉산군 천덕리로 결정이 났는데, 결정 과정에서 미국 교포인 김필주 박사의 도움을 받았다. 천덕리에서 목화 재배 사업을 하시는 분으로, '천덕리 농촌 주거환경 개선사업'(후에 '농촌 시범마을 조성사업'으로 공식 명칭이 바뀜)을 할 수 있게 연결해 주었다. 그런데 현장을 보지 않고서는 정부에 낼 사업기획안을 쓸 수가 없어 북에 현지 방문을 요청하자 아주 어렵게나 혼자만 허가가 나왔다. 혼자 방북하여 현지를 방문하게 되었는데, 조건이 까다롭기 그지없었다. "뭐하러 굳이 거기까지 가서 보느냐"고 해서 "직접 봐야 재정 후원자들을 설득할 수 있다"고 북측 담당자를 설득하는 건 기본이었다.

천덕리를 찾아간 날 비가 부슬부슬 내렸다. 현지답사에는 몇 가지 제한 사항이 있었지만 그럼에도 지붕이나 화장실은 꼭 보고 싶었다.

"지금 좀 급한데, 잠깐 위생실(화장실) 좀 다녀오면 안 되겠습니까?"

내 말에 안내원은 풀이 많이 자라 있는 곳을 가리키면서 태연히 말했다.

"저기 가서 하믄 안 되갔시오?"

내가 안 된다고 펄쩍 뛰었더니, 마지못해 집 밖에 떨어져 있는 화장실로 데려갔다. 화장실로 가면서 집을 얼핏 살펴보니까 하도 오래 되어 기둥은 썩어 있고 지붕에 기왓장은 말이 기왓장이지 다 깨져서 풀이 수북하게 자라나 있는 게 아닌가. 그 상황에서는 지붕을 바꾸어 준다고 해도 대들보가 무너져서 집 전체가 주저앉을 것만 같았다.

'세상에, 이 상태로는 지붕 개량해 주려다 집 무너뜨리러 왔냐는 소리 듣기 딱 좋겠다. 지붕 개량으로는 안 되겠다. 아예 집을 새로 지어야겠다.'

천덕리 방문으로 물꼬를 튼 주택 사업은 정말 하나님의 은혜 가운데 순조롭게 이루어졌다. 4년 동안 매해 100채씩 집을 지었고, 그때마다 탁아소와 유치원을 반드시 하나씩 세웠다. 그렇게 400채를 지었는데, 3차년도에는 거의 200채를 짓는 거나 다름없었다. 관리위원회 청사와 병원, 창고, 마을회관, 식당, 편의시설, 기계 창고, 이전 두 배 규모의 유치원과 탁아소 등을 짓다 보니 거의 200채 규모의 비용이 들었던 것이다. 나머지 400채를 지어 천덕리 800세대를 위한 새 집을 마무리 지은 다음, 바로 옆 구연리 주택 사업을 이어 갈 구상을 하고 있었다. 이 사업은 '농촌 시범마을 조성사업'으로, 천덕리를 다른 지역에서 부러워하는, 잘사는 마을로 만들려는 목적으로 시작되었다. 그러나 5·24 조치로 사업이 중단되는 바람에, 희망에 부풀어 기다리던 천덕리의 남은 400세대 주민들이 우린 언제쯤 새 집에서 살게 되느냐고 계속 물어 온다고 한다.

물론 천덕리 주택 사업이 순조롭기만 했던 것은 아니다. 2007년 10·4 선언 이후 북에서는 민경련이 주관했던 대남 사업은 일체 민족화해협의회(민화협) 소관으로 변경되는 조치가 있었다. 따라서 300채를 완공한 남북나눔의 시범마을 조성사업도 민화협 소관으로 넘어갔다. 심양에서 면담한 민화협 당국자는 "천덕리 주택 사업은 향후 국가가 할 것이니 남북나눔은 평양에 살림집을 건설하라"고 해서 후원자들의 뜻은 농촌 주택 사업이라고 거절의 뜻을 완강하게 표시했다. 그 후 100채를 추가로 공사하기까지 여러 달을 흐린 날처럼 개운치 않게 보내야 했는데, 다시 민경련 소관으로 돌아간 후에야 사업을 계속할 수 있었다.

천덕리 사업과 청사 건축

천덕리에 집을 100채 지을 때마다 탁아소와 유치원을 하나씩 지었으니 모두 여덟 개의 탁아소와 유치원을 지은 셈이다. 3차년도 사업 지역은 중심지였기 때문에 두 배 규모로 지었으니, 그리 보면 탁아소와 유치원 열 곳을 지은 셈일 수 있다. 천덕리 사업은 주택만 짓는 게 아니라 기존 주택을 헌 자리에 텃밭을 만들어 옥수수나 콩 같은 작물을 심을 수 있게 했는데, 이는 농업 생산성 향상을 위한 것이었다.

사실 농촌 주택을 지을 때 단층이 아닌 3층 연립으로 지으면 비용도 적게 들고 여러 면에서 효율성이 높은데, 텃밭 농사를 바라는 농민들은 하나같이 단층을 원했다. 그리하여 비록 공사

비가 더 들더라도 농민들에게 실질적인 유익이 돌아가는 쪽으로 짓기로 했다. 평양에서 70킬로미터나 떨어진 외곽의 열악한 농촌에 이른바 권력층이 와서 살 리도 만무한 데다가, 집집마다 텃밭에 옥수수며 콩이며 고추 등 농작물을 심고 거두는 모습을 현지 방문 때마다 모니터링할 수 있었으니 대단히 고무적인 사업이었다.

농촌 주택 사업에서 한 걸음 더 나아가 북에서 새끼 돼지를 구하면 사료는 남북나눔에서 지원하기도 했다. 돼지는 북에서 대단한 재산인데, 단순한 집짓기 사업이 아닌 북한 주민들의 경제적 자활과 식량난의 본질적 해결책에 중점을 두었던 것이다. 그뿐 아니라 조림(造林) 사업도 병행했는데, 2009년에는 배나무를 보내 야산에 심게 했다. 황해북도 봉산군에 배나무 묘목을 1,500그루 보냈는데, 야산이 아니라 집 안뜰에 두 그루씩 심겠다 하여 그렇게 하게 했다. 그러나 역시 5·24 조치 이후로는 묘목조차 보내지 못하는 형편이 되어 버렸다.

주택 사업이나 작물, 조림 사업 외에도 의료 시설 현대화 사업으로 병원을 지어 주기도 했다. 물론 통일부에서 보자면 가당치 않은 일이었을 것이다. 여태껏 남북나눔은 어린이 영양 공급 사업이 주였지, 의료 사업을 한 적이 없기 때문이다. 그러니 병원을 어떻게 짓겠느냐는 말이 나오는 것도 당연했다. 더구나 입원 환자 한 명당 시설비가 1억이나 드는데, 병상 열 개만 갖추려 해도 10억이 드는 일이니 안 된다고 했다. 결국 우리도 포기하려 했는데, 북에서는 집을 좀 덜 짓는 한이 있어도 병원은 꼭 지어 주면 좋겠다고 사정을 해왔다. 낫 들고 풀 베다 다치거나 뱀

에 물리거나 특히 아이가 아플 때, 도청 소재지인 사리원까지 가
야 치료를 받을 수 있는데 택시나 자가용이 있는 것도 아니니 병
원이 꼭 필요하다는 얘기였다.

그래서 다시 우리 정부에 매달렸다. 겨우겨우 승인을 받았
는데, 병원을 짓되 이름을 '병원'이라 하지 말고 '간이 진료소'라
고 해야 한다고 조건을 달았다. 그러마 하고 의료 시설 사업을 진
행하여 다 지은 뒤 가서 보니, 정작 북측에서는 '인민병원'이라고
간판에 써 붙여 놓았다. 병원이 완공된 후 이만열 장로님이 희년
선교회를 통해 엑스레이기를 기증해 주셔서 보내려 했는데, 그
건 결국 진행되지 못했다. 그 밖에 경운기 같은 영농기기를 수리
할 수 있는 기계 창고를 지어 주기도 하고 이발소나 목욕탕 같은
일상생활에 보탬이 되는 시설 사업도 했다.

역사에 기록으로 남을 만한 일이 있었다. 대한민국 민간단
체가 북한에 공공시설을 지어 준 것이다. 북한에는 행정구역상
'면(面)'이 없다. 군(郡) 단위에서 바로 리(里)로 넘어가는데, 굉장
히 큰 지역을 아우르는 리는 다시 반(班)으로 나뉜다. 남한의 읍,
면에 해당하는 게 북한의 리라고 보면 되는데, 천덕리 관리위원
회 청사(남한의 읍사무소 정도)를 지어 준 것이다. 이는 여태껏 남북
나눔 외에는 시도한 적도, 성사한 적도 없는 전무후무한 일이라
할 수 있다.

주택 사업 이후 천덕리는 북한의 다른 지역보다 노동생산
성이 높아졌다고 한다. 유치원과 탁아소가 집 가까이 있으니까
부녀자들이 근심 없이 일하러 나가고 그 덕분에 생산성이 높아
진 것이다. 앞으로 계획하는 것은, 천덕리에 초등학교와 중학교

를 짓는 일이다. 학교 조감도와 배치도, 설계도 등 계획은 이미 구체적으로 나와 있는 상태다. 여건만 허락된다면 당장이라도 착공에 들어갈 수 있다.

'천덕'리가 의미하는 것

천덕리라는 이름을 우리 식으로 뜻을 풀이하면, '하늘(天)의 은덕(德)을 입어야 사는 마을'이다. 이곳은 땅이 비옥하지 않아서 농사도 잘 안 된다. 그러니 진실로 하늘의 은총이 있어야 사는 마을인지도 모른다. 누군가는 이렇게 말할 수도 있다.

"왜 대북 지원으로 집을 지어 주는 일을 하세요? 비료나 쌀, 분유 같은 물자를 보내는 게 당장 굶주림에 허덕이는 북한 동포들에게 더 절실하게 필요한 것 아닌가요?"

왜 아니겠는가? 그런데 조금만 달리 생각해 보면 주택 사업의 의미가 드러난다. 쌀과 분유가 긴급 구호물품으로 죽을 목숨을 살릴 수 있으니 얼마나 중요한가. 그런데 통일 한국이 되었을 때, 북녘 동포들이 "너희들은 이렇게 풍요롭게 잘살면서 우리에게 뭘 해줬나" 하고 물으면, "우리가 너희를 위해 새벽마다 기도도 하고 수련회도 하고 그랬다"라고 대답할 것인가? "쌀도 주고 분유도 보냈다"고 할 수도 있겠지만, 그것 역시 서류에만 남아 있을 것이다. 그때 이렇게 말할 수 있지 않을까.

"천덕리에 한번 가봐."

천덕리 주택 사업은 통일 후에도 우리가 북녘 동포에게 들려줄 대답이 되는 것이다. 천덕리 사업은 소문이 엄청났다. 천덕리 당국자들에게 듣기도 했지만, 현지에서 이런 이야기를 전해 들었다. 집 짓는 현장에 노인 한 분이 오시더니 화장실의 변기를 한번 쓰다듬고 가셨다고 한다. 그 변기는 형태는 양변기지만, 물을 바가지로 떠서 부어야 하는 방식인데, 손으로 변기를 쓰다듬으며 "내가 이런 곳에서 용변을 보다니" 하시고는 나중에 다시 건설 책임자를 찾아와 연신 고맙다면서 어디서 마련했는지 꿀 한 종지를 주고 가더란다. 원래는 비용이 들더라도 당연히 정화조를 만들어 주려 했으나, 북한 관계자에게 의향을 물었더니 "일 없시오" 하면서 펄쩍 뛰었다. 이유인즉 비료가 없으니 화장실 용변을 가지고 퇴비를 만들어 써야 한다는 거였다. 정화조를 설치하면 그게 어렵게 되니 굳이 정화조를 만들 필요가 없다는 얘기였다.

천덕리는 북한에서도 여기저기서 방문객들이 구경하러 몰려들 정도였다. 천덕리가 평양에서 72킬로미터 떨어진 곳에 있는데도 그랬다. 4차에 걸쳐 지은 주택단지는 도로 왼편과 오른편에 나란히 있다. 코엑스, 인천 공항 등을 설계한 정림건축 이형재 사장이 설계를 맡았는데, 1차부터 4차까지 지붕 색깔을 달리함으로써 지붕 색만 봐도 몇 차인지 바로 구분이 되게 했다. 설계는 북한에도 나름의 주택 기준이 있어서 정림건축에서 매번 조금씩 수정을 해나갔는데, 4차 때는 집 밖에 10평짜리 헛간을 설계해서 농기구도 보관하고 퇴비로 쓸 풀도 쌓아 두게 했다. 내 생애에 남은 꿈이 있다면, 지금이라도 당장 저 주택 사업을 다 끝내는 것이다. 그래서 먼 훗날 하나님이 내게 "명철아, 너는 날 위해 뭘 했니?" 하고 물으실 때, "에이, 하나님, 잘 아시잖아요"라고 고백하고 싶은 마음 간절하다. 그런데 지금 남북 관계가 냉각되어 손발이 묶인 채 이러고 있으니 안타깝기 그지없는 일이다.

천덕리 주택 사업에 관해 자주 받는 질문이 두 가지 있다. 첫째, 집 한 채 짓는 데 얼마나 드는가. 둘째, 대체 어떤 사람이 그 집에서 살게 되는가.

사람들은 이 정도 규모의 주택 사업이면 한 채에 몇 억씩 들어갈 것으로 생각한다. 그런데 천덕리 주택은 한 채에 1,400만 원이 들어간다. 강남의 30평대 아파트 한 채가 14, 15억 하니까 그 한 채 값으로 천덕리에 주택 100채를 지을 수 있는 것이다. 우리나라 자재를 가져다 지으려면 돈이 많이 들겠지만, 중국 현지 자재인 데다 비교적 염가의 자재를 엄선해서 짓다 보니 그 정도밖에 안 든다. 만일 통일 후에 이런 주택 사업을 한다면, 분명 지금보다 훨씬 많은 비용이 들 것이다. 이 사업을 성공적으로 진행할 수 있었던 것은 중국에서 오랫동안 사업하고 있는 조관형 사장의 헌신적인 노력과 기여 덕분이었다.

새 주택의 입주민은 이미 정해져 있다. 기존에 있던 농민들의 집을 헐고 새로 지었으니 원래 살던 사람이 들어가는 거야 당연한 일인데, 난점이 하나 있었다. 기존의 낡은 주택을 헐고 나서 최단기간에 새 주택을 지어 줘야 하는 것이다. 그렇지 않으면 학교 교실 같은 공공건물에서 장기간 집단으로 생활해야 하는 불편을 주민들이 감수해야만 했기 때문이다. 최단기간에 시공하면서도 날림으로 지어서는 안 되니 이중고를 겪어야 했다. 그래도 기존의 낡은 집을 헐고 지었기 때문에 농민들에게 직접적인 혜택이 돌아갈 수밖에 없었다. 당 고위 간부나 군 장성이 시골의 낡고 허름한 주택에 살지는 않으니, 사업의 혜택이 엉뚱한 데로 새지 않고 수혜자에게 직접 돌아갈 수밖에 없는 것이다. 이게 바로 남북나눔이 하는 대북 사업의 주요한 특징이다.

앞으로 주택 사업을 확장한다면 천덕리 옆 구연리에 하지 않을까 싶다. 그런데 그에 앞서 천덕리 사업이 잘 마무리되어야 할 텐데 걱정이다. 그곳에 집이 400채가 더 지어지면 마음 편히 남북나눔 일을 내려놓아도 될 텐데, 지난 4년을 허송했으니 애가 탄다.

남-북-연해주, 나눔의 트라이앵글

대북 지원 물자 가운데 감자가 있었다. 이 감자는 남한에서 농사지은 게 아니라 연해주에서 고려인들이 농사지은 것이었다. 고려인이 지은 농작물을 구매하여 북한 동포들에게 보냈으니, 이야말로 누이 좋고 매부 좋은 일 아닐까 싶다. 모든 일이 결국 한 핏줄 한 민족 사이에서 이루어진 것이다. 고려인이 농사지은 감자를 북한에 지원한 사례는 2004년도 행정안전부 우수 사례로 선정되어 250여 NGO 단체 앞에서 발표하기도 했다. 이 일은 연해주 고려인 지원 사업을 진행하는 과정에서 기획되었다.

당시 연해주에는 우즈베키스탄, 카자흐스탄 등에서 역이주한 사람이 5만 명이라고 했다. 우리나라 교포가 178개국 700만 명에 이른다는데, 연해주와 사할린에 사는 분들은 자기 의사와 상관없이 강제로 이주당한 아픔을 간직한 분들이다. 사할린 동포들은 일제 때 강제 징용당한 이들과 그 후손이고, 연해주 동포는 일제의 동양척식회사에 전답을 뺏기고 송아지 한 마리 끌고 용정을 거쳐 흘러들어 간 농민들 아니면 독립투사의 후예다. 안중근 의사를 비롯하여, 홍범도 장군, 이준·이위종 열사 등 많은 독립투사가 연해주를 기지로 삼아 활약했다. 그런데 일제에 맞서 싸웠거나 일제의 압제를 피해 이주한 이들과 그 후손 12만여 명이 1937년 소련의 스탈린 치하에서 카자흐스탄, 우즈베키스탄 일대로 강제로 이주당했다. 열차에 실려 갔는데, 객차도 아닌 화물칸에, 심지어 지붕 위에까지 태워 2주간을 가는 동안 1만 2천 명이 죽었다고 한다.

그것도 모자라 1992년에 소비에트 사회주의 연방(구소련)이 해체되고 민족별로 분리 독립을 하니 다시 차별을 받았다. 강제 이주당한 고려인들은 생활력을 발휘하여 의사, 엔지니어, 보일러 수리공 등 다양한 전문 직업을 갖고 우즈베키스탄에서 자리를 잡고 있었다. 그런데 소련이 해체되면서 자기 민족이 아니면 잡초 뽑듯 하니까 할아버지 할머니가 살았던 연해주로 역이주할 수밖에 없었던 것이다. 구소련 체제에서는 연방 소속 국가 어디로든 갈 수 있었지만, 연방 해체 이후 우즈베키스탄에서 러시아 땅 연해주로 역이주할 때는 무국적자 신분이 되어 사회보장제도 같은 혜택을 전혀 받을 수 없었다. 그러니 그 사회의 가장 밑바닥 신분이 될 수밖에 없는 거였다. 연해주를 방문했을 때 보니 사는 집들이 모두 과거 5층짜리 소련군 막사 건물이었는데, 유리창이 멀쩡한 게 없고 변기도 다 깨진 상태여서 집이라고 할 수가 없는 지경이었다. 게다가 온 식구가 제대로 된 난방 기구도 없이 그 추운 겨울을 나고 있었다.

그런데 웬만큼 살 만해진 지금 아프리카 긴급 구호에는 후원이 쏟아지는데 연해주 고려인들은 아예 관심조차 받지 못하는 실정이다. 당시 남북나눔에서 긴급 구호를 했지만, 말 그대로 '응급처치'랄 수 있는 긴급 구호로는 근본적인 해결책이 될 수 없었다. 그래서 그들이 농사를 지어 자급자족도 하고 판매하여 수익도 얻을 수 있게 러시아 정부로부터 50헥타르(약 15만 평)의 땅을 임대했다. 그런 다음 봄에 하바롭스크 북쪽 아주 먼 곳으로 가서 바이러스 없는 씨감자를 구해 임대한 땅에다 농사를 짓게 했다. 그리고 가을에 감자를 수확했는데 판로에 문제가 생겼다. 당시 러시아가 시장경제 체제를 도입했는데, 러시아 마피아들이 장악하고 있는 감자 시장에 고려인들이 낄 수가 없었던 것이다. 그 많은 감자를 바닥에 좌판을 깔고 인근 러시아 주부들에게 조금씩 판다고 해결될 문제도 아니었다. 그래서 결국 남북나눔이 나서 감자를 전량 현지 시가로 사들였다. 고려인들로서는 판로가 해결되었고, 가격도 고스란히 그대로 쳐주니까 굉장히 좋은 일이었다.

사들인 감자는 모두 우수리스크 역에서 화물열차에 실었는데, 한 차당 60톤이 들어갔다. 감자는 싹이 나면 못 먹고 추우면 얼어서 터져 버리기 때문에, 겨울이 빨리 오는 러시아 기후 사정상 서두르지 않으면 안 되었다. 혹시라도 추워지고 감자를 보내려면 히팅 시스템이 갖추어진 화물열차를 이용해야 했다. 까딱하다간 얼어 터진 감자를 보내게 되어, 북으로부터 "못쓸 감자가 왔다"는 볼멘소리를 듣기 십상이었다. 감자 수송 시기와 기간도 문제였지만, 궤간(軌間)의 너비도 문제였다. 궤간이란 철도 선로 간격을 말하는데, 러시아 열차는 표준 궤간(1.435m)을 이용하는 남북한보다 10센티미터 정도 넓은 광궤(廣軌)를 이용하기에 두만강을 건널 수가 없었다. 그래서 두만강 근처에서 기중기로 화물열차를 들어 올려 바퀴를 바꾼 다음에야 북한으로 넘어갈 수 있었다. 25-26량 정도면서 바퀴를 바꿀 수 있는 화차를 확보하는 일이 쉽지 않았지만 다행히 수배에 성공한 덕에 수신인을 조그련으로 해서 함경도 청진으로 보낼 수 있었다. 이 일은 '나눔의 트라이앵글'이라 부를 만한 사건이었다. 남쪽의 자금이 역경에 처한 고려인을 돕고, 고려인들이 피땀 흘려 지은 감자가 식량난을 겪는 북한 동포에게 전해졌으니 말이다. 일석이조는 이런 걸 두고 이르는 말일 것이다.

　남과 북, 연해주를 연결하는 감자 지원 사업은 2002년부터 2007년까지 5년간 계속했다. 2007년에는 감자 값이 올라 콩을 보냈다. 푸틴 대통령이 아시아 중시 정책을 쓰면서 해군력을 강화하자 러시아 해군이 감자를 식량으로 확보하기 시작했기 때문이다. 감자 값도 오르고 판로도 해결되니 굳이 우리가 사주지 않아도 되어 콩으로 대체했던 것이다. 사실 농작물 재배 품목으로 가장 좋은 것은 메밀이다. 얼마나 잘 자라는지 잡초가 못 자랄 정도란다. 그래서 북한에 콩보다 메밀을 보내 줄까 했더니, 그건 식량 가치가 별로 없어서 받기 어렵다는 회답이 와서 그 길로 접고 말았다.

　연해주 사업 과정에서 루직이라는 고려인을 알게 되었다.

그는 우즈베키스탄에서 연해주로 이주해 올 때, 네 살짜리 아이를 두고 나왔단다. 그런데 우리가 지원한 감자 농사로 소득이 제법 생겼고, 부부가 9년 만에 아이를 데리러 가게 되었다. 9년 만에 아이를 다시 만나게 된 그의 얼굴에 기쁨보다 고민이 가득했다. 열네 살 된 아이가 9년 만에 만난 부모에게 "왜 날 버리고 떠났어?" 하고 물으면 뭐라고 대답할지, 할 말이 없다는 것이었다. 연해주 고려인의 식량 문제에서 한걸음 더 나아가, 중앙아시아에 남아 있는 가족을 데려와 함께 살 수 있도록 경제 여건을 향상시켜야 한다는 두 번째 과제를 깨닫게 되는 순간이었다.

콩 농사가 그 대안이 될 수 없을까 하고 생각한 건 자연스러운 일이었다. 요즘 우리가 먹는 된장, 간장은 유전자 조작 콩 문제 때문에 콩보다는 밀가루로 거의 만든다. 그런데 러시아 콩은 유전자 변형이나 조작이 없는 자연 콩이어서 인기가 대단하다. 그러니 콩 농사를 지으면 연해주 교포들의 수입도 높이고 북한 동포에게도 지원할 수 있으니 이 또한 일석삼조 사업이었다. 그런데 2008년에는 콩 지원 사업을 하지 못했다. 국제 곡물가 폭등으로 콩 값이 두 배나 올랐기 때문이다. 그래서 2009년부터는 피클 오이나 토마토, 리지스까(러시아의 빨간 무) 등 고소득 작물을 재배할 수 있게 지원했는데, 행정안전부 기금과 남북나눔 자체 자금을 합쳐서 현지에 비닐하우스 20동을 지어 주었다. 한 세대당 두 동씩 비닐하우스에서 고소득 작물을 재배하면서 소득을 높이고 저축을 할 수 있게 한 것이다.

남북나눔은 앞으로도 계속 연해주 고려인을 품고 가야 하지 않을까 하는 마음이 있다. 그들과 북한, 남한이 사랑의 삼각

지대로 연결되는 것은 중요한 의미를 지닌다. 남북나눔에서 연해주 사업에 힘을 쏟는 이유가 여기에 있다. 사회주의 공산체제하에서 살던 고려인들이 자본주의 시장경제 사회에서 자립할 수 있도록 바람직한 역할 모델을 만드는 것은 통일을 준비하는 일이기도 하다. 북한이 자신들은 러시아나 중국식 사회주의와 다른 '주체' 사회임을 강조하지만, 공산체제하에 살던 한 개인이 시장경제 체제로 전환되는 과정에 놓일 때의 충격과 불안은 크게 다르지 않을 것이다. 그들과 비슷한 경험을 했으며 다양한 시행착오를 겪어 온 고려인들이야말로 뒤에 북한 동포들의 심정을 가장 잘 이해하고 이끌어 줄 수 있는 이들이다. 그렇기에 고려인의 생활 정착을 돕는 일은 통일 이후 세대를 준비하는 일이기도 하다. 아울러 드넓은 연해주 땅에서 하는 농작물 사업은 '요셉의 식량창고'로 쓰임 받게 될 것이다.

통일과 '선한 사마리아인'

내가 강의 다니면서 통일에 대한 이야기를 하다 보면, 청중과 교감이 잘 안 이루어진다는 느낌을 받곤 한다. 내 말이 공명되지 않는 것이다. "그냥 이대로 잘 살아가면 되지, 굳이 북한과 합쳐야 할 필요가 있나요?" 하고 되묻는 말에는 두 가지 생각이 숨어 있다. 하나는 개인주의 사고방식이다. '나는 손해 안 보고 살겠다'는 거다. 대표적인 사례가 '통일항아리 캠페인'이다. 이 사업을 정부가 열심히 벌였지만, 방송이나 언론, 또는 학교 같은 기관 어디나 참여하는 곳이 많지 않다. 그냥 통일부 혼자 하고 있다는 느낌을 받을 정도다. IMF 때처럼 금반지 빼서 들고 나오지는 못하더라도 통일을 위해 최소한 저금통을 헐었다는 이야기 정도는 나와야 하는 것이다. 그런데 참여가 드물다. 이렇게 우리 국민이 '나만 손해 안 보면 된다'는 협소한 의식을 갖게 된 것은 지난날 기마민족의 '대륙적 기상'을 잃어버렸기 때문이 아닌가 싶다. 이어령 박사가 얘기한 대로, 기마민족의 후예가 한반도 남쪽에 갇혀 살다 보니 웅대한 대륙적 기상이 퇴화해 버린 것이다. 내가 좀 손해 보더라도 다 함께 드넓은 대륙을 품고 동북아 중심 국가의 비전을 품고 나가야 할 텐데 젊은이들에게조차 그런 모습을 볼 수가 없다. 우리 기성세대야 그렇다 쳐도, 앞으로 젊은 세대는 포부와 기상을 크게 품었으면 좋겠다.

나이 든 사람의 생각일지 모르겠으나, 내 세대에 통일은 어려울 것 같다. 물론 하나님이 어느 날 갑자기 전격적으로 허락하실 수도 있겠지만, 역사적으로 볼 때 아무 준비 없이 통일이 된다면 그건 재앙에 가까울 것이다. 과거 일제 치하에서 우리가 내부 준비 없이 외부의 힘에 의해 해방을 맞이한 결과 큰 혼란이 일어난 역사에 비춰 보면 그런 생각이 든다. 특히나 독일과 달리 동족상잔의 전쟁을 겪은 우리 민족의 통일 과정에는 교회와 그리스도인들의 역할과 참여가 매우 중요하리라 본다. 그렇지 않으면 해방 직후 겪었던 혼란이 재연될지도 모를 일이다.

그런데 한국 교회가 그런 역할을 얼마나 감당할 수 있을지 잘 모르겠다. 남북의 평화통일과 북녘 동포를 위한 기도와 함께 구체적 실천이 필요한데도 오히려 예전만 못하다는 생각이 든다.

북한 동포들이 온갖 재난 상황에 처해 있는데도 핵이다 뭐다 정치적인 이유를 대면서 지원해 주지 말자고 목청을 돋운다. 그런 정치적인 문제는 정부와 정치가들에게 맡기고 교회는 선한 사마리아인이 되어 강도 당한 자를 도와야 하지 않을까. 심지어 치료비가 모자라면 다 책임지겠다 하는 자세로 도와야지, 강도 잡으려고 쫓아다녀야 하는가 말이다.

쌀 보내면 군량미 된다?

북한에 물자를 지원할 때, 가장 흔하게, 오랫동안 제기되는 문제가 있다.

"우리는 인도적 지원으로 물자를 보내지만, 기껏 보내 봐야 그거 죄다 군대로 가는 거 아니냐?"

쉬운 예를 하나 들어 얘기하겠다. 해마다 3월 초까지는 못자리용 비닐을 보내야 한다. 북한은 남쪽보다 봄이 훨씬 늦게 온다. 또한 남한보다 늦게 추수를 한다. 일조량도 적으니 못자리에 비닐 커버를 씌워야 상온이 유지되고 찬바람도 막을 수 있는 것이다. 그래야 모가 심을 수 있는 만큼 자란다. 그런데 이 못자리용 비닐이 연간 3,600만 제곱미터 정도 든다고 한다. 북한이 식량을 자급자족하기 위해서는 못자리용 비닐이 필수적이다. 과거 정부와 민간단체 기금으로 비닐을 지원해 주었는데 지금은 그게 안 된다. 못자리용보다 다른 용도로 더 많이 썼다는 게 그 이유인데, 이는 사실과 다르다.

우리나라에서 못자리용으로 쓰이는 비닐은 두께가 0.03밀리미터에 너비가 2미터 정도 된다. 못자리용이 아닌 다른 용도로 쓸 때는 비닐 두께가 두꺼운 것이어야 한다. 북한 측과 비닐 지원 사업을 협의할 때 당연히 두께 0.03밀리미터, 너비 2미터짜리로 하자고 했다. 너비는 그들도 쉽게 받아들였는데, 두께는 양보할 수 없다고 맞섰다. "그렇다면 우리도 비닐을 줄 수 없다"고 맞버텼다. 비용면에서도 북에서 요구하는 두께 0.07밀리미터짜리에 비해 절반밖에 안 들기 때문에 훨씬 경제적이었다. 이를테면 5천만 원이면 될 일을 1억 원씩이나 들일 이유가 어디 있겠는가. 그래도 북한이 선선히 받아들이지 않았다.

"거 두꺼운 걸 써야디 튼튼해서 오래 쓸 거이 아니겠소?"

"안 됩니다. 얇은 걸 못 받겠다면 우리도 어쩔 수 없습니다. 이미 0.03밀리짜리로 다 사놨는데, 두꺼운 걸 달라면 우리도 더 이상 어쩔 수 없지요."

"아니, 기럼 그 비닐은 어케하려고 그러십네까?"

"걱정 마십시오. 우린 보낼 데가 많으니까. 정 못 받겠다고 하시면 연해주로 보내지요."

결국 북이 받아들이고 말았다. 당시 정부 지원금과 민간 후원금을 합쳐서 못자리용 비닐을 북으로 보낸 일은 두고두고 기억에 남아 있다.

또 하나, 가장 일반적인 염려가 쌀을 지원하면 다른 용도로 전용하는 것 아니냐는 것이다. 남북나눔도 초기에는 쌀을 보내긴 했지만, 비용이 만만치 않게 들기에 남북나눔을 비롯한 민간단체들은 쌀은 거의 보내지 않았다. 정부 차원에서 무상 지원

또는 차관 형식으로 쌀을 지원했는데, 그게 퍼 주기 논란이 되고 군량미로 쓰인다 등의 말이 나오기도 한 것이다. 그런데 북한 장마당(시장)에 외부로부터 식량 지원이 있다는 소문이 나면 식량 가격이 떨어지고 지원 소식 없으면 값이 올라간다고 한다. 실제로 장마당에서 '유엔' 또는 '대한민국'이라고 찍힌 쌀 포대가 심심치 않게 목격되기도 한다. 물론 남북나눔은 가능한 한 밀가루로 보내되, 비교적 저렴한 3등급으로 보낸다. 게다가 분유나 두유, 어린이 방한복처럼 전용 논란의 여지가 없는 품목 위주로 지원하려고 노력해 왔다.

대북 지원을 놓고 퍼 주기다 뭐다 말하곤 하지만, 사실상 국내에서 물자를 사서 북으로 보내기 때문에 우리 경제에도 도움이 되면 되었지 손해될 일은 없다는 얘기를 들었다. 가령 우유의 경우 국내 낙농가의 우유 생산량에 비해 저출산 등으로 우유 소비층이 너무 줄어서 낙농가가 어려운 형편인데, 이 우유를 사서 북한 어린이들에게 보낸다면 우리 낙농업도 살리고 북한 어린이들도 건강해질 수 있으니 일석이조 아닌가. 또 몇 년 전에는 쌀 소비량 감소로 창고마다 쌀이 썩어 나가는 상황에서 농사가 풍년이라 쌀값이 더 폭락한 일이 있었는데, 이때 농민들이 쌀을 북한에 보낼 수 있게 해달라고 한 일이 있다. 해외 대북 지원단체들도 지원 물자를 한국에서 구매하여 북으로 보내기도 했다.

설령 전용되는 것이 염려된다 하더라도 식량을 지원해야 마땅하다. 성경에도 "네 원수가 주리거든 먹이고 목마르거든 마시게 하라"(로마서 12:20)고 했다. 교회가 굶주리는 이들을 먹이는 일에서조차 인색해지지 말았으면 좋겠다.

내가 섬기는 교회에도 통일선교부를 만들어 전 교인을 대상으로 통일 특강을 여는데, 여전히 민감하게 반응하는 분들이 있다. 보수와 진보 인사를 두루 강사로 초청하는데 "신 장로, 왜 빨갱이를 데려오는 거야?"라며 항의하시는 분들도 있다. 그분들도 나름의 관점과 생각이 있을 테지만, 남북의 화해와 평화에 교회가 하나 된 힘으로 나서야 할 의무가 있지 않나 싶다.

일관성이 신뢰를 낳는다

남북나눔은 대북 지원 민간단체 가운데 남북 당국 양쪽으로부터 신뢰를 받아 왔다. 이는 홍정길 목사님의 일관된 원칙 고수가 큰 이유 중 하나다. 그 원칙 중 하나가 바로 '현금 지원 불가'다. 주택 사업뿐 아니라 모든 면에서 우리는 현금 지원이 아닌 '현물 지원'이 대원칙이었다. 건축 자재도 직접 사서 보내려다 보니, 대련이 싼지, 심양이 싼지 구매가와 수송비를 비교하고 품질도 따져 볼 수 있다. 게다가 물량도 우리가 직접 검수하여 컨테이너 하나에 몇 개를 실을 수 있는지 안다. 정해진 수량을 정확하게 챙겨서 보내는 것은 남북나눔 대북 지원 원칙이다. 설계도에 표시된 대로 컴퓨터로 산출하여 물자를 챙겨서 보내니 북측 관계자들은 "물자를 너무 여유 없게 보낸다"며 볼멘소리를 하기도 했다.

또 하나는 '최소 대답의 원칙'이다. 홍 목사님은 대북 관계에서는 결코 큰소리치는 식으로 일해서는 안 된다면서 늘 이렇게 말씀하셨다. "우리가 정말 감당할 수 있는 일에 대해서만 '할 수 있다'고 하세요."

이것도 할 수 있다, 저것도 할 수 있다는 식으로 큰소리치는 건 결코 신뢰를 얻지 못하는 일이라는 것이었다. 북한 방문 후에도 지원 사업에 관해 매스컴에 떠들지 말고 '오른손이 한 일을 왼손이 모르게 하라'고 하셨다. 그러니 이 또한 최소 대답의 원칙이 적용되는 셈이다. 그러다 보니 남북나눔이 한 일은 매스컴을 타는 일이 없다. 이른바 '홍보대사'라는 것도 우리는 내세우지 않는다. 그저 하나님이 주시는 만큼 지원하고, 북에 가서도 큰소리치지 않으려 했다. 대신 '우리가 할 수 있다', '우리가 하겠다' 한 약속은 꼭 지키려 애쓴다. 그러니 홍 목사님과 남북나눔에 대한 북한의 신뢰는 정말 대단하다. 그들은 항상 말하곤 한다. "저 사람은 약속한 것은 반드시 이행한다." 그러니 어딜 가든지 자랑스럽게 얘기할 수 있다. 그건 곧 남북나눔에 대한 신뢰이기도 하기 때문이다.

남북 관계에서 일관성은 민간 교류뿐 아니라 정책 부문에서도 중요한 요소가 아닐까 싶다. 그런 점에서 정권이 바뀔 때마다 새 정부의 대북 정책 수정 또는 변화가 있으면, 민간 대북 사업의 일관성을 유지하기 어려워지기 마련이다. 하여 적어도 민간 차원의 인도적 대북 지원만큼은 정권 교체와 상관없이 유지되는 것이 바람직하다.

오랜 경험에 비추어 볼 때, 남북 문제에서는 신뢰가 가장 중요하다. 신뢰 관계는 쉽게, 빨리 맺어지지 않고 시간이 오래 걸린다. 따라서 한 번에 큰 업적을 쌓으려는 접근은 바람직하지 못하다.

　우리 정부에도 하고 싶은 말이 있다. 북한 주민들이 남한 사회를 알고 경험할 수 있는 기회는 민간 교류다. 따라서 가급적이면 남북 간 민간 교류를 막지 말고 활성화할 필요가 있다. 정치적 상황이 어떻든 간에 문화, 예술, 스포츠 전반에 걸쳐 남북 민간 교류를 활성화하고 확대하는 것이 궁극적으로는 남북 화해 분위기와 한반도 안정에 도움이 되리라 본다.

'눈높이'로 소통하기

　지금까지 북한을 70여 차례 다녀왔다. 그중 절반은 평양이었고 나머지는 개성 쪽이었다. 때마다 사람이 바뀌기도 하고 더러는 유명을 달리한 이들도 있다. 그들과 오랫동안 만나며 나눔 사업을 해왔으니 사람이라는 게 깊은 우정이랄까 친분 관계가 쌓이기도 하는 법인데 아무래도 북한은 쉽지 않다. 체제의 특성상 일대일로, 사적인 대화를 하기가 참 어렵다. 으레 보호막을 하나 더 입고 나오는 이들과 깊은 대화를 나누기란 쉽지 않은 법이다. 물론 자녀는 몇인지, 장가는 보냈는지 같은 기본적인 대화야 나눌 수 있지만 말이다. 그런 중에도 기회가 찾아오는 때가 있다. 목욕탕에 갔다가 어쩌다 단 둘이 남게 되는 경우가 있는데, 그럴 땐 훨씬 속 깊은 이야기를 나누기도 한다. 다만 그런 상황에서도 불문율이 하나 있다. 바로 체제에 관한 이야기다. 그건 결코 건드려서는 안 된다. 북한을 방문해 보면 대한민국 여권보다는 다른 나라 여권을 가진 외국인들이 오히려 좀 더 자유로운 면이 있다. 미국 여권 소지자가 특히 그렇다. 따라서 한국 국적의 사람이 북한에서 자유롭게 사람들을 만나고 어쩌고 했다는 것은, 내 방북 경험으로 봐선 거의 있을 수 없는 일이다.

이 일을 20년 가까이 해오면서 그만두고 싶은 적이 없었다면 거짓말일 게다. '내가 왜 이 일을 하고 있나' 회의할 때가 참 많았다. 개인적인 이유보다 대북 관계에서 겪는 회의와 어려움 때문이었다. 저들과 소통하는 일의 어려움은 또 있다. 우리 후원자들을 모시고 방북하는 경우가 있는데, 3박 4일 일정으로 사전 오리엔테이션을 철저히 하고 가도 막상 북에 가서는 소소한 실수가 나오기 마련이다. 예를 들어, 평소 우리 사회에서 하듯 북측 통수권자 이름을 서슴없이 불러 문제가 되는 경우가 있었다. 그러면 북측 참사들은 즉각 문제를 제기하면서 추후 일정을 진행할 수 없다고 나온다. 새벽녘까지 거듭 미안하다고 양해를 구해도 계속 강하게 압박한다.

"본부장 선생, 이케 하면 앞으로는 다신 못 옵네다."

그들 처지에서야 문책을 당할 수도 있는 사안이니 왜 이해하지 못할까. 그럼에도 '이렇게까지 하면서 이들을 지원해야 하나' 하는 인간적인 섭섭함과 회의가 없을 수 없는 것이다.

2001년 새해 첫 달 방북했을 때는 이런 일도 있었다. 호텔에 체크인을 하고 방까지 짐을 옮겨 준 직원에게 여느 해외여행을 가서 하듯 팁을 주었다. 받지 않기에 복도까지 따라 나가 손에 쥐여 주었다. 짐을 풀고 잠시 로비에 내려갔더니 우리 일행을 안내하는 조그런 책임안내원이 다가와 다짜고짜 언성을 높였다.

"국장 선생! 아니 어디 남반부에서 하던 자본주의 행동을 공화국에서 하고 기럽네까?"

느닷없는 항의성 언사에 영문을 몰라 되물었다.

"아니, 갑자기 그게 무슨 말입니까?"

"정말 모른다는 겁네까?"

아닌 밤중에 홍두깨라는 듯, 황당한 표정으로 거듭 물었다.

"모르니까 묻는 거 아닙니까? 대체 무슨 일로 그러는 겁니까?"

"우린 지금 인민을 위해 봉사하고 있는 중입네다. 기런데 지금 딸라는 왜 주는 겁네까? 앞으로 기딴 식으로 하면 공화국에 다신 못 올 줄 아시라요!"

내 딴에는 짐을 날라 준 직원에게 고마운 마음을 표해야 한다고 생각해 건넨 것인데 이런 협박성 호통을 듣게 될 줄이야……. 고마움의 표현을 찬물 한 바가지로 돌려받은 듯했던 해프닝이 지금도 씁쓸한 기억으로 남아 있다.

물자 지원 과정에서도 인내가 요구된다. 언젠가 우리가 보낸 물품 박스 하나에 남은 포장지와 포장용 테이프 껍질이 섞여 왔다며 이를 문제 삼은 적이 있었다. 해당 업체에 항상 신신당부하지만, 그 많은 박스를 일일이 풀어서 확인하기는 어려운 현실인지라 더러 이런 일이 생기면 문제를 제기하는 것이다. 그냥 나중에 박스 100개 중 하나에 그런 게 섞여 있더라, 슬쩍 얘기하면서 양해하고 넘어갈 수도 있는 일이, 남북 관계가 부드럽지 못한 경우에는 이런 사소한 일까지도 문젯거리가 되고 만다.

그래도 북한 담당자들도 처음에 비해 많이 바뀌었다. 예전에는 공식적으로든 사적으로는 결코 "고맙다"는 말을 하지 않았다. 작은 거라도 받으면 "고맙습니다" 하는 게 자연스럽고 당연한 반응인데, 저들은 그런 게 없었다. 처음엔 내 정서로는 잘 이해도 안 되고 굉장히 실망스러웠지만, 이제는 나름 이해하게 됐다. 그들은 집단생활, 협동농장식 생활이 일상이었다. 집단과 조직에 속한 일원으로서 그들은 뭘 받아도 공동체로 받았지 개인으로서 직접 받지 않았다. 그러니 모두가 같이 받아야 하는 것을 왜 고마워해야 하는지 오히려 그들은 의아해할 수 있다. 그게 몸에 배어 있으니 고맙다는 인사가 없었던 것이다. 그러나 20년 가까이 한결같이 만남을 이어 오면서 이제는 제법 고마운 마음을 말로나 문서로 표현할 정도가 되었다.

　남북나눔 일을 해오면서 스스로를 자꾸 돌아보는 습관이 생겼다. 내가 북한을 돕는답시고 시혜자(施惠者) 의식을 갖고 저들에게 교만하게 행동하지는 않았나, 지원을 하는 입장에서 고자세로 대하지는 않았나, 저들의 심정을 헤아리기보다 나 중심으로 다가가지 않았나, 자꾸 되돌아본다.

'남북 관계 발전에 기여'한 20년

　여태껏 남북나눔은 묵묵히 할 일만 해왔고 대외 홍보나 업적 자랑 같은 걸 할 줄 몰랐다. 그게 억울하다는 생각은 전혀 없다. 다만 더 많은 교회와 그리스도인이 참여할 수 있도록 동기부여하는 데도 조금이나마 힘을 쏟았으면 좋았겠다는 아쉬움은

있다. 그러나 세 명의 실무자가 있는 이 작은 공간을 통해 하나
님은 1,500억에 달하는 대북 지원 사업을 하게 하셨다. 2012년
12월 말 기준으로 조그련에 210회, 민경련에 156회, 함경도에
14회 등 쉼 없이 나누고 주었다. 언제가 될지 알 수 없으나 통일
이 되면 우리에겐 할 말이 있는 것이다. 남북나눔의 대북 지원은
어린이들은 말할 것도 없고 특히 농민이 실수혜자라는 점에서
가슴 뿌듯함이 있다.

한편 두고두고 아쉬움으로 남는 일도 있다. 북한의 식량난
이 극에 달했다고 알려진 1997년 두 차례에 걸쳐 라면 450만 개
를 보냈는데 당초 북의 인구만큼 보내려고 했으나 북의 요청으로
더 이상 보내지 못한 일이 그렇다. 또 하나는, 지난 2009년 12월
방북 과정에서 후원자 모니터링 방북 시 그간 계획했던 백두산
등정을 약속하고 구체적인 협의까지 했는데 그 이후 남북 관계
로 인해 시행하지 못한 일도 그렇다.

오늘날 한국 교회는 사회에 대한 영향력을 거의 잃은 듯하
다. 교회가 지탄의 대상이 된 지 오래다. 그런 점에서 예수 그리
스도의 가르침에 따라 분단된 이 땅에 화해와 평화의 섬김에 매
진해 온 남북나눔 20년의 사회적, 역사적 의미는 남다르게 다가
온다. 개인적인 생각이지만, 우리나라 큰 교회 가운데 홍정길 목
사님만 한 목회자가 3분의 1만 되어도 교회가 손가락질당하겠는
가 하는 생각이 든다. 이분이 내가 만난 다른 목회자들과 견주
어 볼 때 크게 다른 게 하나 있다. "고맙습니다, 감사합니다"라는
말을 얼마나 잘하시는지 모른다.

이분이 어느 날 갑자기 남서울교회를 떠나 장애인 사역에

매진하시게 된다. 성도 중에 자폐아를 둔 부모가 있었는데, 그 아이가 유아부실에서 불을 내는 일이 일어났다. 119에서 와서 보니 아이가 불을 보고 좋아라 하고 있었단다. 그때 자폐아를 둔 부모가 홍 목사님에게 사회가 이런 아이를 돌보지 않는데 교회라도 돌봐야 하지 않겠느냐고 하소연했는데, 마음에 큰 도전을 받아 장애인 학교를 지을 땅 3천 평을 매입하셨다. 그곳에 지금의 밀알학교를 지었다. 교회를 지을 돈이 없었던 게 아니었다. 정말 꼭 필요한 이들을 위해 돈을 쓴 것이다.

2008년 홍 목사님이 남북 관계 발전에 기여한 공로로 국민훈장 동백장을 받았다. 대한민국 역사 이래 남북 관계 개선의 공로로 국민훈장이 수여된 건 전례가 드문 일로 알려져 있다. 또한 2009년에는 남측 민화협이 수여하는 민족화해상을 수상하셨다. 홍 목사님은 2006년에 북민협 회장이 되어 2007년까지 연임을 하셨는데, 남북나눔이 북민협 회장 단체로 일한 것 또한 내겐 가슴 뿌듯한 일이었다. 우리가 북민협 회장 단체를 맡았을 때 북한에 큰 수재(水災)가 났다. 당시 정부에서 지원금으로 100억 원이 나왔다. 그 돈으로 회장 단체 책임하에 대북 지원을 주도하라면서, 품목이나 내용은 큰 틀에서 정부가 원칙을 정하고 구체적인 지원 내역은 나중에 정부에 보고해 달라고 했다. 그래서 100억 원을 두 달간 집중적으로 대북 수재 지원에 사용하였다. 그 무렵 성홍열이라는 전염병이 북한에 돌기 시작했는데, 그 약도 지원했다. 어려움에 처한 북한 동포들을 마음껏, 정말 신나게 도울 수 있었던 그때가 지금 생각해도 감사하고 크나큰 기쁨으로 기억된다.

밀가루, 세탁비누, 콩기름, 내의, 방한복, 옷감, 각종 수리 장비, 약품 등을 지원했는데, 지원에 관해 단체 간 의견 조율도 만만치 않았고, 북측과의 조율은 더 어려운 일이었다. 북에서 입는 옷 색깔이 화려하지 않은 데다 배꼽티 같은 건 보내 줘도 입지도 못할 게 뻔했다. 그러니 북에서는 자기네 기호에 맞게 옷을 만들어 입을 수 있게 옷감을 달라고 했고, 우리는 남대문이나 동대문 시장 같은 데서 한꺼번에 일괄 구매해서 보내겠다는 입장이었다. 옷감을 주면 그나마 의류 공장이라도 돌릴 수 있지 않을까 싶었다. 그들의 요구가 이해가 되는 게, 우리가 입는 티셔츠 사이즈 100은 북에서는 큰 사이즈에 속한다. 입을 수 있는 사람이 많지 않다. 가능한 한 북의 눈높이와 처지에서 판단하여 수해 복구 지원 물자와 긴급 구호품을 보내되, 북이 요청한 물품 중에서 수해와 직접적으로 관련 없는 것은 배제했다. 솜도 지원 요청 품목에 있었는데, 목화솜이 아니라 인조 솜을 보냈다. 목화솜은 우리도 부족해서 수입하여 사용하고 있기 때문이다.

우리가 덮는 이불도 북에서는 별 쓸모가 없다고 보내지 말라고 했다. 수해에 옷가지고 이불이고 죄다 휩쓸려 가버렸으니 밤에 뭘 덮고 자기는 해야 할 텐데, 우리가 덮는 이불은 대개 두께가 얇은 것이 문제였다. 북에서는 농촌으로 갈수록 난방 사정이 열악하여 땔감도 시원찮은 데다 새벽 한두 시가 되면 온돌이 식는다. 그래서 두껍고 무거운 옛날식 이불이어야 방한에 좋다는 것이었다. 다행히 수출용으로 두꺼운 빨간 담요를 만드는 곳이 있어 거기서 구입해서 보냈다. 천덕리 주택 사업에서 정화조를 설치하면 비료가 부족해진다며 꺼려한 일도 마찬가지 사례라고 볼 수 있다. 정말 그들에게 필요하고 도움이 되는 것이 무엇인지, 그들의 눈높이에서 생각해야 하는 것이다.

2004년 4월 22일, 북한 양강도 용천역에서 유조차와 열차가 충돌하여 폭발 사고가 일어났다. 당시 전 세계에 보도되었을 정도로 엄청난 인명 및 재산 피해가 있었다. 중국을 비롯한 다수 언론에서 7, 8천 명의 사망자가 나왔다는 보도가 있었고, 역 주변 반경 500미터에 멀쩡한 건물이 없을 정도로 초토화되었다. 우리 언론과 방송에서도 대대적으로 보도하면서, 남쪽에서도 도와야 한다는 공감대가 형성되었다. 남북나눔에서는 당시 윤환철 교육국장을 보냈는데, 한국 국적자들은 용천 현장에는 들어갈 수가 없었다. 그래서 신의주에서 구급차나 식량 등 지원 물자를 보내고 해외 국적자들과 유엔 기구 등을 통해 현장 사진 촬영 및 모니터링을 진행했다.

당시 한국 국적 단체들의 현장 접근 불허에 대해 윤 국장이 북측 참사들에게 항의하고 논쟁을 벌이기도 했으나, 신의주에서 하루 묶고 발길을 돌릴 수밖에 없었다. 다른 나라 사람들에게는 현장을 공개하면서 정작 우리에게 공개하지 않은 것은 그만큼 남과 북 사이의 벽이 높고 골이 깊음을 의미한다. 당시 윤 국장이 북측의 반응을 어느 정도 예측하면서도 남북 관계의 수준을 한 단계 높이고자 일부러 더 강하게 주장한 면이 있다고 들었다. 이 일 이후 2005년부터 남북나눔이 천덕리 주택 사업을 벌이고 모니터링을 다녀오기도 하고, 다른 단체들도 대북 사업을 점차 지방으로 넓히게 되었으니, 이는 북한의 변화를 보여 주는 사례일 것이다. 우리 생각만큼 빠르지는 않아서 답답하기도

하지만, 우리 사회만 하더라도 하루아침에 변화가 이루어진 게 아니잖은가.

지금은 한반도평화연구원(KPI)으로 발족하여 나갔지만, 남북나눔 초기부터 북한 사정과 통일 과정의 문제점, 그리고 통일 한국을 연구하는 연구위원회가 있었다. 22명의 학자로 구성된 연구위원회는 134회의 연구 모임을 가졌는데, 그분들 덕분에 북한 사정과 통일 문제에 대한 이해의 폭이 크게 넓어졌다.

순결한 제물이었기를 바랄 뿐

그동안 남북나눔 일을 해오면서 지치고 힘들 때도 있었지만, 이 일을 놓지 못하는 이유가 있다. 북녘 땅에서 자라나는 어린아이들이 내게는 다른 모든 것을 뛰어넘는 이유다. 영양이 결핍된 채로 자라는 그 아이들이 "남북 관계가 좋아질 때까지 성장을 좀 멈추고 기다릴게요. 나중에 좋아지면 그때 가서 도와주세요" 하지 않는다. 아이들의 성장 시계는 지금 이 시간에도 결코 멈추지 않고 돌아간다. 그 아이들을 제대로 먹이지 못한 채 내버려 두어야 하는 어떤 명분이나 이유가 있는지 나는 모른다. 이 일이 설령 한강에 돌 몇 개 던져 넣는, 남는 흔적이 없는 일이라 해도 계속해야 할 일이다. 그걸 우리가 하지 않는다면, 나중에 주님이 다시 오시는 날, "이 악하고 게으른 종아!" 하고 나를 책망하시지 않을까 두려울 뿐이다.

또 하나 포기하지 말아야 할 일은 농촌 시범마을 조성사업이다. 북한 농촌 주민의 삶 수준을 높여 주어 잘 사는 마을을 시범적으로 만드는 일에 남북나눔이 지속적으로 기여한다면, 그 마을은 북한 내에서 부러움의 대상이 될 것이다. 그러면 자연스레 남쪽에서 만들어 준 것이라 소문나게 될 거고, 이는 남북 화해와 통일에 밑거름이 될 것이다. 지금으로선 400채로 멈춰진 상태인데, 앞으로 400채를 마저 하고 거기다 조림 사업이라든지 부수적인 일을 더 벌일 계획이다.

집안에서 장남인 내가 남북나눔 일을 한다고 했을 때, 아내를 제외하고는 별로 환영하는 분위기가 아니었다. 대기업 사장을 지낸 셋째 동생은 처음부터 흔쾌히 찬성하지는 않았다. 쓸데없이 북에 퍼 주기나 하는 일을 한다는 게 이유였다. 안 좋게 말하는 조카들도 있었다. 나를 가장 이해하고 지지하는 건 막내 동생이다. '내가 북한 인민군 돕는 게 아니라 한창 자라나는 아이들을 돕는다'고 했을 때, 아버지와 막내 동생만이 그 말을 받아들이고 나를 이해했다. 아내도 이런저런 안 좋은 얘기를 듣고 오기도 한다. 그런데도 아내는 별 신경 안 쓴다. 홍정길 목사님을 존경하고 이 일의 의미를 가까이에서 듣고 보아 왔기 때문이다.

지난 2008년 한겨레신문이 주는 통일문화상을 수상했을 때, 솔직히 내가 받을 게 아니라 생각했다. 수상자로 고(故) 정주영 회장, 임동원 전 국정원장, 고 리영희 선생 등이 선정되었는데, 솔직히 내가 낄 자리는 아니었다. 다만 나 개인보다는 그간 남북나눔의 평화 화해 사역에 대한 진보 언론의 인정, 하나님의 일에 대한 세상의 인정이라는 생각이 들었다.

회사를 오래 다니면서 임원도 하고 대표이사까지 지내 봤지만, 그 모든 일이 지금 이 일을 위함이 아니었나 싶다. 그만큼 남북나눔 일은 내 생애 큰 보람과 기쁨을 안겨 주었다. 아버지에게 물려받은 유산 두 가지, 충성과 정직으로 온 힘을 다하고자 나름 애써 왔으나, 지난 20년간 섬겨 온 이 일이 남북의 화해와 평화, 통일에 어떤 기여를 했는지 지금으로선 잘 모르겠다. 다만 작고 보잘것없는 이 수고가 헛되지 않기를, 인간의 눈으로 보기에 계란으로 바위 치기 같은 이 일이 하나님 보시기에는 '깨끗한 질그릇'처럼 귀히 쓰임 받는 일이기를, 그리하여 남북나눔과 함께한 지난 스무 해 동안의 내 삶이 하나님이 기쁘게 받으시는 제물이기를 바랄 뿐이다. 아멘.

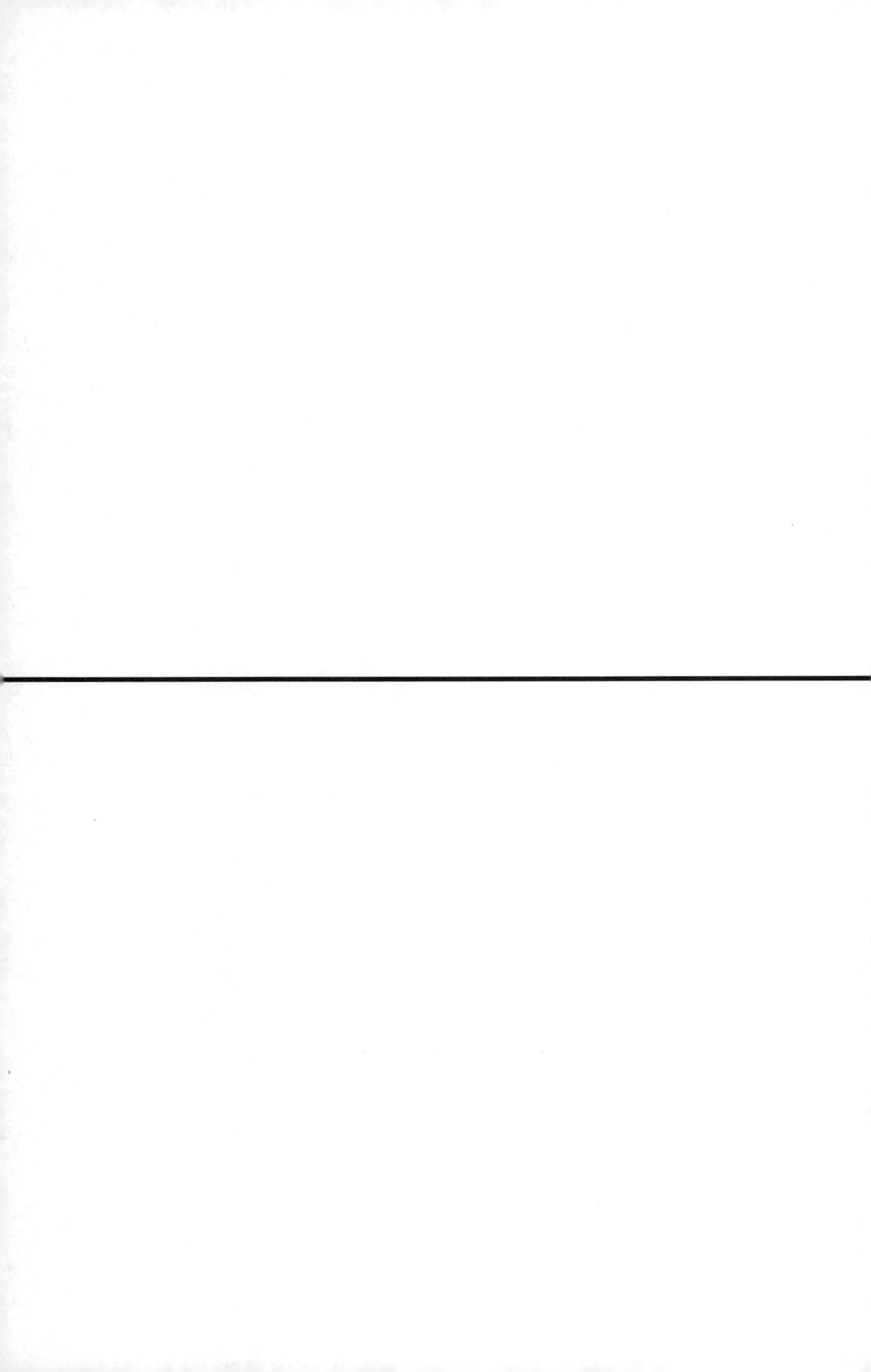

———— 주어진 숙제를 감당하는 마음으로 ————

홍정길 목사

홍정길 남서울교회를 개척해 목회하던 중 진보와 보수 양 교단의 권유로
사단법인 남북나눔 사무총장으로 선임되었다. 대북 지원이 허가되지 않은
시대 상황에서 북한 동포의 배고픔을 해결해 주고자 다방면으로 노력했다.
특히 자라나는 북한 아이들에게 우유 보내는 일을 우리나라에서 최초로 시작했다.
그 후 남북나눔 회장으로 섬기면서 황해북도 봉산군 천덕리를 자립하여 잘사는
시범마을로 만들고자 농민 주택 400채와 유치원, 탁아소, 병원 등을 건축했다.
또한 대북협력민간단체협의회 회장 재임 시 북한 수재 복구사업에 열과 성을 다하였다.
정부에서 국민훈장을, 민족화해협력범국민협의회에서 민족화해상을 수여했다.
남서울은혜교회 원로목사, 밀알복지재단 이사장, 전주대학교 운영법인(신동아학원)
이사장, 기독교윤리실천운동 이사장으로 섬기고 있다.

한 통의 전화

"여보세요. 홍정길 목사님이십니까?"

1990년대 초반, 남북나눔운동이 출범하기 전 전화 한 통을 받았다. 당시만 해도 남북 간 민간 교류는 상상조차 할 수 없는 시절이었기 때문에, 정부에서는 한국 교회가 주도하는 통일운동을 예의주시하고 있었다. 더구나 진보와 보수를 아우르는 범기독교계에서 뜻을 모아 남북 화해와 평화를 위한 비정부기구를 설립한다고 하니 당국으로서는 그 행보와 향후 파장에 촉각을 곤두세우지 않을 수 없었다.

진보와 보수 기독교계가 하나 되어 설립을 추진해 나가던 남북나눔운동은 사무총장으로 교계 인사 한 분을 이미 내정한 상태였다. 그런데 당시 사회 분위기를 반영하듯 주변의 만류로 그분이 사임 의사를 밝히고 물러나자, 갑작스럽게 설립 준비 모임에서 내 이름이 거명되었고 양측 모두 반대가 없었다고 한다.

보수든 진보든 싸우는 자리에 간 적이 없으니 싸울 일이 없었고, 그러니 반대 세력이 있을 리 만무했겠지만, 나로서는 아닌 밤중에 홍두깨 맞은 격이었다.

맡을 생각도 없었지만 능력도 안 된다고 여겼기에 그저 "기도해 보겠습니다"라고 대답할 밖에 더 할 말이 없었다. 딱 잘라 거절하지는 못해 기도해 보겠다고 하고 넘어갈 생각이었지, 사무총장직을 맡을 생각은 추호도 없었다. 그런 상황에서 정보기관 간부의 전화를 받게 된 것이다.

"목사님이 남북나눔 사무총장을 맡으신다는 얘기를 들었습니다. 아무래도 안 하시는 게 좋을 것 같습니다만……."

대놓고 말하지는 않았지만 은근한 압력과 협박이 느껴지는 전화를 받는 순간, 생각지도 못한 결의가 차올랐다.

"남북나눔 일을 맡지 않는 게 좋겠다고 했습니까? 내가 당신 전화를 받기 전까지는 생각이 전혀 없었습니다. 그런데 전화를 받고 나니까 반드시 이 일을 맡아야겠다는 생각이 드는군요. 목사로서 하나님이 기뻐하시는 일을 하는 게 마땅한 것이지 사람의 눈치 때문에 안 할 수는 없는 일이지요. 다른 일도 아니고 굶어 죽어 가는 북한 동포를 살리는 일인데 목사인 내가 어떻게 손 놓고 아무 일도 하지 않을 수 있겠습니까?"

물론 급한 대로 1년 정도만 맡았다가 다른 적임자에게 자리를 넘기고 물러날 작정이었다. 어쩌다 보니 지금까지 남북나눔 일을 하게 된 것이지, 전혀 계획에 없던 일이다. 애초에 맡을 생각이 없던 일을 20년 넘게 해오게 된 것은, 어쩌면 이 한 통의 전화 덕분(?)인지도 모를 일이다.

이처럼 나는 남북 화해와 통일과 같은 비전을 품고 이 일을 시작한 게 아니었다. 본디 나는 비전이 없는 사람으로, 지금까지 어떤 비전에 따라 살아오지 않았다. 그저 눈앞에 숙제가 주어지면 어찌하든지 숙제를 해내기 위해 있는 힘을 쏟아붓다 보니 미약하나마 이 일 저 일을 두루 감당해 왔을 뿐이다. 사역을 시작할 때부터 장기 목표와 결과를 염두에 두고 미리 계획해서 일을 벌이지 못하는 사람을 찾는다면, 내가 맨 앞에 서지 않을까 싶다. 그러니 남북나눔 시초부터 사무총장을 맡아 지금껏 일해 온 것은 계획에 없던 일이었고, 어떤 비전을 품고 덤벼든 일은 더더욱 아니었던 것이다. 예기치 않은 상황에서 하나님께서 내 앞에 내미신 갑작스러운 숙제를 감당하느라 한 해 두 해 보내다 보니 어느새 스무 해가 지나고 있었다.

정주보다 변화를 추구한 삶

2012년 2월, 남서울은혜교회에서 은퇴감사예배를 드렸다. 돌아보면 평생 어느 한 곳에 머물러 있기보다 거듭 변화하고 발전해 왔다. 지난날 세계에서 가장 낙후된 우리나라가 선진국 대열에 들어서기까지 빠른 속도로 변화해 온 세월을 살아왔기에, 나 역시 한 자리에 머물기보다는 하나님이 주시는 '변화'라는 숙제를 받아 들고 애쓰며 살아온 듯하다.

나는 1942년생인데, 우리 세대의 중요한 고민 가운데 하나는 '과연 이 나라가 앞으로도 존립 가능할까?' 하는 것이었다.

지금은 우스운 얘기지만, 그때는 급속히 팽창한 공산주의에 세계 인구의 3분의 2가 장악되었던 시절이었다. 조선에 이어 일제 치하 36년, 그리고 준비 없이 닥친 해방을 감당하지 못해 좌우로 분열되기 시작하더니 급기야 민족상잔의 비극으로 나라가 초토화된 지경에서 우리 세대는 살아야 했다. 무엇이 옳은지도 모른 채 갑자기 닥친 극도의 혼란 속에 누구에겐들 제대로 된 역사적 안목이 있을 수 있었을까.

내 나이 스물네 살이던 1965년, 예수 그리스도를 영접한 뒤로 내 삶을 어디에 헌신해야 할지 고민하기 시작했다. 당시 내가 한국대학생선교회(CCC) 활동을 할 때 두 세력이 있었다. 박성준, 김근태, 신영복, 한명숙 등을 중심으로 한 민주화 중심 세력이 한 축으로 둥지를 틀고 있었다. 그들과 달리 하용조 목사와 나는 '우리 민족에게 주어진 숙제 가운데 복음화가 최우선이다'라고 생각했다. 그래서 우리는 백만 기독인이 천만이 되게 하고, 5만 9천 개 예배당을 세우는 데 목표를 두었다. 그때 민주화운동 진영이 우리 복음화운동 진영에 함께 가자고 했는데, 우리로서는 민족 복음화가 확고한 우선 과제였기에 다른 데 마음 쓸 겨를이 없었다. 그러니 이 목표에만 매달려 살아왔다고 해도 과언이 아니다. 하 목사도 나도 결혼을 늦게 했는데, 결혼을 잊고 지낼 정도로 깊이 헌신했다. 결국 진보 세력과 우리는 갈라질 수밖에 없었고, 우리는 한국 교회 부흥과 민족복음화운동, 학생선교운동에 더욱 총력을 기울였다. 그리하여 1985년에 이르러 기독교인이 천만이 되고 5만 9천 교회가 세워지는 축복을 목도하게 되었다.

그렇게 복음화가 이뤄진 다음, 이제 어디로 갈 것인지 고민하던 때에 민주화와 통일 문제가 눈에 들어오기 시작했다. 이는 예수님이 가신 길, 사도들이 살았던 길이라 생각했기에 나도 따르기로 결심했다. 어떤 이들은 민주화운동에 참여하지 못한 데 굉장한 열등감을 표하기도 하지만, 우리는 주님이 주신 소명을 좇아 살았다고 생각하기에 아무런 후회가 없었다. 민주화와 통일이 다음 과제로 다가왔을 때, 진보 기독교 세력만으로 그 큰일을 이룰 수 없으리라는 건 자명한 사실이었다.

무엇보다 통일은, 이 땅에 온전한 민주주의를 완성시키는 공통의 목표로서 보수와 진보가 한데 만나 어우러질 수 있는 과제다. 그렇기에 지금까지는 다른 길을 걸어왔다 해도 남북의 평화와 통일이라는 길에서 서로 손을 맞잡을 수 있으리라 생각했다. 1988년부터 한국 교회가 공개적으로 통일 문제를 이야기할 때, 내가 관심을 갖게 된 것은 자연스럽고도 당연한 귀결이었다. 남북 화해와 통일 문제는 예수님을 따르는 제자의 길에서 자연스럽게 다다를 귀착지였던 셈이다.

복음화 이후 만난 '숙제'

1992년 새해 벽두에 북한 조선그리스도교연맹(조그련)의 초청을 받아 한국기독교교회협의회(NCCK) 총무 권호경 목사가 북한을 방문했다. 권 목사는 김일성 주석을 만나 '남북한 기독교 교류와 선교 협력'에 관해 논의하고 돌아왔다. 이 자리에서 남북 간 교류와 나눔운동에 대해 다음과 같은 기본 합의가 이뤄졌다.

"다른 민간단체는 할 수 없지만, 남북의 교회가 서로 교류하며 통일 문제를 함께 논의하자. 한쪽이 일방적으로 도움을 주고 상대는 받는 구조가 아니라 서로 좋은 것을 나누자."

그해부터 보수와 진보를 아우르는 범기독교계가 통일을 놓고 함께 기도하는 기도회를 열기 시작했다. 나도 처음부터 발을 들여놓긴 했으나, 그저 열심히 일하는 분들을 뒤에서 돕자는 생각이었지 책임을 떠맡게 되리라곤 상상도 못했다. 지금껏 하나님은 때마다 내게 숙제를 안기셨고, 나는 그저 그 숙제를 해결하면서 여기까지 온 것이다. 그 과정에서 복을 누리게 하시고 하는 일마다 형통하고 재미있게 사역할 수 있도록 힘 주시고 도와 주셔서 감사할 따름이다.

남서울교회를 개척한 지 1년 만인 1976년에 태국에 선교사를 파송했다. 이 또한 개척하기 전부터 생각해 두고 계획한 일이 아니었다. 교회를 개척하고 보니 선교가 교회의 사명임을 알게 된 것이다. 그 선교사님은 교회가 연합해 해외에 파송한 제1호 선교사로, 그것이 한국 교회 해외 선교의 시작이었다.

또 반포에 아파트가 들어서기 시작할 무렵, 인근 달동네에 사는 가난한 이웃들이 남서울교회로 몰려왔는데 그분들을 심방하면서 구제 활동의 필요성을 절감하여 2천만 원 가량의 긴급 예산을 세워 돕기 시작했다. 그런데 '구제'라고 하면 그 대상이 되는 편에서는 달갑지 않은 표현이잖은가. 그래서 '사회봉사위원회'라는 이름으로 사역했다. 아마도 한국 교회에서 사회봉사위원회의 시초는 남서울교회가 아닌가 싶다. 이를 통해 빈곤 지역 주민들을 어떻게 도울지 고민하고 하나씩 실천해 나갔다. 점심을 싸 오지 못하는 교회 근처 학교 학생들에게 도시락 싸주는 일을 조용히 시작했다.

하나씩 우리 앞에 주어지는 일을 해나가다 보니, 호적이 없는 이들에게 호적을 만들어 주는 일도 하게 되었다. 이 일은 남서울교회 법조인들이 열심히 도왔다. 대외적으로 공적이 남는 일도 아닌데 그들은 정말 조용히 헌신했다. 어려운 시골 교회들이 보이자, 국내선교위원회가 찾아가 전도운동을 벌이기도 했다. 매사가 이러했다. 하나님이 보여 주시면, 그저 순종함으로 감당할 뿐, 어떤 원대한 뜻을 품고 일을 벌인 적이 없었다.

대학생 선교 사역을 평생 하고 싶었으나 뜻대로 되지 않았다. 그런데 해외 유학 중인 젊은이들이 눈에 들어왔고, 이로 인해 '코스타운동'을 시작했다. 1986년 해외 유학생 수양회로 시작된 코스타(KOSTA/KOrea STudents All Nations, 국제복음주의학생연합회) 사역은 세계 각국에 흩어져 있는 청년과 청소년을 복음으로 올곧게 세우는 복음주의 유학생운동으로 성장해 왔다. 아울러 운동권의 영향으로 우리나라 기독 청년들이 흔들리는 모습을 보고, 김동호·하용조·옥한흠 목사 등과 학원복음화협의회(학복협)를 만들어 국내 기독대학생운동을 조용히 뒷받침해 오기도 했다.

이렇듯 하나님이 보여 주시는 대로 살아오는 과정에서 '통일'이라는 민족의 과제를 보게 되었고, 이를 위해 그리스도인은 무엇을 어떻게 할 것인지 고민하지 않을 수 없었던 것이다. 그간 몸담아 온 모든 일이 예수를 믿는 믿음에서 비롯한 것이기에, 사상적 배경이나 동기는 나와 거리가 멀어도 한참 멀었다.

진보와 보수 두 바퀴로 가는 남북 교류

김일성 주석을 만나고 돌아온 권호경 목사가 어느 날 나를 찾아오셨다.

"홍 목사님, 이번 방북 이후 남북 교회의 지도자 교류를 추진하고 있습니다. 조그런 지도자들을 초청하려 합니다. 그런데 북한 교회 지도자들이 남한에 왔을 때, 설교할 교회를 아직 찾지 못하고 있습니다."

듣고 보니 안타깝고 답답한 일이었다. 그래서 흔쾌히 제안했다.

"권 목사님, 그럼 우리 남서울교회가 어떻습니까? 우리 교회에 와서 설교하라고 하시지요."

그런데 결국 오지 못했다. 당국의 반대로 남북 교회 지도자 교류 행사 자체가 무산된 것이다. 행사가 무산되고 어느 날, 새벽 예배를 마치고 나오는데 권 목사님이 다시 찾아오셨다.

"목사님께서 많이 도와주셨는데, 일이 이렇게 되어 죄송합니다."

"괜찮습니다. 일이란 게 그럴 수 있는 거지요. 그런데 이번 일 준비하시면서 비용이 많이 들어갔을 텐데요."

"미안한 마음에 얼굴을 들 수가 없는데, 제가 어떻게 그런 이야기를 하겠어요."

경험상 일이 제대로 되지 않을 때 돈이 절실히 필요한 법이다. 일이 성사되면 문제가 없지만, 실패하거나 잘 안되면 여러 문제가 드러나는데 재정 문제가 그중 하나다. 성공하면 그것으로 끝이다. 그러나 실패하면 메시지가 남는다. 그 메시지가 우리를 성장시키고 심지를 더욱 견결(堅決)하게 만든다. 그래서 실패를 겁내서는 안 되며, 실패 후 검산(檢算)을 잘하는 게 중요하다. 그 속에 숨은 보화를 찾을 수 있기 때문이다.

물론 무산된 남북 교회 교류 일에 헌금하자 했을 때, 교회에서 흔쾌히 받아들이지는 않았다. 당연하다. 이미 취소된 일에 재정을 보태자는데 반대가 없다면 그게 더 문제 있는 교회 아닌가. 지금도 감사히 여기는 것은, 남서울교회는 내가 어떤 잘못을 하면 잘못이라고 직언을 해주었다는 점이다. 목사라고 실수나 잘못을 저지르지 않으리란 법은 없다. 또한 잘못을 알려 주면 인정하고 받아들여야 한다.

하지만 목사는 때로 과감하게 신앙적인 결단을 해야 하는 순간에 맞닥뜨린다. 이는 논리적으로 설명하기 어렵다. 영적 결단을 하고 밀어붙여야 할 때가 있는데, 그럴 때 남서울교회 장로님들은 '이해는 되지 않지만 꼭 해야 하는 일인가 보다' 하고 받아들여 주셨다. 교회 안에 이런저런 반대가 있어도 내가 물러서지 않으면 조용히 물러서 주셨다. 그런데 그런 일마다 결국에는 잘되었으니, 하나님이 베푸신 은총이요 복이 아니면 무엇일까. 물론 논리적 설명이나 이해를 넘어서는 목회자의 신앙적 결단이 받아들여지려면, 평소 실수하거나 잘못했을 때 곧바로 시인

하는 자세가 필요하다. 그것이 하나님 앞에도 복되고, 사람 앞에도 복된 것이다.

한국의 진보 기독교계는 아이디어와 기획력이 좋고 선언문을 잘 만드는 등 장점이 많다. 다만 이를 실현할 재정적 헌신과 모금이 충분히 받쳐 주지 못하는 점이 아쉽다. 보수 기독교계는 재정 모금에 적극적이고 능력도 있으며, 꾸준히 헌신한다는 장점이 있다. 그러나 대북 관계에 인적 연결 고리가 없었다. 그런 점에서 남북 교류는 한국의 진보와 보수 기독교계의 장점이 어우러져 시너지를 낼 수 있는 좋은 기회가 아닐 수 없었다. 이와 관련하여 김영삼 정부에서 부총리를 지낸 한완상 박사의 지적이 생각난다. 한 박사는 〈한겨레신문〉에 실은 비망록에서 "기독교계의 진보 세력과 보수 세력이 합심하여 발족시킨 운동이 과연 성공할 수 있을지 염려스러웠다"고 하면서 이렇게 덧붙였다.

"보수 기독교 지도자들은 대체로 냉전근본주의자들이고 그들의 근본주의 신앙 또한 북한을 사탄으로 정죄하는 경향이 있었기 때문이다. 대체로 반공주의자들인 그들이 북한과의 나눔을 제대로 해낼 수 있을지 걱정되었다. 그러나 남북 화해와 평화를 위해서는 합리적이고 열린 보수 신앙이 진보 신앙보다 더 활력 있게 움직일 수 있다고 생각했다. 닉슨의 보수주의가 막혔던 미-중 관계를 뚫어 냈듯이 말이다."─〈한겨레신문〉 2012년 6월 18일자

진보 기독교가 남북나눔운동의 기초를 놓았다면, 한 박사의 글대로 '열린 보수' 교회의 활력과 헌신이 있었기에 이 사역이 지금까지 오게 된 것이 아닌가 한다.

최초의 '비공식' 대북 식량 지원

남북나눔이 창립되고 북한에 처음 식량 지원을 할 때다. 김영삼 대통령의 문민정부 시절이었는데, 한완상 박사가 부총리 겸 통일원 장관을 맡고 있었다. 중국 연길을 오가며 사역을 하던 남북나눔은 북한이 식량 문제로 크게 고통 받고 있다는 소식을 접했다. 그래서 한 장관을 만나 대북 식량 지원에 관해 의논했다.

"한 박사님, 지금 북한이 식량난으로 큰 고통 중에 있다는 사실을 알고 계실 겁니다. 남북나눔에서 북한 동포들에게 식량을 지원하려고 하는데 어떻게 생각하십니까?"

"목사님, 그 사람들 자존심이 워낙 강해서 식량을 보내도 아마 안 받을 겁니다."

"그들이 받으면 어떻게 하실 겁니까?"

"만일 받아들인다면, 우리는 모르는 일로 하겠습니다."

이렇게 해서 정부가 공인한 공식 채널도 없던 그 시절에 남북나눔은 함경도로 쌀을 보냈다. 열두 차례에 걸쳐 식량을 북으로 보내니까 정부에서도 비로소 공식 채널을 열었다. 대한적십자사를 공식 대북 창구로 지정하여 민간단체가 공식적으로 북한에 식량을 보낼 수 있는 길이 열렸다. 지금까지도 대한적십자사가 대북 창구가 되기 전에 남북나눔이 북한 주민들에게 열두 차례 식량을 지원한 일은 알려져 있지 않다. 어디까지나 '비공식'적인 일이었기 때문이다.

비공식적인 일에는 여러 가지로 제약과 어려움이 따르기 마련이다. 식량을 보내는 과정은 무척이나 까다롭고 복잡했으며 다양한 위험 요소가 도사리고 있었다.

우선, 외환관리법을 위반할 위험이 있었다. 굶주리는 북한 주민들에게 식량을 보내다가 감옥을 가게 된다면 그건 괜찮지 싶었다. 그러나 법에 걸려 감옥에 가게 된다면 자칫 경제 파렴치범 취급을 당할 수도 있는 일이었다. 그건 결코 바라는 일이 아니었다. 그래서 정확하게 1인당 5천 달러를 넘지 않는 선에서 식량 구입 비용을 준비해 갔다. 이를 테면, 구입에 들어갈 비용이 10만 달러라면 스무 명이 여권을 만들어 각자 5천 달러씩 들고 국경을 통과하는 방식이다. 덕분에 항공료가 추가로 들었고, 신명철 장로와 이문식 목사는 가슴에 5천 달러씩 품고 여러 차례 중국을 오가야 했다. 그렇게 식량 살 돈을 가져가면 길림성 국장이 007 가방을 들고 왔고, 우리는 쌀을 구입했다.

다음으로, 국가보안법에 저촉될 위험이 있었다. 금강산 관광이나 평양, 개성 방문이 있기 전에는 북한 사람을 만나면 국가보안법을 위반하는 것이었다. 그래서 남북나눔은 중국 동포, 그러니까 연길의 조선족을 중간에 세웠다. '남북나눔 중국위원회 ○○○ 국장' 하는 식으로, 중국인 명의로 보내면 형식적으로 명분이 서니까 아무래도 문제의 소지를 줄일 수 있었다.

이 무렵에는 비공식 대북 식량 지원 업무를 남북나눔 기획실장이던 이문식 목사와 자원봉사로 많은 일을 감당하던 신명철 장로 등 몇몇 담당자에게만 맡겼다. 여러 사람에게 일을 맡기기 힘든 이유가 있었다. 한번 갔다 오면 말이 너무 많았다. 그 말로 인해 현지에 있는 사람들이 어떤 해를 입을지는 전혀 고려하지 않았다. 지금도 많은 이야기를 가슴에 묻어 두고 있는 것은 거기 있는 이들을 보호해야 하기 때문이다. 공명심 때문에 마구 떠벌려서 그들에게 피해를 입혀서야 될 일인가. 그런 점에서 이 목사와 신 장로, 두 분이야말로 믿고 맡길 수 있는 실무자였다.

그녀의 눈물이 주님의 눈물처럼

정말 중요한 일을 하려면 다른 데 관심을 두면 안 된다. 덜 중요한 일에는 관심을 끊고 쳐다보지도 말아야 하는 것이다. 그런데 나는 일단 내가 할 수 있는 선까지만 해보자는 마음으로, 다른 사람이 온전히 이룰 수 있도록 기반을 갖춰 놓는 데 무게중심을 두고 일했다. 맡을 생각이 없던 일을 맡게 된 후, 적당한 때 발을 뺄 생각을 하고 있었다. 그렇더라도 '이왕지사 일을 시작했으니 남북 간 교류의 문은 열어 놓고 그만둬야 하지 않겠는가' 생각하는 사이, 한 해 두 해 시간이 흘렀다.

남북나눔 사무총장으로 일한 지 5년여쯤 되었을 무렵, 마음이 지치고 많이 낙심되는 순간이 찾아왔다. 일종의 '원조 피로' 현상이었다. 서구 선진국들이 아프리카 국가의 빈곤 문제 해결을 위해 수많은 공적 자금을 쏟아부었음에도 해결될 기미가 없음을 보면서 느끼는 좌절감을 '원조 피로'라고 한다. 남북나눔도 북한 동포를 돕는다고 끊임없이 물적 지원을 위해 뛰어다녔는데, 과연 저들의 생활이 나아지고 있는지 문득 회의가 들었던 것이다.

'이 일을 하는 것이 저들에게 과연 의미가 있을까. 북한 사회는 여전히 변화될 기미조차 없는데, 식량 좀 보내는 게 과연 무슨 의미가 있을까. 특히 어려움을 겪는 아이들이나 주민들의 절실한 필요가 무엇인지 북의 지도층이 과연 알기나 하는 걸까……'

회의와 함께 의문이 몰려왔다. 그 무렵 북한 방문 기간 중 봉수교회에 가서 찬송가를 독창한 일이 있다. 찬송가 384장 '나의 갈 길 다가도록'을 예배 시간에 불렀다. 이 찬송가는 일제 치하에서 신사참배에 반대하다 대전 감옥에서 소천하신 우리 외할머니가 늘 부르시던 곡이다. 찬송하기 전에 교인들 앞에서 외할머니 이야기를 꺼냈다.

"우리 외할머니께서 항상 이 찬송가를 부르셨습니다. 그분이 나를 목사 되라고 기도하셨는데, 세상에 빌어먹을 게 목사더라고요."

내 말에 봉수교회 교인들이 좋아라고 웃었다. 북에서는 목사가 놀림의 대상이 되기도 했기에 내 말이 그들에게 와 닿았던 것이다. 북한에 〈성황당〉이라는 유명한 혁명 연극이 있는데, 목사 심부름 왔다며 돼지비계를 듬뿍 달라면서 목사를 비아냥대는 내용이다. 목사를 우스갯거리로 삼는 연극이 널리 공연될 정도라면 목사라는 신분이 북에서 어떤 대접을 받을지 뻔한 일 아니겠는가. 내가 계속 말을 이어 갔다.

"내가 이 곡처럼 미워하는 찬송가가 없습니다. 1965년에 예수 그리스도를 구주로 영접하고 나서 외할머니가 기도한 대로 제가 그 빌어먹을 목사가 되었어요. 그런데 목사가 되고 나서는 힘들 때나 기쁠 때나 외할머니가 부르시던 이 찬송을 부릅니다."

말을 마치고 찬송을 부르기 시작했다. 조용한 회중 가운데 앞자리에 앉아 있던 분이 눈물을 흘리는 모습이 눈에 들어왔다.

그런데 그 예배에 외국인 여성이 한 명 참석했었는데, 알고 보니 캐나다 출신의 북한 주재 유엔 직원의 아내였다. 예배가 끝난 뒤 잠깐 인사를 나누고는 그분을 잊고 지냈는데, 나중에 남편의 임기가 끝나 캐나다로 돌아가기 전 서울에 들러 나를 찾아왔다.

"목사님, 이 일은 반드시 한국 교회에 알려야 한다고 생각해서 찾아왔습니다."

나는 대체 이분이 내게 무슨 중요한 볼일이 있기에 귀국 전에 일부러 나를 찾아왔나 하고 의아한 표정으로 이야기를 듣기 시작했다.

"목사님, 유럽의사회와 평양 주재 의료 NGO가 북한 아이들의 영양 상태를 조사한 적이 있습니다. 그런데 아이들의 절대영양결핍 지수가 16.8퍼센트로 나왔습니다."

내가 그런 수치를 알 리 없었다. 그 수치가 의미하는 바에 대해서도 모르는 게 당연했다. 그게 무슨 뜻이냐 하는 표정으로 바라보자 그녀가 말을 이었다.

"제 남편이 아프리카 소말리아와 르완다, 에티오피아에서 3년을 일했습니다. 절대영양결핍 지수라는 건 생명에 지장이 있는 수치를 말하는 데, 당시 내전 중에 죽게 된 아이들의 절대영양결핍 지수가 12퍼센트였어요. 아이들 장기가 생후 24개월 만에 다 형성이 되는데 이때 영양이 결핍되면 키가 자라지 않게 됩니다. 게다가 그 24개월 동안 뇌의 95퍼센트가 자라는데 이

때 영양이 결핍되면 치명적인 정신 장애가 생깁니다. 제가 북한에 와서 보니 정신지체 장애를 가진 어린이가 엄청나게 많았습니다. 제가 남한과 북한을 다녀 보면 남북의 인종이 서로 달라지고 있는 듯합니다. 땅덩어리만 갈라진 게 아니라, 이미 겉모습도 남과 북이 서로 달라지고 있는데, 이게 비극 아니고 무엇입니까? 목사님, 한민족의 반쪽 아이들 상당수가 정신지체로 성장하는 이 저주는 한국 교회가 막아야 하지 않겠습니까?"

이 외국인 여성이 눈물을 흘리면서 절박하게 호소하는 말이 내 뇌리와 심장에 와서 박혔다. 돌아보면, 그녀의 눈물이 내 남은 생애를 이 일에서 빠져나오지 못하게 붙들어 맨 게 아닌가 싶다. 그 눈물 때문에 대북 지원 사업 과정에서 저들에게 물자를 지원해 주면서 도리어 내가 사정하고 매달린다. 아이들에게 우유 넣어 달라, 이유식 먹여 달라고 사정한다. 캐나다 여성의 눈물이 내게 주님이 흘리시는 눈물이 되어 다가왔던 것이다.

내가 만난 북한, 북한 사람

내가 북을 처음 경험한 것은, 1989년 연변과기대 설립을 총지휘하던 시기다. 중국 길림성 연변 조선족 자치주 연길시에 과학기술대학교를 짓기 위해 소망교회 곽선희 목사님을 모시고 갔다. 거기서 처음 북한 사람들을 만났다. 북한 미술가들이 전시하는 모습도 보고, 함경북도 위원장 일행을 만나기도 하고, 연길에 있는 친척집에 방문한 북한 사람들도 만나 생생한 북한 이야기를 듣게 되었다. 당시만 해도 북한 사람을 만나기 상당히 어려운 시절이었다. 그런데 거기에 학교를 짓는다고 하니까 북한 관료들이 와서 관심 갖고 지켜보는 게 아닌가.

그런 과정을 통해 북에 대해 조금씩 알게 되고 그들을 이해하기 시작했다. 어떤 점에서는 북한 사람들도 역사의 피해자가 아닌가 하는 생각이 들었다. 사회 체제를 선택해서 태어날 수 있는 사람은 아무도 없다. 다른 사회 체제에서 태어나 그 속에서 자란 그들의 삶을 우리가 이해해야 할 부분이 있다. 더 나아가 그들이 거기서 벗어나 인류 보편적 가치를 경험하게 할 책임이 우리에게 있다. 그리고 그 가능성은 오직 복음 안에서 찾을 수 있을 것이다. 내 눈앞에 북한 사람들이 처음으로 등장한 이후, 저들을 도와야겠다는 마음이 일기 시작했다.

1995년 6월에 북한을 방문할 기회가 찾아왔다. 당시 조그련의 요청으로 북측과 쌀 지원을 논의하러 가기 전 잠시 북경에서 머물고 있었다. 조그련에서는 남쪽 복음주의 계통의 대표들이 왔으면 좋겠다고 해서 내가 믿고 함께 갈 수 있는 분들, 어딜 가서도 예수 믿는 목사라고 할 만한 분들에게 동행하자고 했다. 옥한흠·하용조·이동원 목사가 그들이었다. 아무래도 내가 잘 아는 분들이기도 해서 그들과 의기투합해 갔는데, 정부에서 방북 허가까지 내주고서는 갑자기 잠시 기다려 달라고 연락을 해 왔다.

당시 북경에는 대한적십자사의 식량 지원을 논의하기 위해 정부 측 대표로 이석채 차관까지 와 있던 상황이었다. 그런데 갑자기 방북을 만류하면서 '정부에서 사인하기 전에 민간에서 앞서 나가지 않았으면 좋겠다'는 것 아닌가. 일단은 정부의 연락을 무시하고 단독으로 일을 진행할 수는 없어서 평양에는 들어가지도 못한 채 북경에서 발이 묶여 일주일을 보냈다.

당시 북경에 와 있던 북한 삼천리회사 사장을 비롯해서 북측 사람 몇몇과 식사를 하는데 옥한흠 목사가 "북의 식량 사정이 어렵다면서요?" 하니까, 삼천리회사 사장이 수령님 덕분에 풍년인데 무슨 소리냐고 극구 부인했다. 그 말에 옥 목사가 낯빛을 바꾸고는 왜 진실되지 못하느냐며 굳은 표정으로 엄히 말을 했고, 나는 싸한 분위기를 바꾸느라 우스갯소리를 하는 등 일촉즉발의 시간이 있었다. 지금은 그것도 아득한 추억이 되었다. 나를 포함해서 네 사람 다 하나님 사랑하는 거 빼고는 흠 많은 엉터리들 아닌가. 그런데도 북경에 머무는 일주일 동안 사람들이 많이 찾아오고 만나기도 하며 시간을 보냈다. 모두들 하나같이 너무 바쁜 목사들이라 보통 때 같으면 그렇게 한 주간이나 시간을 함께 보낼 수 있었겠는가. 비록 쌀 회담은 무산되었고 방북 기회도 사라졌지만, 그분들과 보낸 그 시간이 얼마나 귀하고 즐거웠는지, 이젠 다시 올 수 없는 시간이 되어 버렸다.

내가 북한 땅을 처음 밟은 것은 김대중 정부 시절이다. 1998년 5월 27일부터 6월 5일까지, 나를 포함하여 이재정 성공회대 총장, 박종하·김상근 목사, 김동원 NCCK 총무 등 모두 여섯 명과 함께 갔는데, 북에서 정말 지극히 대접했다. 아마도 남북 교류와 통일을 이야기하기에 좋은 사람들이 모였다고 판단해서 그랬던 게 아닌가 싶다. 이재정 총장은 뒤에 노무현 정부 통일부 장관이 되었고, 김상근 목사도 정부에 깊이 관여하여 일했으니 그들의 판단이 그리 틀리지는 않았던 셈이다. 현지에서는 조그런 강영섭 위원장이 계속 함께 다녔다. 도착해서부터 카메라가 계속 따라 다니면서 전체 일정을 촬영하더니, 마지막 날 새벽에 한 시간 몇 분짜리로 편집된 영상을 가져왔기에 금강산 가서 우리끼리 상영회를 가졌다. 우리 말고는 관광객도 없는 그 큰 호텔에서 말이다.

방북한 이들 중에 현지의 실상을 경험하고 왔다며 이런저런 말을 떠벌리는 경우가 있다. 내 경험상 대체로 한 귀로 흘려 듣는 게 좋다. 개인적으로나 사회적으로나 아무래도 있는 그대로를 보여 주기란 쉽지 않은 일일 것이다.

어느 해던가, 한번은 조그런 사람이 거의 하루 종일 나하고 둘이만 있어야 할 상황이 생겼다. 내가 몸이 아파서 그가 나를 곁에서 지켜봐야 했던 것이다. 호텔 방에서는 편히 자유롭게 대화를 나누지 못했다. 그러다 묘향산을 방문할 일이 있었는데, 거기 가서 이런저런 이야기를 나누었다. 그도 나처럼 한국전쟁을 겪었는데, 부모님이 전쟁 때 돌아가셨다고 했다. 인간적으로 내게 묻고 싶고 이야기하고 싶은 게 적지 않았을 텐데 쉽게 말을 하지 못하는 눈치여서 내 이야기를 먼저 꺼냈다. 처음 졸업해서 받은 월급이 18달러였다는 개인적인 얘기부터, 남한이 경제 발전할 때 뭘 어떻게 했는지 하는 사회적 주제까지 그는 굉장히 흥미롭게 들었다. 그러다 갑자기 내게 질문을 하나 던졌다.

"목사님, 우리 공화국에 와서 본 것 중에 좋은 건 뭐고 나쁜 건 뭡네까?"

"글쎄요. 좋은 건 굳이 말하지 않아도 될 테니까 따로 얘기하진 않겠습니다. 그런데 마음에 걸리는 게 딱 한 가지 있습니다."

"그거이 뭡네까?"

"내가 북을 방문한 지 몇 년째인지 아십니까? 강아지도 오래 보고 눈동자를 마주치면 정이 드는 법입니다. 그런데 내가 여기 십몇 년을 다니면서 이북 사람들을 만났지만, 내 마음속에 동무다 하는 사람을 단 한 명도 만나지 못했습니다. 그게 내게 참 크나큰 슬픔입니다."

내 말을 듣던 그가 조용히 눈물을 흘렸다. 눈물을 닦으며 한마디 던졌다.

"나도 생각할 것 생각하고 들을 것 듣고 배울 만큼 배운 사람입네다."

그를 보면서 '이 사회에도 정이 그리운 사람이 있었구나' 하는 생각이 들었다.

방북해서 사람들을 만나 보면, 그들과 신뢰를 쌓는 일이 쉽지 않다는 게 느껴진다. 저들의 소통 방식은 단번에 말을 하지 않고 속을 잘 드러내지 않는 것이다. 그런데 의아한 건 그들이 나를 참 깊이 신뢰해 주더라는 것이다. 그들과 일하면서 약속을 쉽게 하지 않지만, 한번 한 약속은 반드시 지켜 왔다. 그들이 나를 신뢰하는 건 그 때문이 아닐까 싶다.

"선생님들이 지은 집은 비도 안 샙니다"

천덕리는 재미 교포 김필주 박사가 목화단지로 조성한 곳이다. 그런데 그곳을 마을 주택 개량 시범 단지로 조성하려고 제안을 했는데, 김 박사가 중간에 다리를 놔주어 이 사업안이 받아들여졌다. 처음에는 집을 지을 계획이 없었다. 비만 오면 집마다 비가 새서 방 안 곳곳에 물동이를 놔둔다는 얘기를 듣고는, 지붕을 개량해 주는 사업으로 구상했다. 그런데 지붕을 새로 올릴 경우, 자칫 서까래가 무너질 위험이 있었다. 그래서 지붕 개량만으로는 의미가 없음을 깨닫고 아예 주택을 새로 짓는 쪽으로 방향을 바꾸게 된 것이다.

당시 27평짜리(뒤에 23평으로 줄였다) 집 한 채를 1만 달러(약 1,400만 원)에 지었는데, 마을 주민들이 얼마나 좋아했는지 모른다. 너무 좋아서 자기도 모르게 "선생님들이 지어 준 집은 비도 안 샙니다" 하고 말할 정도였다. 이 사업은 철저히 현지 주민들에게 혜택이 돌아가는 사업이었는데, 살면서 평생에 어떻게 남을 위해 집을 한 채 지어 줄 수 있겠는가. 통일이 되면 1만 달러로는 결코 못 짓는다. 통일되고 나면 10만 달러 들여서 집을 지어 주더라도, 남쪽의 번듯한 집들을 보고 나면 그것도 집이라고 지어 주느냐고 항의하지 않겠는가.

천덕리 주택 사업 때, 북측 관계자들과 노무 인력 인건비 문제로 씨름한 적이 있다. 그들은 현금 지급을 원했지만, 남북나눔의 원칙은 예외 없이 '현물 지원'이었으니 타협의 여지가 있을 리 만무했다.

"남조선의 다른 단체들은 다 주는데, 와 남북나누미는 자꾸 물건으로만 주십니까?"

그렇다고 원칙을 바꿀 수는 없는 일이었다. 결국 밀가루나 옷 등 생필품으로 일비 계산하여 지급하는 것으로 협의했다. 그들에게 현찰을 안 주려고 모래자갈 시멘트를 제외하고는 모든 자재를 사서 보냈다. 철저히 계산해서 물자를 사 보내니까 지독하다면서 이렇게 푸념할 정도였다.

"선생님들이 보내 준 자재는 못 하나도 남는 게 없습네다."

이 일을 통해 남한에서는 계산을 정확하게 한다는 점도 덤으로 알려 준 셈이다. 이 천덕리 사업은 이명박 정부 때부터 중단된 채 더 이상 진척이 없는 상태다.

대북 사업을 할 때, 북에서 요구하는 대로 하기보다는 잘 설명하고 설득하는 것도 중요하다. 한번은 이런 일이 있었다. 북에서 못자리 비닐을 요구해 왔을 때 처음에는 두꺼운 것으로 달라고 했다. 그런데 두꺼운 것은 햇빛 투과도 잘 안 되는 데다 얇은 것과 온도 차이가 거의 나지 않는다. 연해주에서도 얇은 비닐을 쓴다. 그런 설명을 했더니 그들도 이해하고 받아들였다. 또 너비 1미터짜리 비닐을 보내니까 "왜 1미터를 보냈냐"며 따져 왔다. 우리는 못자리 이랑이 보통 1미터인데 비해 북은 80센티미터다. 그래서 "당신네 못자리 너비로는 1미터면 충분하다"고 하니 또 수긍하고 받아들였다. 이렇듯 충분한 사전 조사를 바탕으로 합리적인 결론을 도출할 수 있도록 적절히 설명하고 설득하는 과정이 필요하다.

주체사상 대부와 벌인 논쟁

남북나눔 일을 하던 중 북한 주체사상의 대부 황장엽 씨를 만난 일이 있다. 당시 남북나눔 대북 지원 사업 파트너 가운데 황장엽 전 북한 노동당 비서 쪽과 연결된 인사가 있었기에 중국에서 몇 번 만났던 것이다. 황 비서는 주체사상의 이론가로 김일성종합대학 교수와 총장을 역임했으며 '김정일의 개인교사'로 불릴 정도로 북한 내 서열이 높은 인물이었다. 그런 그가 사상 투쟁과 권력 싸움에 밀려나 망명한 것은 1997년의 일이다.

그가 망명하기 몇 개월 전 심양에서 처음 만났는데, 초면임에도 불구하고 내세와 영생 등 종교적 주제로 논쟁을 벌였다.

"목사 선생, 주체사상이 뭔 줄 압니까?"

"저는 무식해서 잘 모릅니다."

그러자 주체사상과 공산주의에 대해 기막히게 술술 풀어 놓기 시작했다. 주체사상은 사랑과 협력인데, 주체사상과 공산주의는 이 지구상에 유토피아를 만들려는 것이라면서 나를 코너로 몰았다. 그러면서 말이 끝날 즈음에 다시 물었다.

"목사 선생, 과연 진실한 사람 중에 내세를 믿는 사람이 있겠습니까?"

주체사상 이론가로서 황장엽 비서는 사람은 한 번 살다 죽으면 그만이지 내세는 없다는 생각으로 이런 질문을 한 것이었다. 그 질문에 내가 답했다.

"황 선생님, 과연 눈에 보이는 이 세상만이 전부겠습니까? 제가 얼마나 진실한 사람인지는 모르겠지만, 저는 죽음 이후의 내세를 믿습니다.”

내 대답에 놀라는 황장엽 씨에게 이번에는 내가 되물었다.

“아까 주체사상이 사랑과 협력이라고 하셨는데, 북에는 사랑과 협력이 얼마나 존재합니까? 인간은 참 이기적인 존재인데, 그런 존재가 사랑과 협력을 쉽게 할 수 있을까요? 사랑은 한없는 희생인데, 자기중심적이고 이기적 존재인 인간에게는 힘든 일이지요. 그게 인간의 본성이기 때문에 성경은 인간을 죄인이라고 합니다.”

“목사 선생, 성경에 부활 이야기가 나오는데, 어떻게 사람이 죽었다 다시 살아납니까? 영생도 그렇디요. 사람이 출생과 사망을 거듭하면서 세대를 이어 가는 것이 영생이지, 다른 영생은 없습네다.”

“황 선생님, 지금 이 순간이 전부라고 생각하는 사람하고, 지금 이 순간이 영원의 한 시점이라고 생각하는 사람하고는 인생이 다르지 않을까요? 철학자 칸트도 이렇게 말했다지요. ‘나는 하나님이 계신지 안 계신지를 모르겠지만, 도덕이 서기 위해서는 하나님이 계셔야 한다’라고.”

황장엽 씨와의 첫 만남은 설전으로 끝이 났다.

그를 다시 만난 것은 그로부터 6개월이 더 지나서였다. 일본에서 주체사상 강연을 마치고 북경에 도착한 그가 북경 주재 한국대사관으로 망명하기 직전에 이루어진 만남이었다. 당시에는 그의 망명은 상상도 할 수 없는 일이었다. 황 비서 라인을 통해 대북 지원 물자를 보낸 일에 대해 무슨 얘기가 있을 것으로 생각하고 만났다가, 오히려 “왜 학생운동을 하지 않고 있냐”는 그의 꾸중을 듣고는 어안이 벙벙해졌을 따름이다.

그와의 만남이 끝나고 작별 인사를 나누었다.

"황 선생님, 내내 건강하십시오."

"목사 선생, 서산에 지는 해와 같은 늙은이가 어찌 내일을 기약할 수 있갔시오."

그 만남이 있은 직후, 황장엽 씨가 자신의 수행비서 역할을 하던 김덕홍 북한 여광무역총회사 사장과 함께 주중 한국대사관 영사부에 망명을 요청한 것이다. 물론 그 사실은 하루 뒤 서울에 돌아와서야 알게 되었다.

미워할 권리는 없다

남북나눔 일을 하면서 두 가지 가장 큰 목적이 있었다. 어떻게 하면 북의 어린아이들에게 우유를 줄 수 있을까, 어떻게 하면 이유식을 먹일 수 있을까 하는 것이 첫째라면, 둘째는 북한 주민들에게 실질적으로 도움을 줄 수 있는 것이 무엇일까 하는 것이다.

하지만 우리 사회와 교회에 대북 지원을 부정적으로 보는 시각이 있음을 잘 알고 있다. 그들은 북에 식량이나 의약품 지원이 계속되면 그게 북한 정권을 더 살려 주는 일이 된다며 비판하면서, 북한 체제를 속히 무너지게 하려면 그들을 돕기보다는 오히려 물자를 봉쇄하는 게 더 빠른 방법이라고 말한다. 북한에 대한 인도적 지원이 결국 북한 공산당 체제를 지속하게 돕는 것이라는 주장인 셈이다. 논리적으로는 맞는 말일 수 있다. 그러나 주님이 기뻐하시는 방법이 아니다. 대북 지원을 비판하는 이들 중에는 주기 싫어서, 나누기 싫어서 비판하는 경우가 대부분이다. 그들을 돕기 싫은 자신의 인색함과 그들에 대한 미움을 비판으로 정당화하는 것이다.

어린아이들에게 보내는 분유는 어차피 북한 어른들은 소화하지 못한다. 아스피린 준다고 북한 지도부가 먹겠는가. 겨울에 보내는 감자도 썩기 전에 먹어야 하니까 따로 보관해 둘 수가 없다.

이제껏 나는 합리와 논리에 따라 살기보다 하나님이 주시는 말씀에 따라 살아가려 애써 왔다. 복음과 유사한, 복음의 가장 큰 적이 무엇이냐 하면 바로 '이상주의'이다. 합리주의가 그다음이다. 복음 안에서 이상주의가 자라야 하고, 복음 안에서 합리주의가 통용되어야 하는데 이 둘이 하나님을 대신하는 것이 문제다. 그건 인본주의적 교만이다.

북의 실상을 알고서도 남북 화해와 평화, 통일을 생각하지 않는 것은 잔인한 일이다. 저들을 껴안고 10년, 20년 씨름하면 된다. 특히 그리스도인들이 저들을 껴안는 것이 중요하다. 통일을 위해서는 지속적인 네 가지 노력이 선행되어야 한다. 첫째, 북한 동포들을 사랑하는 것이다. 둘째, 북의 어린아이들을 위한 투자를 계속 해나가야 한다. 셋째, 남북 교류를 계속 이어 가야 한다. 넷째, 중립지대로서 피난처가 마련되어야 한다.

자유가 없으면 삼무(三無), 곧 세 가지가 없다. 첫째, 창의력이 생기지 않는다. 남이 하라는 것밖에 못하는 것이다. 둘째, 자발성이 생기지 않는다. 셋째, 책임 의식이 없게 된다. 이것이 자유의 핵심이다. 그런데 이례적으로 1930년대 구소련이 사회주의 계획경제로 유례없는 성장을 이룬 적이 있다. 세계 대공황기로 자본주의의 선도 그룹이던 미국과 영국, 프랑스 등이 경기 침체를 겪던 때였다. 그래서 당시 저개발 국가들이 소련을 역할 모델로 생각하고 공산화를 받아들였고, 소련은 세계 산업화는 자기네가 주도한다고 호언장담하면서 자본주의가 소멸할 거라고 했다. 그러나 딱 거기까지였다. 이후 소련의 경제는 계속 내리막길을 걸었다. 그나마 푸틴이 대통령이 되고 나서 조금 살아났다는 평가가 나오는 정도다.

사람이 창의력과 자발성이 빠진 채로 통제받으면 노예밖에 안 된다. 노예를 통치하는 수단은 공포 외에 다른 방법은 없다. 그 공포로 인해, 최소한의 실수도 하지 않기 위해 하는 척만 할 뿐 실제로는 아무것도 안 하는 것이다. 자유가 없는 북한 땅이 가난할 수밖에 없는 이유가 여기 있다. 탈북 이주민들도 이런 삼무의 습성을 지니고 있다. 그들은 자기 보호 본능이 굉장히 강하다. 그런 그들을 사랑하는 것 말고는 그들을 변화시킬 다른 방법이 없다. 즉 그들이 자발성과 책임 의식을 배우고 익혀서 그대로 살아갈 수 있도록 인내하면서 도울 필요가 있다.

세계은행이나 국제통화기금(IMF) 또는 국제 NGO들이 저개발 국가에 개발 지원을 할 때 가장 중요시하는 것이 지원받는 국민들의 책임감과 자발성이라고 한다. 아무리 많은 돈과 물자를 지원해도 그 나라 사람들이 자신들의 빈곤 문제에 대한 인식이 없고, 어떻게 풀어 나가야 할지 고민이 없는 상태에서 돈만

주는 건 밑 빠진 독에 물 붓는 격이기 때문이다. 대북 지원 사역
도 북에 책임과 자발의 중요성을 지속적으로 제기하고, 알려 주
며, 협력을 이끌어 내는 게 중요하다. 어떤 이들은 우리 수준의
잣대로 북한이 이 정도는 되어야 지원할 수 있다고 하지만, 모든
일에는 단계가 필요한 법이다. 공부를 할 때에도 쉬운 것부터 차
근차근 배워서 어려운 단계로 나아가듯이 북도 자유, 책임, 자발
성 등을 배우려면 단계와 시간이 필요하지 않겠는가. 그리고 이
는 지속적으로 만나서 관계를 쌓고 신뢰를 얻는 과정을 통해 하
나씩 이루어지는 것이다. 그래서 국제원조기구들이 이구동성으
로 어떤 사업을 할 때 돈보다 '아이디어'가 먼저이고, '인내'가 중
요하며, 전략적인 차원에서 사업 중단을 결정할 수는 있지만 관
계의 단절로 이어져서는 안 된다고 하는 것이다.

이제는 입에 붙어서 기도할 때마다 빠지지 않는 세 가지
가 있다.

"북녘 땅 동포들에게 복음을 전할 기회를 열어 주시고, 민
족 모두가 함께 어우러져 사람답게 살 수 있게 도와주시며, 우리
에게 주신 풍요로운 양식을 저들과 나누게 하소서."

우리는 통일 이후 북의 동포들에게 할 말을 준비해야 한다.
통일이 되고 나서 "너희들이 잘 먹고 잘 살 때 무엇을 했나?" 하
고 물을 때, 무어라 답할 것인가. 그뿐 아니라 예수를 따르는 자
로서 우리에게는 그들을 사랑할 의무가 있다. 그들이 올바른 방
향으로 가든 잘못된 어그러진 길로 가든, 결국 사랑해야 하는
것이다. 마치 부모가 자식을 향한 사랑을 중단할 수 없듯이 그렇
게 사랑해야 한다. 우리에게는 저들을 미워할 어떠한 권리도 없

다. 주님이 그런 권리를 우리에게 주신 적이 없다.

연해주 사업 이야기

연해주 사업을 한 지는 14-15년 정도밖에 안 됐다. 어떤 러시아 선교사가 찾아와서 "연해주에 있는 동포들이 너무 비참한 생활을 한다"고 해서 관심을 갖기 시작했다. 중앙아시아로 강제 이주당한 그들의 비극을 알기에, 그 얘기를 듣고 직접 현지를 찾았다. 그때가 겨울이었는데 수은주가 영하 30-40도를 가리켰다. 우리나라는 영하 10도 아래로 내려가는 일도 드문데, 그 정도 기온이면 얼마나 추운 날씨인가. 발이 시린 게 아니라 깨질 듯이 아플 지경이다. 바람이 스쳐 지나가면 살이 찢어질 것 같은 통증이 온다.

과거 스탈린 치하에서 중앙아시아로 강제 이주당했던 고려인들이 구소련이 붕괴되고 나서 연해주로 다시 돌아왔는데 살 곳이 없었다. 비어 있는 군대 막사 같은 데서 살려고 보니 창이고 문이고 남아 있는 게 없었다. 그래서 모포로 창문을 가리고 출입문에도 카펫을 쳐두는 게 다여서, 방 안 온도가 영하 5-10도였다. 가서 보니까 야생동물이 구덩이에서 웅크린 채 떨고 있는 것처럼 추위에 오들오들 떨고 있었다. 그들의 모습을 보는 순간, 꿈에서도 보기 끔찍한 한국전쟁 시절이 떠오르는 게 아닌가. 가슴을 망치로 세게 후려친 것 같은 느낌에 힘겹게 입을 열었다.

"그동안 얼마나 힘드셨습니까?"

이 한마디에 눈물을 쏟는 그들과 한바탕 울었다. 그러고 나서 그들에게 무엇이 필요한지 알아보기 시작했다. 당장 필요한 건 난방 기구였는데, 블라디보스토크에 가서 난방 기구를 사려니 마땅한 것을 찾을 수가 없었다. 있는 거라곤 백열등에 갓 하나 씌운 것뿐이었다. 그걸 이불 속에 넣어서 쓴다는데, 일제 시대에나 쓰던 걸 난방 기구라고 팔다니…… 기가 막혔다.

그때 만난 고려인 중에 의사가 있었다. 다른 건 필요하지 않은지 물었다.

"목사님, 우리도 일을 하고 싶습니다."

"무슨 일 말씀입니까?"

"농사를 짓고 싶습니다."

"무슨 농사를 지으시려고요?"

"감사 농사를 해볼까 합니다. 농사 중에 가장 쉬운 게 감자라고 할아버지가 그러셨거든요."

그래서 씨감자 500톤을 사서 줬는데, 120톤을 수확했으니 결과가 신통치 않았다. 할아버지에게 감자 농사가 쉬웠다고 그에게도 쉬운 일이었을까. 그래도 해를 거듭해 가면서 점점 나아져서 나중에는 1,760톤까지 거두어들였다. 그런데 이번에는 소비와 유통이 문제였다. 사 먹는 사람이 있어야 하는데, 수요에 한계가 있으니 썩어 나가는 것이었다. 그래서 남북나눔이 전량 사들여 당시 북에서도 식량 사정이 가장 열악하던 청진으로 보냈다. 한 번의 자금 집행으로 연해주와 북한 동포 양쪽을 다 도울 수 있었던 것이다. 지금은 연해주에 유통이 발전해서 자립이 이루어졌다.

경제적 문제와 함께 고려인 사회의 교육적 필요도 풀어야 할 과제였다. 연해주 사업을 하면서 블라디보스토크에 국제학교를 하나 세웠다. 중등반, 고등반이 있는데 현재 블라디보스토크에서 가장 가고 싶어 하는 학교가 되었다. 먹고사는 문제뿐 아니라, 미래를 위한 인재 양성의 기반까지 갖추게 된 것이다.

러시아에서는 어릴 적부터 아이들에게 예능 교육을 시킨다. 음악을 듣게 하고 그림을 그리게 한다. 사회주의도 인간의 보편성에 합당한 모든 교육을 다 시킨다. 그런데 구소련이 무너진 뒤 오케스트라나 볼쇼이 발레단 등 문화 교류와 행사가 딱 끊겼다. 몇 년째 연주회가 없었다. 연해주 방문 때 동행한 성악가가 쓰지 않는 홀을 빌려 연해주 동포를 위해 음악회를 열었는데 현지 러시아인들도 와서 공연을 보면서 박수를 치고 눈물을 흘렸다. 이 음악회 이후로 한국인에 대한 현지인들의 시선이 달라졌다.

러시아 사람들은 역시 한국전쟁의 기억으로 한국인을 인식하고 있었다. 그래서 한국 사람이 와서 성악 공연을 한다고 했을 때, 다들 한국에서 무슨 그런 걸 하겠느냐며 신통치 않은 반응들이었다. 그런데 직접 공연을 보고 난 뒤에는 매우 놀라워하면서 저마다 극찬을 쏟아 냈다. 자기네는 유럽인이라는 자부심을 가진 러시아인들이 전쟁으로 폐허가 되었던 작은 나라가 이 정도의 문화 수준을 이루고 있을 거라고는 상상하지 못했던 것이다. 그들이 한국을 예술의 나라라고 높이 평가하게 된 연유가 여기에 있다.

북한미술 수집가(?)가 된 사연

연변 과기대 설립이라든가 남북나눔 일 등 지금까지 나는 늘 동냥(?)해야 하는 사람이었다. 다른 사람에게 아쉬운 소리 하는 게 쉬운 일은 아니다. 늘 헌금하는 분들에게 감사를 표하고 싶은데, 내가 무슨 돈이 얼마나 있어 선물을 하겠는가. 남서울교회에서든 밀알학교에서든 평생 사례를 특별히 더 받은 일도 없고 재정적인 여유를 갖지 않기로 작정하고 지금껏 살아왔으니, 뭘 하나 사려 해도 한계가 빤했다.

연변에 가보니 북한 화가들이 와서 그림을 팔고 있었다. 운보 김기창 화백의 동생 김기만 씨 그림도 30-50달러 정도면 살 수 있었다. 그림들을 한 점씩 사 와서 표구해 선물하면 그렇게 좋아들 할 수가 없었다. 그림은 30달러인데 표구 값으로 10만 원이 드니 참 역설적이긴 하지만, 그렇게 북한 그림을 사서 선물하기 시작했다.

방북하여 묘향산을 처음 갔을 때, 거기서 제일 유명한 화가를 만났는데 평양에서 학교를 다닌 뒤 평생을 묘향산에 살면서 묘향산 그림을 그린 분으로 그림 말고 다른 욕심이 없는 분이었다. 깊은 사색을 담은 그의 작품은 차원이 달라 보였는데, 그런 묘향산 그림이 수백 종류였다. 그런데 작품이 10달러도 채 안 되었다. 그때 2달러짜리 그림 30점을 구해 표구해서 선물했다. 한 점 두 점 북한 화가들의 작품을 사기 시작했는데, 나중에 평양 가니까 좀 비싸졌다.

언젠가부터 1950-60년대 월북 작가의 작품이 시장에 나오기 시작했다. 당시 존경받던 화가 대부분이 월북했는데, 공산주의의 평등사상을 좇아 올라갔던 것이다. 그들의 그림이 우리 미술사에서 중요한데도, 평양 미술관에도 없고 남한에도 남아 있지 않았다. 그도 그럴 것이 북에서는 부르주아 시절 그림이라며 없애 버리거나 배척했고, 남쪽에서는 빨갱이 그림이라 하여 폐기해 버렸다. 그렇게 남북 양쪽에서 수난을 당한 작가들의 숨겨진 작품을 가족이나 친구들이 지니고 있다가 굶주리게 되니까 그걸 시장에 내놓은 것이다. 그런 작품들을 사 모아 2005년 3월에 '한국 미술의 잃어버린 페이지'라는 제하의 전시회를 열었다. 전문 미술 단체나 기관을 통한 것이 아니라 개인적으로 연 것이었다.

전시회를 두고 평가가 엇갈렸는데, 〈한겨레신문〉에서는 침이 마르도록 찬사를 보내기도 했다. 이념에 따라 다른 반응이 나오긴 했지만, 우리 민족 근세사에서 기억해야 할 화가라는 점에는 모두들 공감했다. 나로선 무슨 큰 뜻을 가지고 그런 작품을 모았다기보다는 엉겁결에 주어진 기회를 잡았던 것뿐이었다. 방북한 사람이야 얼마나 많은가. 그런데 내 눈에 그 작품들이 보였고, 그것을 힘닿는 데까지 세상에 알려야겠다고 나섰을 뿐이다.

2005년 개성을 방문했을 때, 호텔 앞에서 그림을 팔고 있는 것을 보았다. 그 가운데 하나가 평생 개성 그림을 가르쳐 온 황태현이라는 화가의 그림이기에 샀다. 흥미로운 사실은, 개성 방문이 시작되고 북의 그림에 사람이 등장하기 시작했다는 것이다. 원래 북한 사람들은 그림에 사람을 그리지 않았다. 보지 않은 이들은 모르겠지만, 북한 그림에 관심을 가져 온 내게는 그게 보였다.

교육이나 교화를 목적으로 한 그림에야 사람이 나오지만, 시장에 나온 그림에는 사람이 없고 풍경화가 주류였다. 그런데 개성공단이 들어선 뒤 개성 사람들 표정이 전과 달라졌다. 그리고 그림에 사람을 표현하기 시작했다. 풍경화에 주민들의 생활이 표현되고 사람들의 표정이 담기기 시작한 것이다. 어떤 그림은 화가 자신을 과감하게 그려 넣은 것도 있었다. 춤추고 흥겹게 노는 모습까지 그림에 나타났다. 개성이 열린 뒤, 그들은 비로소 사람을, 삶을 그리기 시작한 것이다. 이는 북한 사회의 변화를 보여 주는 하나의 예에 불과하지만, 개성공단 같은 민간 교류가 중요한 이유가 여기 있다.

정작 그들은 개성공단으로 인해 그들 내부에 어떤 변화가 일어났다는 사실을 잘 모른다. 내가 사 오려고 공들이는 화가의 작품이 있다. 스케치까지도 다 가져오고 싶은데 아직 가능성이 보이지 않는다. 북한 미술사를 설명할 수 있는 이정표가 될 작품들인데 몹시 아쉽다. 물론 나는 미술 전문가는 아니다. 그저 어쩌다 북한 그림을 사고 선물하고 관심 갖게 되면서 조금씩 눈 떠가는 애호가(愛護家)일 뿐이다. 내가 지금까지 모은 그림이 밀알 미술관에 1,500여 점 소장되어 있는데, 나로선 그게 북한 미술의 역사라고 생각하니까 애정을 갖고 모으게 된다. 물론 전문가들이 보기에는 별것 아닐 수도 있을 것이다.

북한 미술을 이야기하다 보니, 장홍을 화백을 빼놓을 수 없다. 연변 화가 중에 백두산을 그린 유일한 인물이 장홍을 화백이다. 그가 남쪽에 가서 그림을 팔면 돈이 된다는 말을 듣고 왔다가 사기를 당하고 거의 죽게 되었다. 그런 그를 돕는 과정에서 친구가 되었다. 내가 그에게 각별히 부탁한 게 있었다.

"장 화백, 지금까지 북한의 산을 다 그려 오지 않았습니까? 그러니 이제 남한의 산도 좀 그려 보시면 어떻겠습니까?"

내 권유에 따라 그림을 그리던 중 어려움을 겪기도 했지만, 그의 그림을 모아 '통일 산하전: 백두에서 한라까지'라는 제하의 전시회를 열 수 있어 감사한 마음이었다.

남북나눔과 함께한 동역자들

지금까지 여러 실무자들과 남북나눔 일을 해오면서 고마운 마음을 어찌 말로 다할 수 있겠는가. 그들 한 사람 한 사람이 얼마나 귀한 일꾼인지 모른다. 결국 그들의 수고와 땀이 남북나눔을 지금까지 이끈 것이다. 초기 사무처장으로 일했던 김영주 목사는 통일의 목표의식이 참 명료한 사람으로 타고난 운동가다. 기획실장으로 오래 일한 이문식 목사는 뛰어난 이상주의자다. 강경민 목사는 아주 의리 있는 사람으로 나 때문에 손해를 많이 봤다. 김경민 간사는 열심히, 성실히 일을 감당했다. 윤환철 국장은 이른바 좌파인데, 참 선량한 좌파다.

이만열 장로님은 정말 내가 존경하는 분이다. 한국전쟁 발발 직후 미군에 의한 노근리 민간인 학살 사건에 대해 미국 클린턴 대통령이 사과한 지 얼마 안 되었을 때, 이 장로님과 방북했다. 북에서도 그 소식을 들어 알고 있었다. 우리가 방문한 곳은 황해도 신천군이었다. 신천군도 한국전쟁 당시 미국이 어린아이와 부녀자 등 양민을 대량 학살하는 참상이 일어난 곳이다. 그곳 전시관을 들렀는데, 현장 사진과 타다 남은 유품 등이 전시되어 있었다. 그러면서 '미 제국주의의 앞잡이'라며 아펜젤러, 새뮤얼 모펫 같은 선교사들이 나오고, '미 제국주의의 무기, 선교'라는 글귀가 적혀 있었다.

그때 우리를 안내하던 서기장이 장로님에게 물었다.

"리 선생이 보시기에 노근리 사건과 비교해서 어떻다고 생각하십니까?"

"신천군 양민 학살 사건은 노근리 사건보다 몇백 배 큰 참상이지요. 이런 건 미국이 당연히 사과해야 합니다. 그런데 사진은 조작이 가능하니까 역사적인 기록을 찾아봐야 해요."

거기까지는 할 수 있는 이야기였다. 그런데 이 장로님은 문제의 선교사 관련 전시 내용을 가리키면서 나무라듯 말씀을 이어 나가셨다.

"그런데 문제는 이 전시관에 잘못된 내용을 갖다 놓았다는 것입니다. 그러니까 다른 것도 죄다 진실하게 보이지 않는다는 거예요. 서기장, 정말 성경이 어떤 책인 줄 아십니까? 새뮤얼 모펫이 어떤 일을 했는지 제대로 알고서 이런 내용을 써놨느냐는 겁니다."

"이보시라요, 리 선생. 미 제국주의 놈들이 사람을 많이 죽인 건 사실 아닙니까?"

"인민군이 사람을 많이 죽인 것도 사실 아닙니까!"

그러고는 한국의 성자 같은 목사들 백십여 명을 끌고 가서 총살한 일을 말씀하시는 것 아닌가. 일촉즉발, 위태위태한 상황을 지켜보며 가만히 있을 수 없었다.

"성경에 다윗이라는 시인이 나옵니다. 이 사람 말이 '칼은 이 사람도 치고 저 사람도 죽이느니라' 했어요. 전쟁 중에는 보복에 보복이 겹치면서 결국 전쟁 당사자 간에 참혹한 살육이 부지기수로 일어나는 게 다반사지요."

겨우 분위기를 가라앉히고 난 다음, 북한 혁명 열사 유적지를 보러 갔다. 남부군 사령관이었던 이현상 묘역에서 이만열 장로님이 내게 물었다.

"목사님, 아까 여기에 박헌영이 없다고 했습니까?"

듣고 있던 서기장이 다시 한마디 하면서 이 장로님과 2차 설전이 이어졌다.

"거 박헌영이래 미 제국주의의 스파이였시오."

"보소, 서기장. 소도 웃을 소리 하지 마시오. 내가 예전에 중국 쪽 자료를 다 봤어요. 러시아 자료는 가져와서 번역을 맡겨서 얼마 전에 다 봤는데, 그 자료 가지고 한번 얘기해 볼까요?"

그래서 내가 또 중간에 나서서 중재해야 했다. 이 장로님은 한국 정부에 대해서도 당당히 할 말을 하시는 분이다. 북에 가서도 일체 입에 발린 얘기를 하시는 법이 없었고, 그들이 역사적 사실을 왜곡하여 선전할라치면 준엄히 꾸짖으실 정도로 강직하셨다. 그게 뭐 그리 대단하냐 하겠지만, 보통 우리 정부에 비판적인 인사들이 정작 북에 가서는 비판적인 목소리를 거의 내지 않는다. 그들은 북측이 듣기 좋은 말만 늘어놓는다. 그런 점에서 이 장로님이야말로 진짜인 거다.

그날 저녁, 이 장로님이 심하게 배앓이를 하면서 먹는 것마다 토하고 설사를 하셨다. 다른 일행은 모두 멀쩡한데 혼자만 거의 초주검이 될 정도로 앓으셨다. 역사적 거짓과 왜곡을 온몸으로 앓으신 게 아니었나 싶다.

통일을 준비하는 세 가지 자세

통일에 관한 한, 자칫 잘못하면 이상주의에 빠질 수 있다. 불가능한 것을 꿈꾸면서 자기는 할 일을 다했다고 생각하는 모습을 많이 봐왔다. 그러면 어떻게 구체적으로 통일을 준비할 수 있을까.

첫째, 무슨 일이 있어도 어린아이들은 계속 먹여야 한다. 아주 기본적인 이런 인도적 지원 하나로도 많이 싸워야 했지만, 결국 이명박 대통령도 승인하고 말았다. 적대적 대결 상황으로 남북 관계가 악화되기 전까지는 지원이 끊긴 적이 없다. 어떤 상황에서도 어린아이들을 위한 우유나 먹을거리 지원은 이루어져야 한다.

둘째, 북녘 땅을 떠나온 이주민을 어떻게 섬길 것인지 구체적으로 고민하고 실행해야 한다. 이른바 스스로 진보라고 밝히는 이들 중 이 문제를 구체적으로 생각하는 사람을 한 명도 만나 보지 못했다. 보수 우파들도 힘드니까 조금 하다가 그만둔다. 쉬운 일이라면 누군들 못하겠는가. 해외에 있는 북녘 동포들과 이주민들은 한국 교회에 주신 하나님의 숙제다.

셋째, 남북 민간 교류가 계속되어야 한다. 서로 만나야 한다. 보수 세력은 흔히 우리가 북한 사람들을 만나면 그들에게 이데올로기적으로 물들고 영향 받을 줄로 생각하지만, 실제로는 그들이 훨씬 더 충격을 많이 받는다. 우리가 말하고 행동하는 모습을 보고 놀란다. 남한의 민주화라는 게 이런 것이구나 하고 생각하는 것이다. 언젠가 평양을 방문했을 때, 평양 공항에 나온 네 사람이 모두 고위직이었는데 그들에게 내가 한 말이 있다.

"남쪽이 자유민주주의 사회라는 가장 큰 증거가 무엇인지 아십니까? 국가의 최고 책임자라도 잘못했을 때는 감옥 가는 것이 바로 그 증거입니다."

이 말에 그들은 아무 말도 하지 못했다. 일본 사회만 해도 일왕이 범죄자인데 죄 지었다는 말도 꺼내지 못한다. 미국만 해도 과거 워터게이트 사건의 주역인 닉슨 대통령이 감옥 가야 하는데 대통령이라고 사면받았다. 우리는 전직 대통령이 그것도 둘씩이나 그들이 지은 죄 때문에 감옥에 갇혔으니, 이야말로 놀라운 자유민주주의의 증거 아닌가.

남북 민간 교류를 계속해 나가면 그 사람들이 더 충격을 받는다. 북한 당국이 남북 간 교류 일선에 있는 사람들을 계속 교체하는 건 그 때문이다. 그런데 사람이 바뀌면 우리는 새로운 사람들을 계속 만나게 되니 그 또한 좋은 일이다.

흔히 북에 급변 사태가 발생하면 남한이 북을 흡수 통일할 수 있을 것으로 생각하지만, 이는 현실적으로 불가능한 일이다. 일각에서 바라는 것처럼 만일 북한에 급변 사태가 벌어진다면, 가장 먼저 유엔이 개입하여 치안과 질서 유지를 맡는다. 남과 북

모두 유엔 가입국이기에 이는 당연한 일이며, 향후 북한 국민들이 어떻게 하고 싶은지를 투표에 부쳐서 결정하게 된다. 이때 북녘 동포들의 결정에 따라 통일 한반도가 될 수도, 영영 쪼개진 별개의 국가로 살아갈 수도 있는 것이다.

분단과 전쟁 경험으로 남북이 서로를 '적'으로 인식하는 상황에서 민간 교류는 북한 주민들의 인식을 바꿀 수 있는 소중한 기회다. 사람과 사람이 만나서 일을 같이하다 보면 가끔은 갈등과 마찰도 생기고 답답할 때도 있지만(사람 사는 곳이 다 그렇지 않은가!), 함께 협력해서 일을 진행하는 경험만으로도 서로 간의 적개심은 많이 풀릴 수 있다. 우리가 반공 교육 때문에 북한 사람들 하면 머리에 뿔이라도 난 듯한 이미지를 떠올리듯 북한 사람들 역시 남쪽과 미국에 대해 적개심 가득한 이미지가 있다. 그러나 실제로 만나고 교류를 이어 가다 보면, 그게 사실이 아님을 알게 된다. 왜곡된 이미지와 편견을 깨기 위해서라도 민간 교류는 더욱 절실하고 중요한 일이 아닐 수 없다.

한반도 문제는 국제 관계나 국제적인 정치 지형이 중요하다고들 한다. 난 국제 정치는 잘 모르지만, 주변 국가들이 스스로 자기네 이익을 포기하고 희생하면서 남북 관계를 챙겨 줄 것이라고는 생각지 않는다. 우리끼리 교류해서 서로 좋은 관계를 쌓아 나가지 않으면 통일은 실질적으로 올 수 없다고 생각한다. 그러니 우리에게 여건이 주어졌을 때 정신 차리고 하나가 되어야 한다. 이를 위해 북한이 같은 동포라는 국민적 동의와 결의가 선행되어야 한다.

남북나눔이 지난 20년 동안 해온 일 가운데 어떤 것은 큰 일이고 어떤 것은 작은 일이라고 나누고 말고 할 게 없다. 어떤 이들은 천덕리 사업이 규모로는 크니까 굉장한 일이라고들 하는데, 내 생각은 다르다. 그때 그 일이 주어졌으니 했을 뿐이다. 내가 정말 소중히 여기는 일은 어린아이들을 위해 분유를 계속 주는 일이다. 이는 이 땅에 태어난 생명을 위해 할 수 있는 가장 기본적인 일이다. 이 일이야말로 남북나눔 20년 동안 해온 다른 어떤 일보다 귀한 일 아닐까 한다.

일을 해오면서 조직적인 계획이나 준비, 실행에 관해 특별히 생각해 본 적이 없었다. 그저 눈앞에 어떤 가능성이 보이면 그대로 밀고 나가는 식이었다. 둑에 물이 많이 차오르면 넘치게 마련인데, 그렇게 넘쳐흐르는 대로 따라가는 식이었다. 그러니 한계나 모자람이 많았을 것이다. 무엇보다 내가 목회를 하느라 이 일에 전적으로 에너지를 쏟을 수가 없었다. 다른 단체와 견주어 볼 때, 우리는 인적 시스템과 구조를 잘 만들지도 못했다. 게다가 한 일들을 외부에 제대로 알린 적도 없다. 그게 아쉽지는 않다. 그저 하나님이 열어 주시는 기회만큼, 허락하시는 일만큼 욕심 부리지 말고 진실되게 하자는 게 남북나눔이 지켜 온 중요한 원칙이었으니까. 그럼에도 주변 사람들이 내게 자주 하는 말이 있다.

"남북나눔은 너무 홍보를 안 하는 것 아닙니까? 이 사역을 알리는 것도 중요한 사역이지요."

"적극적으로 외부에 알리고 광고도 해야, 북한 지원을 위한 후원금도 많이 모이고 할 것 아닙니까?”

　　모두 일리 있는 얘기다. 그런데 애초에 이 일을 시작할 때부터 그렇게 하지 않기로 했다. 순금은 도금할 필요가 없다. 도금하면 그건 이미 가짜라는 것이다. 일을 하다가 재정을 하나님이 채워 주시지 않으면 그걸로 그만하라는 줄 알고 안 할 작정이었다. 지금까지는 그런 일이 없었다. 그래서 이 일이 지금도 계속되고 있다.

　　남북나눔에서는 통일과 대북 지원 사업에 관한 일을 종합백화점 식으로 폭넓게 많이 벌리지는 않았다. 그건 나하고도 맞지 않는다. 무슨 일이든 하나에 집중해야지 한꺼번에 많이 하면 하나도 안 될 수 있다. 사람들이 자기 역량 밖의 많은 일을 하려다가 정말 중요한 일을 놓치는 이유가 여기 있다.

　　남북나눔도 대북 지원 사업 외 연구 프로젝트나 교육 사업 등 몇 개 분야를 확장할 수도 있었지만 그렇게 하지 않았다. 예를 들어, 남북나눔에 연구분과가 있었다. 대북 지원을 학문적으로 정리하고 결과물을 내는 연구 모임으로 시작했다가 전문화할 필요가 있어 독립 연구기관으로 분립되어 나갔다. 그게 바로 한반도평화연구원(KPI, Korea Peace Institute)이다. 남북나눔이 전문 연구그룹을 품을 수 있는 역량이 안 되었는데, 적절한 때에 분리되어 지금은 독자적으로 잘하고 있다. 이 밖에 교육 분야로는 통일교육문화원(원장 김경민)을 만들어서 내보냈다. 이런 식으로 각각 전문화해 나가면 되지, 자꾸 여러 단체를 모아서 종합상사가 되려 해서는 안 된다. 특히나 관련 분야의 세를 규합해서 스스로 제일 위에 서려 하는 것은 바람직하지도 않거니와 되지도 않을 일이다. 자기 한계를 아는 것만큼 중요한 게 없다. 할 수 없는 일, 되지도 않을 일을 위해서 골몰하는 것은 낭비다.

남북나눔이 지금까지 대북 지원 일을 해오면서 변질되지 않고 초심을 지켜 온 데는 나름의 이유가 있다. 우선, 우리는 북측에 함부로 약속하지 않는다. 우리가 할 수 있는 일만 약속하되, 약속한 일은 정확하게 지킨다. 또한 고정 비용 자체가 적게 든다. 코딱지만 한 사무실에 실무자 세 명밖에 없으니 고정 비용이 크게 나가지 않는다. 사람이든 단체든 변질되었다는 건 이권이 개입되고 사사로운 이익을 생각하기 때문인데, 남북나눔은 애당초 손해 보는 일을 하는 것이니 무슨 변질이 있겠는가.

좌파 일을 하는 우파 목사?

언젠가 공석에서 이런 말을 한 적이 있다.

"다시 민주화운동과 복음화운동의 양자택일 상황에 놓인다면, 나는 변함없이 민주화운동보다는 복음화운동에 앞장설 것이다. 거기에 전혀, 아무런 부끄러움이 없다."

어떤 성공회 신도 한 분이 이 얘기를 듣고 화를 냈다. 아직도 저런 사람이 있느냐고. 하지만 나도 그분에게 묻고 싶다. 복음의 확신이 있느냐고. 민주화도 좋고 다 좋지만, 개인 전도도 못하는 예수가 무슨 필요가 있겠는가. 한국 신학교의 약점은 자기 선생이 가르친 것밖에 모른다는 데 있다. 그 가르침만을 별다른 질문 없이 추종한다. 그러니 다른 견해를 존중할 줄 모른다. 한쪽만 보고 다른 쪽은 아예 읽지도, 읽히지도 않으니 이를 어찌 공부라 할 수 있겠는가.

1984년에 런던 바이블칼리지(London Bible College: LBC, 지금은 런던 신학교London School of Theology: LST로 개명)에 머문 적이 있다. 그때 지금은 타계하신 존 스토트 목사님이 설교를 하시고 튜터(tutor, 개인지도교수)도 맡아 주셨다. 원래는 다른 분이었는데 갑자기 수술을 하는 바람에 존 스토트 목사님이 직접 튜터를 맡아 주셔서 매일 만났다. 당시 여성 목사 안수 문제를 주제로 하루 종일 모두의 발표를 다 듣고 나서는 맨 마지막에 존 목사님이 결론을 요약하셨다. 내 견해와 다른 의견을 들을 때마다 떨떠름한 마음이 들곤 했는데, 여성 목사 안수에 관해 성경이 직접적으로 말씀하지 않는다는 이유 때문이었다. 그런데 그 시간을 통해 나와 입장이 다른, 여성 목사 안수에 대해 찬성하는 의견도 비성경적이 아니라는 것을 알게 되었다. 존 목사님의 수업을 통해 나와 견해가 다른 이들의 생각도 존중하는 법을 배우게 되었다. 내 주변에 나와 다른 진보적 성향의 젊은 목사들이 많이 있다는 얘기를 듣는 데는 그런 배경이 작용했을 것이다. 내가 동의하지 않는 의견일지라도, 최소한 그 입장에서 이해하려고 애쓰는 편이다. 내 생각과 의견이 언제, 어떻게 변화될지 모르는 일이기 때문이다.

지금까지 예수 믿고 사는 동안 내 견해와 관점도 계속 변화해 왔다. 밀알학교를 처음 시작했을 때, 아이들에게 직업이 필요하다고 전혀 생각지 못했다. 그런데 막상 학교를 졸업시키고 보니, 그때부터가 더 문제라는 걸 알게 되었다. 그래서 직업 재활 과정을 만들고 장애인 직업 재활 기업인 굿윌스토어를 만들었다. 그다음에는 장애아의 부모가 세상을 떠난 뒤, 그들의 일상생활이 어찌될지 고민되었다. 그래서 그룹홈(장애인 공동생활 가정)을 만들었다. 그제야 장애인을 위한 4단계 라이프사이클이 비로소 완성되었다. 거기까지 오는 데 20년이 걸렸는데, 그것까지 하고 은퇴했다. 처음부터 전체를 보는 안목이 있어 시작한 게 아니었고 매번 새로 눈뜨고 변화하면서 일해 왔다. 장애인 사역만 해도 4단계로 보는 관점으로 바뀌는 데 20년이 걸렸는데, 내가 뭘 얼마나 많이 안다고 나와 의견이 다른 사람을 쉽게 무시하고 멀리하겠는가.

정치적 지향 또는 편향을 뛰어넘어 경계를 초월하여 일하는 나를 누구도 좌파라고 하지 않는다. 이명박 전 대통령에게 쓴소리를 참 많이도 했지만, 그래도 나를 좌파라고 부르는 이는 아무도 없었다. 정치적 편향에 따라 일한 게 아니라 하나님 말씀에 따라 일관되게 일했기 때문이 아닌가 한다. 내가 이만열 장로님을 존경하는 주된 이유 중 하나도 그분의 일관성이다.

좋은 사람들이 모여서 좋은 일을 하는데도, 반대가 있기 마련이다. 그때 리더가 하나님이 기뻐하시는 편에서 이끌면 반대하고 싫더라도 따라온다. 리더는 이를 잘 이용해야 한다. 내 오랜 경험상 리더가 하고자 하는 일에 반대가 있다면, 이는 그 일에 리더가 정말 헌신했는지를 검증하는 테스트일지도 모른다. 반대 의견을 통해 자신의 동기를 점검하고 방향이 올바른지를 성찰하게 되며, 아울러 반대편 입장에 서서 생각해 보는 것이다. 목회 말고도 사회 활동과 봉사를 워낙 적극적으로 하다 보니, 교회 안에서 말들이 나올 때가 있다. 없다면 그게 이상한 일 아닌가. 그럴 때마다 나의 동기와 방향을 재점검하고 반대편에 서서 다시 바라보게 되는 유익이 있었다.

마지막 남은 숙제

개인적으로 후임을 일찍 세워 놓고 물러나지 못했다는 점에서 실패했다고 생각한다. 대북 지원 사업을 하면서 그래도 내가 가면 북에서 존중해 준다. 그런데 이걸 전수하지 못한 것이다. 새로운 사람을 세워서 그가 가더라도 북에서 존중하며 대하도록 미리부터 준비했어야 하는데 그러질 못했다.

이제는 남북나눔을 떠날 때가 된 것 같다. 그동안에도 몇 번이나 그만두려 했는데 신명철 장로님이 물귀신처럼 자꾸 나를 붙잡아서 그러질 못했다. 실상 그분이 내게 붙들려 이 힘든 단체를 맡아서 제대로 된 월급도 못 받고 활동비 정도만 받으면서 일해 오셨으니 미안한 마음이 적지 않다. 그 때문에 그분이 날 붙잡으면 내가 이길 수가 없었다. 북한 사람들이 낯가림이 심하다. 사람을 굉장히 가리기 때문에 쉽사리 새로운 사람과 소통하지 못한다. 인간적 신뢰를 쌓는 데 오랜 시간이 드는 것이다. 그러다 보니 여전히 이 일을 맡고 있는데, 이제 나이도 있는 데다 마땅히 젊은 사람에게 승계해야 할 때가 된 것이다.

앞서 얘기했듯이 나에게 남북나눔 일은 성경에 나오는 구레네 시몬처럼 졸지에 떠메게 된 짐이었다. 다른 사람이 짊어졌다면 좋았겠지만, 아무도 없으니 내게 떠넘겨진 것이다. 내가 가장 좋아하는 일은 젊은이들을 만나고 그들과 말씀을 나누는 젊은이 사역이다. 예수를 믿은 뒤 대학생 전도를 위해 평생을 살겠다고 결심했는데, 예기치 못한 난관에 부딪쳐 그 꿈은 꺾이고 말았다. 그런데 해외에서 공부하는 수많은 한국인 유학생에게 말씀을 전하는 코스타를 시작한 뒤로, 나는 내 삶의 본령(本領)을 찾았다. 얼마 전에도 일본 코스타에서 말씀을 전하고 왔는데, 거기만 가면 그렇게 힘이 나고 영감이 넘칠 수 없다.

코스타운동이 남북나눔처럼 지금까지 순수성을 지켜 온 것도 기꺼이 손해 보려는 사람들이 모이기 때문일 것이다. 강사들도 비행기 삯을 자기가 부담하고 음식도 학생들이랑 똑같이 먹는다. 시차 적응이 되기도 전에 찾아오는 학생들 면담도 해주어야 한다. 이런 형편이니 자기 이익을 찾으려는 사람들은 코스타에 오지를 않는 것이다. 그런데 더러 '코스타 강사' 이력을 책이나 대외 홍보용으로 활용하는 경우가 있는데, 이는 경계해야 할 일이다.

남북나눔, 코스타, 밀알학교…… 어떻게 그 많은 일을 다 하느냐고 주변에서 묻는 경우가 있다. 그러나 난 한 번도 많은 일을 한다고 생각한 적이 없다. 그저 그때그때 내 앞에 주어진 숙제만 했을 뿐. 정말 그랬다. 그나마도 내가 감당할 수 있는 능력이 없었다. 그저 겸손히, 추하지 않게 이 숙제를 잘 끝내기를 바랄 뿐이다.

인도주의에는 조건이 없다

이문식 목사

이문식 남북나눔 초대 기획실장으로, 대북 사업의 터를 다지고 사업의 방향을
설정했다. 해외 기독단체 모임에 여러 차례 참여하여 북한 교역자들을 만나
조선그리스도교연맹과 교류의 싹을 틔웠다. 북한의 식량난이 극심하던
1994년에 최초로 식량(쌀) 지원의 길을 열었으며, 매년 6·25를 앞두고
'세이레 기도' 책자를 편찬하여 북한을 알아 가도록 돕고 있다.
광교산울교회를 담임하며 희년선교회와 남북나눔 사무처장으로 섬기고 있다.

뿌리 깊은 레드 콤플렉스

'기어이 이런 일이 터지는구나. 이젠 영락없이 우리는 자진 월북한 사람이 되어 대남 방송에 얼굴을 내미는 신세가 되겠구나.'

눈앞이 아득해지면서 등 뒤로 식은땀이 흘렀다. 머릿속이 하얘지고 있었다. 불과 2미터 앞에 북한 어부들이 보였다. 그 옆으로는 총을 멘 인민군 병사들이 서 있었다. 시동이 꺼진 모터보트는 강물을 타고 흔들리며 서서히 움직이고 있었다. 새파랗게 질린 얼굴로 숨도 못 쉬고 있는데, 갑자기 배 주인이 손짓했다.

'저 사람이 대체 왜 저러나. 이제 그냥 인민군에게 우릴 넘겨주면 그만이지…….' 다시 보니 그가 뭔가를 카메라로 찍어 대는 시늉을 하는 것이었다. 그제야 그게 모터보트 엔진을 껐으니 소음 없는 상태에서 북한 땅을 촬영하라는 호의라는 걸 알아차렸다.

여전히 쿵쾅쿵쾅 뛰는 가슴을 쓸어내리며 긴 숨을 토해 냈다. 그 찰나의 시간에 깨달은 건, 내 안에 깊이 뿌리내린 레드 콤플렉스의 실체였다. 그제야 비로소 내 안에 북한 체제와 공산주의에 대한 두려움이 뿌리 깊게 자리 잡고 있다는 걸 온몸으로 깨달았던 것이다.

그전까지 나는 어느 정도 남북 화해와 통일에 대해 이성적이고 지적으로 준비가 되어 있다고 여겼다. 그런데 그게 아니었다. 한국전쟁 이후 세대인 나에게도 잠재의식에 굉장히 깊고 견고한 레드 콤플렉스가 도사리고 있다는 걸 알게 되었다. 북한에 대한 무의식적이고 본능적인 두려움 앞에 이성은 마비되었고, 오랜 시간에 걸쳐 학습되고 내재되어 온 레드 콤플렉스가 일순간에 이성을 집어삼키고 심리적인 철조망을 둘러쳤던 것이다.

중국과 북한의 접경 지역에서 신의주를 목전에 두고 경험한 이 일은 레드 콤플렉스를 깨고 나오는 성장통을 치르게 한 사건이었다. 이 일은 남북나눔 사역 초기, 단동에 빵 공장을 보러 갔다가 예기치 않게 일어났다.

연변 과기대에서 단동에 빵 공장을 만들어서 매일 빵을 신의주에 보내는 일을 했는데, 그때 남북나눔에서 공장에 밀가루를 몇 차례 지원한 적이 있다. 우리가 공장을 방문할 당시 연변 과기대 쪽에서 호주 교포가 나왔다. 농업 이민을 가서 큰 목장을 경영하시는 분이었는데, 만주 지역 조선 소인 압록소를 연구하고 있었다. 지금은 우리나라 소 품종이 다 개량되어 예전의 순수 조선 소는 없다는데, 일제 치하에서 만주로 떠나갈 때 데려간 전라도 조선 소가 현지 적응해 털이 긴 압록소가 되었다. 이분은 전두환 정권 시절 수입 소가 대량으로 들어와 목축업이 망하는 바람에 호주로 농업 이민을 가서 목축업으로 성공한 뒤, 황해도에서 압록소를 키우는 사랑의 목장을 운영하고 있었다.

그를 만나 빵 공장을 둘러보고, 시간이 남아 단동에서 배를 타고 위화도 근처 북한 접경을 관람할 기회가 주어졌다. 그런데 모터보트를 타고 압록강을 가로질러 신의주 앞까지 갔는데, 불과 부두 2미터 앞에서 배 주인이 모터보트 엔진을 갑자기 꺼버렸던 것이다. 이것이 레드 콤플렉스에 무너져 내린 '월경(越境) 사건'의 전말이다.

통일운동에 '징집'되다

"이 목사, 남북나눔 사무총장을 맡게 된 건 내가 원했던 일이 아니야. 한국 교회로부터 내가 징집을 당한 거지. 이제 내가 이 목사를 이 일에 징집하고자 하는데, 어떻게 생각하나?"

1992년 남북나눔 설립을 준비하면서 홍정길 목사님이 나를 부르셨다. 자신의 뜻과는 무관하게 교회의 부르심에 이끌려 나서게 되었다는 말씀에 내가 뭐라 대답할 수 있었을까. 그저 "기도해 보겠습니다"라는 말 외에 더는 할 말이 없었다.

외국인 노동자를 섬기는 구로희년교회를 맡고 있을 때였는데, 구로동은 교회보다는 선교단체로 가는 게 좋겠다고 판단하여 희년선교회를 발족해 놓은 시점이었다. 교회는 구로동과 가까운 평촌으로 옮겨서, 교회를 통해 확보한 인적·물적 자원을 구로동 희년선교회에 지원하는 방식의 이원 사역 구조를 염두에 두며 목회를 잠시 쉬고 있었다. 홍 목사님이 내게 남북나눔 실무를 맡아 달라 하신 때가 그즈음이다.

그렇잖아도 금식 기도를 하고 있던 중이기도 하여 사흘 정도 남북나눔 일을 놓고 집중해서 기도하는데 확신이 왔다. 그래서 홍 목사님을 찾아뵙고 말씀드렸다.

"좋습니다, 목사님. 나라를 위해 군대 3년도 복무하는데, 저도 3년은 교회의 통일운동을 섬기겠습니다. 그런데 제 본분은 목회자이니 3년을 섬긴 뒤에는 다시 목회자로 돌아가겠습니다."

이렇게 하여 이듬해인 1993년 1월부터 남북나눔 사무국 실무자(기획실장)로 일을 시작했다.

본래 남북나눔운동은 한국기독교교회협의회(NCCK)에서 진보 보수 연대로 설립하기로 하고, 초대 사무총장으로 어느 대형 교회 목회자를 내정해 두었으나 갑자기 공석이 되어 버렸다. 그 와중에 주변에서 홍 목사님을 추대하여 목사님은 본인 의사와 무관하게 사무총장을 맡게 된 것이다.

1992년 12월, 홍 목사님을 사무총장으로 하여 남북나눔운동 발기인대회가 열렸는데, 하용조, 이동원, 옥한흠, 손봉호, 이만열 등 보수 복음주의 진영 리더들이 상당수 참여했다. 발기인대회 이후 넉 달여의 준비 기간을 거쳐 1993년 4월 27일 '남북나눔운동 창립대회'를 정동제일교회에서 열었다. 진보와 보수를 막론하고 이날 5백여 명의 범기독교계 지도자가 참석한 이 자리에, 부총리이자 통일원 장관이던 한완상 박사까지 참석했다. 당시 한 장관은 "진정한 평화는 이웃 사랑을 넘어 원수 사랑에 이를 때 비로소 꽃을 피운다"면서 "이 진리가 남북나눔운동을 통해 결실을 맺기 바란다"는 축사까지 하며 남북나눔운동의 앞날을 격려했다.

외국인 노동자 사역에서 통일운동으로

앞서 밝힌 대로, 나는 남북나눔 일을 하기 전 외국인 노동자 사역에 몸담고 있었다. 1989년 구로희년교회를 개척하기 전부터 노동자 사역을 했다. 구로공단 내 공장에서 월요일마다 예배드리고 상담도 하면서 6년 이상 활동했던 것이다. 그러다 구로희년교회를 개척했는데, 개척하자마자 교회가 관련된 공안 사건이 터져 1년간 법정 투쟁을 하느라 목회를 제대로 하기 어려운 지경이었다. 그리하여 3년여를 헛세월로 보내기도 했다.

1987년 6월 민주항쟁 이후 공단에서 노동운동이 사라졌다. 그로 인해 공단 지역에 있던 진보적인 교회(민중교회)에서 사람들이 빠져나가 교회가 텅 비는 공동화 현상이 나타났다. 군부독재 시기 사회운동, 노동운동에 주력했던 진보 교회들은 노동운동가들의 은신처였다. 김문수 경기지사나 심상정 의원도 교회에서 공활(工活, '공장 활동'의 줄임말로 대학생들이 노동운동을 위해 일정 기간 공장에 위장 취업하여 활동하던 일)하던 이들이다. 그러나 서서히 민주화가 진행되면서 그동안 신앙 훈련이 없이 사회운동만 해오다 보니 복음의 재생산 능력을 상실하여 교회가 텅 비어 갔다.

그런데 우리 교회는 복음주의 진영이다 보니 예배는 잘 드리러 오니까, 우리 교회가 제일 잘 모였다. 잘 모이긴 했는데, 외국인 노동자 사역은 제대로 하지 못하고 어정쩡한 상태였다. 어느 날 공단에서 필리핀 노동자들을 만났다. 우리나라에 외국인 노동자가 들어오기 시작할 때였는데, 집으로 초대도 하고 대화하다 보니 몇 명은 필리핀 기독학생회 출신이었다. 전자공학 전공자도 있었고, 법대 졸업자도 있었다. 그 형제들과 사귀면서 예배를 못 드리고 있다는 사정을 듣고는 주일 오후에 우리 교회에서 필리핀 사람들끼리 예배드리도록 했다. 그게 소문이 나서 우리 주일예배 인원보다 더 많이 모였다. 그렇게 해서 외국인 노동자 사역이 시작되었는데, 이는 후에 희년선교회로 발전하는 시초가 되었다.

과거 군부독재 정권은 북한에 대한 레드 콤플렉스를 자극함으로써 위기를 모면하거나 돌파하고 자신들의 비민주적인 통치 행위를 정당화했다. 대한민국 국민들의 레드 콤플렉스는 통치자들에게 전가(傳家)의 보도(寶刀)와도 같이 강력한 힘을 발휘하는 것이었다. 그런 점에서 민주화운동은 결국 북한과의 평화가 선행되어야 하는 통일운동으로 이어질 수밖에 없다고 생각했다. 그러나 정작 내가 통일운동에 나선다는 생각은 하지 못했다. 당시 통일운동은 너무 어려웠을 뿐 아니라 문익환 목사가 정부 승인 없이 단신으로 방북을 결행했듯이 온몸을 던져 돌파해야만 했는데, 그럴 여건이 복음주의 진영에는 형성되어 있지 않았다.

감히 통일운동은 생각조차 못하고 있었는데 김영삼 정부가 출범할 무렵, 남북나눔운동 이야기를 듣고 가슴이 뛰고 흥분

되었다. 군부독재가 물러가고 문민정부가 시작되면서 드디어 통일운동 시대가 열리는구나, 통일운동은 이제 더 이상 몸으로 부딪쳐 돌파하는 투쟁적 운동이 아니라 실질적 운동이 되겠구나 싶었던 것이다. 그때 내 나이 갓 마흔 즈음이었다. 남북나눔 기획실장을 맡아 일하면서 주일에는 남서울교회 교역자로 청년3부를 맡아 섬겼다. 당시 갓 결혼한 젊은 부부 일고여덟 가정이 모여 청년3부를 함께 시작했는데, 내겐 참 축복 같은 시간이었다. 월요일부터 토요일까지 주중에는 통일운동을 하면서도 매 주일 목회자로서 설교하며 섬길 수 있었으니, 운동가로서 영성이 메마를 위험을 예방할 수 있었다.

문민정부 초기에는 남북 대화 분위기가 우호적이어서 남북 정상회담 얘기까지 나오고 있었다. 그러던 중 김일성 주석 사망으로 정상회담이 결렬되고 연이어 조문 파동이 일면서 남북 관계가 악화 일로를 걸었다. 그때 한미 양국이 대북 봉쇄 정책을 폈는데, 북한에 대한 경제적 봉쇄를 하면 3년 안에 붕괴한다는 가설에 따른 것이었다. 지금 생각해 보면 북한을 몰라도 너무 모르고 있었다.

1994년 이영덕 장로가 국무총리를 맡고 있을 때였는데, 북한에 큰물(홍수) 피해와 함께 콜레라가 창궐했다. 개발도상국에서는 이미 무력한 병인데, 당시 북에는 치료약이 없었다. 그런데 미국에 10만 명분의 약이 보관되어 있다는 걸 알고 미국교회협(NCCA) 인사 중에 북한에 의약품을 후원하는 분이 미국 정부를 설득해서 인도주의 차원에서 승인이 떨어졌다. 오산 비행장까지 냉장 수송해 온 콜레라 왁진(백신)을 오산에서 인천, 인천에서 천진, 그리고 천진에서 북한으로 들여보내야 했다. 배를 통해 해상 경로로 의약품을 보내야 했는데, 문제는 통일부에서 승인을 해 주어야 한다는 점이었다. 그래서 이영덕 총리를 만나러 갔다. 총리실로 안내받아 갔는데, 이분이 남북나눔 대표인 홍정길 목사님을 알고 계셔서 내게 호의적으로 대해 주셨다.

"그래, 남북나눔에서 무슨 일로 오셨나요?"

"장로님, 잘 아시다시피 지금 북에서는 전염병으로 생명이 수도 없이 죽어 가고 있습니다. 다른 건 몰라도 무고한 동포들이 죽어 나가는 것은 막아야 하지 않겠습니까? 인도주의에 입각해서 이번 의약품 수송 건을 허락해 주십시오. 미국 백악관에서도 허가가 나서 이미 약품이 국내에 와 있습니다. 그런데 정작 우리 정부가 허락하지 않는다면 어떻게 되겠습니까?"

"그러면 이렇게 하지요. 언론에는 의약품 지원에 관한 내용을 일체 알리지 마세요. 그냥 아무 일도 없는 듯 조용히 진행하세요."

그렇게 해서 10만 명분의 콜레라 왁진이 북에 들어갈 수 있었다.

해외 교포를 통한 대북 루트

몇 년 후 이 이야기를 마카오에서 열린 동북아평화연대회의에서 만난 조그련 인사와 나눌 기회가 있었다. 북한 정보기관 출신 조선그리스도교연맹(조그련) 인사 두 사람과 카페에서 만났는데, 그중 한 명이 자신을 전도사라고 소개했다. 그러면서 성경 이야기를 하는데, 상당히 자세한 부분까지 알고 있어서 깜짝 놀랐다. 평양신학교에서 3년간 신학 교육을 받으면서 성경을 읽었는지, 아니면 가정적인 배경이 있는지 모르겠으나 성경을 꽤나 읽은 사람이라는 생각이 들었다. 그때 그에게 "몇 년 전에 콜레라 왁진을 받은 적이 있지 않으냐, 그걸 보낸 곳이 바로 남북나눔이다"라고 하자 "정말 고맙다"는 답이 돌아왔다. 그때 이후로는 북의 인사에게서 그런 표현을 들어 보지 못했다.

남북나눔 초기에는 콜레라 왁진 지원의 예처럼 재미 교포들이 대북 지원 경로를 열어 주는 데 큰일을 했다. 당시 우리에게 무슨 지원 루트가 있었겠는가. 그때 미국 온누리교회 한국인 교인 중에 미국의 어느 대학 교수가 있었는데, 미국 시민권자로 천진에 중국과 의약품 제조 관련 합자회사를 세워 북한을 오가며 토코페롤 제조 일을 하는 분이었다. 그가 북한에서 토코페롤을 정제하여 천진을 통해 한국 녹십자에 판매하고 있었다. 북으로서는 외화를 벌게 해주는 기업가니까 당연히 그를 우대하는 분위기였다. 이런 분들이 당시에 대북 지원 채널을 여는 데 큰 힘을 보탰다.

처음 그를 소개받아 만났을 때다.

"교수님, 중국에서 약품 제조 사업을 하신다고 들었습니다. 북한을 상대로 사업을 하시기가 어떤가요?"

"말도 마세요, 목사님. 무엇보다 물품 지원 같은 요구 사항이 많아 힘듭니다."

"그러세요? 그런 건 우리 남북나눔에서 할 수 있는 부분인데요. 이렇게 하면 어떨까요? 교수님은 북한에서 인정을 받는 분이시니까, 남북나눔에 대북 지원 루트를 제공해 주시면 어떻겠습니까? 그러면 남북나눔에서 북에서 요구하는 지원 물자를 보내겠습니다."

그렇게 해서 당시 이랜드에서 지원받은 상당한 양의 의류를 북으로 보냈다. 보세 의류였는데, 우리가 천진으로 보내면 천진에서 그의 이름으로 북한에 보내면 되는 것이었다. 물자를 북으로 보내기 전에 최종적으로 북한 대사관 직원들이 직접 와서 검사를 했는데, 옷에 붙은 '메이드 인 코리아' 라벨을 가위로 일일이 다 떼어 냈다. 요즘은 이런 해프닝 없이 남한 라벨을 그대로 단 채로 받는다니 어느덧 남북 교류가 상당히 성숙한 셈이다.

연변 동포와 함께한 대북 물물교환

그런데 북한 방문이 비교적 자유로운 해외 동포를 통한 지원 루트는 한 가지 문제가 있었다. 전달자 개인의 위상과 이름만 높아져 그는 북에서 영웅시된 반면, 정작 남북나눔에서는 독자적인 채널 확보나 지원 노하우를 쌓을 수 없었다. 자연스레 회의가 찾아왔고, 그러다 결국 그와 같은 지원 방식은 중단했다.

그 후 찾아낸 방법이 중국 연변 조선족(중국 동포)과 조선족 교회를 통한 지원이다. 연변 조선족 교회를 지원하고 그들을 통해 대북 지원을 진행하는 방식이었다. 우리가 식량 구입 자금을 준비해서 믿을 만한 조선족 교회에 헌금하면, 그들은 중국에서 쌀이나 옥수수 같은 식량을 사서 북한으로 직접 들여보냈다. 이 과정에서 식량 구입을 위해 적잖은 현금을 지니고 다니다 보니 호텔을 예약할 때도 무척이나 주의를 기울이고 두루 신경을 써야 했다. 우리 일행 이름으로 예약한 방 외에 현지 중국인 이름으로 추가 예약한 뒤 방을 바꿔서 투숙했을 정도였다.

중국에서 연변에 갈 때는 공항 검색대에서 우리가 지닌 현금 다발을 보고 놀라서 꼬치꼬치 캐묻는 경우가 여러 번 있었다.

"무슨 일로 연변을 가십니까? 이 많은 현금은 다 뭡니까?"

"아, 우리는 사업하는 사람들입니다. 연변에 사업차 가는 길인데, 이 돈은 현지 기업에 지불할 구매 대금입니다."

그렇게 해서 연변에 무사히 도착하면, 현지 조선족 교회에 돈을 헌금하고 교회는 헌금으로 양식을 사들였다. 나중에는 ○○무역이라는 이름의 회사를 현지에 설립하여, 중국 곡물회사로부터 곡식을 구매한 뒤, 북한의 ○○○무역과 구상무역(일종의 물물교환) 방식으로 보냈다. 우리가 식량을 보내면 저들은 그 대가로 청진산 명태를 우리에게 주는 방식이었는데, 실제로 받아 본 적은 한 번도 없다. 사무실도 갖추고 팩스까지 보내는 등 형식적으로는 합법적인 무역 거래가 이루어지는 거니까 전혀 문제될 게 없었다. 이런 방식으로 열세 차례 정도 대북 지원을 진행했다.

독자적인 대북 채널 개척은 주로 신명철 장로가 맡았는데, 이분이 비록 당시에는 자원봉사자 신분으로 일했지만 사업 경험이 풍부하고 재정 분야에 전문가여서 굉장히 큰 역할을 하셨다. 정부 당국이든 민간이든 아무런 대북 창구가 없던 시절, 열세 차례에 걸친 대북 식량 지원은 남북나눔 이름으로 이뤄지지 못했지만, 그 기록은 다 남겨 두었다. 도문에서 식량을 실은 트럭을 북한으로 들여보내는 과정은 늘 신경줄을 팽팽하게 긴장시키는 위험천만한 일이었다.

식량을 보내는 과정에서 신 장로님과 현지 호텔과 식당을 자주 이용할 수밖에 없었는데, 북한 군대에서 운영하는 조중 합작 음식점이 있었다. 한때 탈북 사건이 생겨 중국 당국에서 이 식당을 폐쇄하기도 했다. 또 재일본조선인총연합회(조총련)에서 운영하는 호텔이 있었는데, 아침식사를 하다 보면 온통 김일성 배지 단 사람들밖에 없어서 그때의 긴장감이란 이루 말할 수 없을 정도다. 거기 직원들이 우리가 남한에서 온 사람들인지 알아내는 건 식은 죽 먹기였다. 여권만 확인해 보면 금세 알 수 있었기 때문이다. 그래도 거기 머물면서 그들과 얘기라도 조금씩 나눈 경험이 레드 콤플렉스를 극복하는 데는 좋은 훈련이 되었다.

"고향이 어디십니까?"

"내래 평양서 왔시오."

짧은 대화밖에 나눌 수 없었지만, 어디나 사람이란 게 다 똑같구나 생각했던 시간이다.

'보리떡 다섯' 같았던 첫 식량 지원

정부의 승인하에 공식적인 지원이 시작된 건 1997년부터다. 남북나눔운동이 출범한 1993년만 해도, 대북 지원을 하는 NGO는 자체가 없던 시절이었다. 대북 관련 일은 정부 독점이었기 때문이다. 기아대책기구나 월드비전 같은 제3세계 관련 NGO는 있었지만, 북한과 교류하는 NGO 단체는 감히 생각조차 할 수 없는 일이었다. 그런 시기에 남북나눔이 창립되어 대북 지원 및 교류를 시작했다는 것은, 그만큼 한국 교회가 남북 문제와 통일운동에 선도적이었음을 의미한다.

그 시기에 북한에 식량을 보낸 일은 무모하고도 위험한, 크나큰 모험을 감행한 거나 다름없었다. 공식적이고 합법적인 지원 루트가 전혀 없는 상황에서, 식량 지원을 위해 북한 국경 인근 지역까지 간다 해도 실제로 일이 성사될지는 끝까지 알 수 없는 일이었다. 기도 외에는 할 수 있는 게 거의 없었다. 중국 연변까지 온 것 자체가 사실상 모험이었는데, 또 여기서 북한까지 어떻게 식량을 보낼 수 있을지 한 치 앞이 보이지 않았다. 때마다 일마다 기도하고 예배했다. 무역회사를 만들고 조선족 장로를 사장으로 세울 때도, 식량을 사서 실을 때도, 북한 내부의 허가를 기다릴 때도, 매 순간 기도하고 예배를 드렸다. 그렇게 하다 보면 그 과정이 거의 3개월이 걸리기도 했다.

식량을 보내 준다고 했을 때, 과연 저들이 받으러 올 것인지도 알 수 없는 일이었다. 사람이 와야 오는 것이었다. 상식적으로 생각해도 남북 간 교류가 전혀 없고 대북 봉쇄가 이루어진 상황에서 대체 누가 식량을 보낸다는 건지, 북으로서는 의심하고도 남을 만하지 않았겠는가. 그런데 쌀을 보내 준다는 게 연변 교포라니까 북에서도 일단 안심하는 것이었다.

쌀을 실은 트럭이 중국 세관을 통과하여 북한 국경을 향해 달리기 시작했다. 마침내 북한 국경 수비대를 지나 북한 땅으로 넘어가는데, 순간 목이 메어 오면서 속에서 울컥 울음이 솟구쳐 올랐다. 눈물을 흘리며 하나님께 기도를 드리는데 성경의 '오병이어' 이야기가 생각나는 것이었다. 저 트럭에 실려 가는 식량이 굶주리는 북한 동포들에게는 너무도 작고 하찮은 보리떡 다섯 쪽 같다는 생각이 들었다. 이 식량이 과연 얼마나 도움이 될지 모를 일이지만, 이 식량에 하나님께서 오병이어의 복을 내리시기를 눈물로 기도했다. 또한 미약하게 시작된 북한 동포를 향한 사랑의 물결이 큰 파도를 일으키기를 기도했다.

그렇게 무역회사를 통해서 대북 식량 지원을 해나가던 어느 날, 대체 이 식량을 누가, 무슨 이유로 거저 주는지 알아보려고 북에서 사람이 나왔다. 도문에서 두 사람을 만났는데, 둘 다 일흔이 넘어 보였고 아주 충성스러운 교회 장로님 같은 인상을 받았다. 만난 자리에서 근 두 시간을 자기네 지도자 자랑을 늘어놓는데, 속으로 이분들 우리 교회 장로 하시면 잘하겠다는 생각이 들 정도로 충성스러웠다. 그들을 만난 자리에서 나를 재미교포로 소개했다.

그 무렵 월드비전에서 남북나눔에 도움을 요청해 왔다. 북한에 국수 공장을 짓고 싶은데 자신들의 유일한 접촉 창구인 북경 주재 북한 대사를 통해 여러 번 얘기했는데도 예스든 노든 도대체 답을 들을 수 없다고 했다. 남북나눔에서 이미 여러 차례 대북 식량 지원을 했다는 얘길 어디서 듣고서는 우리에게 도움을 요청해 온 터였다. 그래서 전에 만난 정보기관 원로 두 사람에게 연락을 해서 만났다.

"남쪽에 월드비전이라고 큰 단체가 있습니다. 이 단체가 북에 국수 공장을 짓고 싶어 하는데 북경 대사에게 아무리 얘길 해도 묵묵부답이라는군요. 무슨 방법이 없겠습니까?"

"좋시다. 한번 알아보갔시오."

우리가 하는 말을 자세히 메모하여 돌아간 그다음 날, 곧장 방북 길이 열려 월드비전이 평양으로 들어갔다. 아마 월드비전으로서는 그게 첫 방북이었을 것이다. 그때가 1990년대 중반이었는데, 북한의 해외동포원호위원회, 일명 '해동'이라고 부르는 조직을 통해 이루어진 일이었다. 해동은 북의 대남 사업 기관 중 하나로, 전 세계에 흩어져 있는 친북 인사들과 북한 주민들의 친척이나 가족을 네트워크하는 조직이다. 이들은 일본, 독일, 호주 등지의 교포들을 상대로 북에 있는 친척이나 가족들의 편지를 전달하고 방문을 주선하며 인도주의적 지원의 통로 역할을 하는 것으로 알려져 있다.

분유 지원 사업에 주력한 이유

대북 지원 품목은 북한과 만나서 상호 협의하에 결정했다. 전략적으로 중요한 군수품 같은 것은 북에서 아무리 지원을 요청해 와도 줄 수 없었다. 원하는 쪽과 주는 쪽 사이에 서로 견해가 다를 경우, 긴 줄다리기는 때로 불가피한 일이었다. 다른 지원 물자에 비해 남북나눔에서 주력한 어린이 분유는 별다른 어려움 없이 많이 들어갔다.

세 살 이하 어린아이에게 영양이 제대로 공급되지 않으면 큰 장애가 생기고 그게 3대로 계속 이어지면 인종적 특징이 바뀐다고 한다. 북한이 지금 그 단계에 접어들었다. 아프리카 피그미족처럼 대부분 키와 체형이 왜소해지고 있는 것이다. 이를 막는 데 가장 적은 비용으로 큰 효과를 볼 수 있는 게 바로 영유아 영양 지원 사업이다. 체구가 작아지는 건 어쩔 수 없다 해도 최소한 치명적인 정신 장애를 막을 수는 있기 때문이다.

처음부터 지금까지 남북나눔은 초지일관 영유아 영양(분유) 지원 사업을 해오고 있다. 그런데 북이 환영하는 품목은 쌀, 밀가루 등이었다. 이런 품목을 잘 보내 주는 단체에는 초청장을 잘 보내고 환대하는 분위기가 있었다. 반면 남북나눔처럼 분유나 이유식, 아이들 옷가지를 적극적으로 보내면서 현금 지원은 일체 하지 않으면 홀대당하기 일쑤였다. 우리가 보관(유통) 기간이 길거나 다른 데 전용 가능한 물품은 전혀 보내지 않는 데다, 영수증 한 장까지 일일이 다 챙기니까 처음엔 굉장히 싫어하면서 자주 불평하고 항의했다.

한번은 조그런 담당자가 대놓고 이렇게 말했을 정도다.

"다른 단체하고 다르게, 남북나눔은 통이 작은 것 같습니다."

그래도 꿋꿋이 영수증 다 챙기고 계산이 맞는지 일일이 확인하다 보니, 이제는 으레 그런 줄 안다. 지금은 남북나눔의 지원 전략과 원칙이 옳았다는 게 입증된 셈이다.

무엇보다 어린이 영양 사업은 대북 지원의 최저선이자 마지노선이어서, 무슨 일이 생겨도 끊기는 법이 거의 없었다. 우리가 흔히 "애들이 무슨 죄가 있는가?"라고 말하듯, 어떤 걸림돌 상황

에서도 아이들에게는 인도주의적 지원이 이뤄져야 한다는 대전
제가 있고, 이에 대해서는 누구도 뭐라고 반대하지 않는다. 지금
은 대다수 대북 민간단체가 어린이 분야 지원 사업을 해나가는
실정이다.

　　남북나눔이 초기부터 영유아 분유 지원 사업을 해온 건 지
금 생각해 봐도 참 잘했다는 생각이 든다. 북한 어린아이들에게
도 절실한 일이었지만, 국내 낙농업도 살릴 수 있어서 두 마리
토끼를 잡는 일이었기 때문이다.

북한판 '새마을 운동' 모델

　　등소평(덩샤오핑)이 중국에서 개혁개방 정책을 시행했을 때,
도시보다는 농촌부터 시작했다. 농촌에 자작 농장을 갖게 해서
농작물을 장마당에서 팔 수 있게 했는데, 그 결과 중국이 자본
주의를 도입할 때 농촌이 먼저 잘살게 되었다. 그런 다음 도시
중심의 공업화를 진행했을 때 불만이 생기지 않았다. 그런 점에
서 천덕리 시범마을 사업도 시사하는 바가 크다.

　　대북 지원이나 북한 방문은 대체로 평양 시내 중심으로 극
히 제한되어 있었다. 평양 바깥으로 나가기가 굉장히 어려웠다.
분유도 평양 시내 고아원에 보내야 했고, 국수 공장도 봉수국수
공장이라고 평양 시내에 세웠다. 그런데 평양이 아닌 저 농촌 마
을에서 할 수 있는 사업이 처음 나왔다. 이 사업은 조그련이 주
도하지 못하고 민족경제협력연합회(민경련)에서 했는데, 이런 농

촌 시범마을 사업이 봇물처럼 일어나야 한다.

천덕리 사업을 하면서 들었던 생각은, 이 일이 북한 농촌 개혁개방의 결정적 모델 사업이라는 것이다. 북한판 새마을 운동을 남북나눔이 시작했다는 자부심이 들었다. 그동안 분유나 물자만 보내던 다른 대북 민간단체들도 모두들 놀라워했다. 민간에서 저런 사업을 할 수도 있구나 하고. 사실 새마을 운동 모델은 가나안농군학교 김용기 장로다. 북에도 그런 모델이 있어야 하는데, 천덕리 시범마을이 모델이 될 수 있을 것이다. 북의 농촌 지도자나 인민농장 지도자가 천덕리를 방문하고 농촌 개발의 모델로 삼을 가능성이 있기 때문이다.

4차에 걸쳐 주택 개량 사업을 해나가면서 시행착오를 몇 차례 거쳐야 했다. 처음에는 북이 자기네 농촌 표준주택 설계도에 따라 해달라고 요청하는 바람에 어쩔 수 없이 그렇게 지었다. 그런데 북쪽 설계대로 하면 열효율도 그렇고 여러 면에서 효율이 떨어지는 문제가 있다는 정림건축 이형재 사장님의 지적에 따라, 북측 의견을 어느 정도 반영하되 정림건축에서 설계하여 북에 제공하는 방식으로 바뀌었다.

이 사업은 단순한 주거 환경 개선에 머물지 않고 마을 주민들의 삶의 수준을 향상시키는 데까지 나아갔다. 북한 내에서도 소문이 얼마나 퍼졌는지, 십 리 길을 걸어 구경 올 정도였다. 마치 관광지를 보러 오듯이 사람들이 몰려왔던 것이다. 사실 이 사업은 우리끼리도 "아니, 우리가 어떻게 이런 사업을 하게 되었지?" 하며 서로 놀라워할 정도다. 이걸 인력으로, 사람의 계획으로 이루었다고 할 수 있을까. 하나님의 역사와 도우심 없이 이런 일이 가능할 수 있을까. 결코 그럴 수 없었을 것이다. 그런데 이명박 정부 들어 남북 관계가 경색되면서 이 사업도 더 진행할 수 없어 점차 불꽃이 사그라진 모양새가 되었다. 안타깝기 그지 없다.

모금 활동과 기부의 선순환

남북나눔운동의 초기 전략과 정책, 인적 구성이 마무리되고 본궤도에 오르면서부터 운동의 중심축이 보수 진영 쪽으로 기울기 시작했다. 헌금이 보수 복음주의 교회 쪽에서 대부분 나왔는데, 재정 후원이 한쪽에서 집중적이다 보니 불가피한 측면이 있었다. 그렇다 해도 김일성 주석을 만나 남북나눔의 물꼬를 트고 기초를 놓은 진보 진영의 기여가 사라지는 건 아니다. 그 기여가 없었으면 시작하지도 못했을 테니 말이다.

남북나눔 초기에 교회 모금은 주로 내가 다녔다. 교회를 방문하여 남북나눔운동을 소개하고 교인들의 약정을 받았다. 당시 제일 큰 후원은 기업의 현물 기부였는데, 이랜드에서 북으로 보낼 옷을 대량으로 후원해 주었다.

중요한 건 기업들이 남북 교류와 대북 지원에 동참하게 하는 일이었다. 기독교 기업이 이런 일에 적극적으로 나선다면 더 바랄 게 없을 터였다. 물론 교회가 후원한 헌금은 남북나눔운동의 중요한 종잣돈이 되었음은 말할 나위도 없다.

NGO 단체들의 경우, 일반적으로 모금을 하면 그 비용이 인건비나 홍보비, 사무실 운영비 등으로 많이 나가는 형편이다. 그런데 남북나눔은 처음부터 대북 지원을 위해 모금한 돈은 거의 100퍼센트 목적한 일 자체에만 고스란히 쓰였다. 그때부터 지금까지 남북나눔의 운영비는 별도 후원금으로 꾸려 나가고 있다.

남북나눔 전임 실무자로는 3년 6개월간 일했다. '3년 복무' 약속을 지켰고, 6개월은 보너스로 일한 셈이다. 그 뒤로도 지금까지 비상근 사무처장으로 필요에 따라 전면에 나서기도 한다. 중요한 협상이나 정책적 판단을 해야 할 경우나 신명철 장로님 혼자 나서기 힘들 경우, 내가 합류하여 지원하는 역할을 할 때가 있다.

조선그리스도교연맹

남북나눔의 대북 상대 기관은 주로 조그련이었다. 조그련은 북한의 대남 사업 조직 가운데서도 가장 힘없는 기관이었다. 힘 있는 조직들, 예를 들어 아태위원회 같은 기관을 상대하면 협상을 하거나 방북해야 하는 경우 일이 일사천리로 진행되었다. 반면 그런 힘 있는 단체들은 아무래도 인도주의적 지원보다는 정치적 성격이 강하다 보니 정치적으로 이용당할 수 있는 문제가 늘 있었다. 게다가 그런 정치적 성격의 조직일수록 주로 현금을 요구하거나 뒷돈을 요구하는 경향이 있다.

조그련은 북한의 여러 대남 조직 가운데 남북나눔이 전략적으로 선택한 파트너이기도 했다. 우리로서는 그래도 기독교를 알고 교회와 협력할 수 있는 단체가 선도 그룹으로 커야 북한의 개혁개방 과정이나 통일 과정에서 남북의 기독교가 제 역할을 할 수 있으리라 생각했던 것이다. 우리가 식량을 비롯한 모든 지원을 조그련으로 집중해서 보낸 건 그 때문이다. 그리하여 조그련은 10년 만에 북한 조국평화통일위원회(조평통) 산하 기관 중 위상이 가장 높아졌다. 물론 여기에는 당시 위원장이던 강영섭 목사의 영향을 빼놓을 수 없을 것이다. 강영섭 목사의 아버지 강양욱 목사는 북한의 부주석을 지낸 인물로, 김일성의 외종조부였다. 로열패밀리인 강영섭 목사가 조그련 위원장으로 오면서 김일성 주석이나 김정일 위원장과 독대까지 하게 되니 자연히 조그련 위상이 더 높아졌던 것이다.

강영섭 위원장은 대법원 판사 출신으로 루마니아 대사를 지내기도 했는데, 목사인 아버지 밑에서 자라나 기독교 뿌리가 있는 인물이었다. 그가 고기준 목사 후임으로 조그련 위원장이 된 뒤로 조그련 위상이 높아지면서 노동당원증을 포기하면서까지 조그련에 지원하는 사람들이 많아졌다. 조그련 소속이 되면 외부 세계로 나갈 수 있는 기회가 많았기 때문이다. 우리로서는 그들이 해외에서 보고 듣고 경험하다 보면 결국 개혁개방의 선도 그룹이 될 가능성이 크다고 보았다. 그래서 남북나눔에서 항공료나 호텔비 등 각종 비용을 대주면서까지 해외에서 남북 간 회의를 자주 가졌다.

조그련에서는 자기네 사상범 송환을 의제로 삼는다고 하면 북한 당국의 승인도 쉽게 나왔고, 비용도 다 대준다고 하니

더할 나위 없는 기회였을 것이다. 조그런 인사들이 정보기관원까지 포함해서 회의 장소에 모이면 회의도 하고 더러 여행도 하는 것이다. 교토, 마카오, 베를린, 로스앤젤레스, 뉴욕 등지에서 평화통일 희년대회를 열고 초청장을 계속 보냈다. 그렇게 조그런 인사들에게 서방의 자유세계를 경험하게 하여 개혁개방에 잠재 능력을 가진 사람들로 세우는 일에 한동안 열심히 투자했다. 그 덕분에 나도 계속적인 해외 경험을 통해 넓은 안목을 키울 수 있었다.

"하나님 외에는 우상숭배입네다!"

국제회의와 대북 지원 협상 과정에서 아무래도 북한 목회자들과 만날 기회가 잦았다. 그 가운데 특히 기억에 남는 이가 있다. 바로 봉수교회를 담임했던 이성봉 목사다. 그는 강원도 인민위원회 위원장 출신으로, 김일성 주석의 명령으로 하루아침에 목사가 된 인물이다. 그가 만주에 있을 때, 박윤선 목사님이 하신 봉천신학교를 한 학기 다니다가 총을 들고 항일 무장 투쟁에 뛰어들었다. 그는 과거 김일성 주석과 항일 빨치산 운동을 한 혁명원로다.

김일성이 북한에 교회를 세우려는데, 찬송가라도 알고 있는 믿을 만한 사람을 찾다가 이성봉이 떠올랐다. 그래서 그날로 그가 봉수교회 담임목사가 되었다. 봉수교회를 만들어 놓았어도 매주 열지는 않았다. 그러니 딱히 설교를 준비해야 할 일도 거의 없었다. 그런데 평양 주재 프랑스 대사관 직원으로 자원해서 온 한 여성이, 매주 예배를 드리러 봉수교회를 찾아왔다. 이 여성은 파리 침례교회 교인으로 북한 선교를 꿈꾸던 중 공모에 지원해서 오게 된 것인데, 2년 정도 머무는 동안 매주 봉수교회를 갔다. 평소 하지 않던 설교를 매주 해야 하니 얼마나 괴로웠겠는가. 결국 견디다 못해 설교집을 보내 달라고 일본기독교협의회(NCCJ)를 통해 남북나눔에 요청해 왔다. 그래서 국내 유명 목회자들의 설교집을 모아 보내 주기도 했다.

이성봉 목사는 죽기 직전에 신앙이 뜨거워져서 설교 중에 이런 말까지 한 적이 있다.

"하나님 외에는 다 우상숭배입네다!"

해외 동포들이 가져온 녹음테이프에서 이 말을 듣고 깜짝 놀랐다. 저분 오래 못 가겠구나 싶었는데 역시나 그 뒤로는 설교를 맡지 않았다. 봉수교회와 이성봉 목사 일을 통해 묵상하게 된 것이 있다. 하나님께서 알맹이를 먼저 만들고 그릇을 주시기도 하지만, 그릇부터 만들고 나서 나중에 알맹이를 주시는 경우도 있다는 사실이다. 그래서 봉수교회를 지어 주길 잘했다는 생각이 들었다. 지어 놨으니 예배드리지 않을 수 없고, 그렇게 예배하는 과정에서 성령께서 역사하시지 않겠는가.

북한 교회는 어릴 적 교회에 다녔고 찬송가 부를 줄 아는 사람들만 따로 모아서(그들 표현으로는 '조직해서') 한 달에 한 번 돌아가며 예배를 드리게 한다. 그런데 이렇게 예배를 반복하다 보면 유년기의 주일학교 신앙이 다시금 샘솟는 경우가 분명 생기게 되어 있다. 그런 분들과 악수할 때는 남다른 느낌이 온다.

초기 북으로 보내는 지원품에는 상표를 다 떼고 보냈다. 라면을 보낼 때에도 비닐 포장을 벗겨서 알맹이만 보내 달라는 요청도 있었다. 그런데 점차 물량이 늘어나면서 상표를 일일이 뗄수가 없었다. 나중에는 물자에다 '남한 기독교가 보내는 사랑의 선물'이라고 인쇄를 해서 보냈는데도 모두 받았다. 여기에는 굉장히 중요한 의미가 있다. 무엇보다 남한 기독교에 대한 북한의 인식이 좋아졌음을 의미한다.

북에서 볼 때 기독교는 미제의 최고 앞잡이였다. 황해도 신천의 박물관에는 미국 선교사가 교회 지하에서 조선 여인의 얼굴에 낙인을 찍는 밀랍 인형이 전시되어 있다(초기 한국 교회사에 그런 사례가 있었던 건 사실이다). 게다가 기독교인들의 눈이 마귀처럼 새빨갛게 그려져 있다. 그뿐 아니라 북한 인민들을 고문하는 전시물도 있다. 어릴 적부터 그런 교육을 받고 자랐으니 기독교에 대한 증오나 적대감에 깊이 세뇌당하지 않을 수 없었을 것이다. 그런데 인식이 바뀌기 시작했다. 북의 식량 위기 때 가장 애국적인 단체는 남한의 기독교라는 인식이 북한 사람들 마음속에 생겼다. 이는 통일이나 미래의 선교를 위해서도 굉장히 바람직하고도 중요한 일이다.

'통일 비즈니스' 하는 장사꾼들

남북나눔은 지금까지 무엇보다 인도주의 원칙에 입각한 대북 지원 정책을 유지하려고 애써 왔다. 결코 정치적 영향력이나 다른 동기와 명분에 흔들리지 않기 위해 무던히 노력했다. 진보나 보수 양쪽이 함께할 수 있는, 남북이 전쟁 상황으로 내몰려도 진행할 수 있는 교류와 지원 구조를 만들자는 대원칙이 있었다. 이와 더불어 우리와 함께 남북 교류 일선에서 일하는 북의 관계자들이 어려움 당하는 일 없도록 각별히 유의했다. 남북 민간 교류 사업에 나선 북한 담당자들의 미래가 내부 사정에 따라 어찌 될지 알 수 없었기 때문이다.

그런데 언제부터인가 교단이나 교회 차원의 대북 지원 과정에서 상당한 규모의 현금을 보내 주는 사례가 생기기 시작했다. 대북 지원의 중요한 금기를 깨뜨린 것이다. 말만 하면 알 만한 교회에서 병원을 지어 준다면서 조그련에 상당한 돈을 안겨 주었다. 오래전에 현금이 지원되었는데도 건물은 아직도 완공되지 않았고, 병원이 실제로 가동될지 안 될지도 여전히 미지수다. 이미 예견된 일이었기에 반대하고 말렸는데, 전혀 듣지 않았다. 이는 성과주의와 교단중심주의, 개인의 명예욕이 개입되면 그 결과가 어떠한지 잘 보여 준 사례가 아닐까 싶다.

이런 일들이 한둘이 아니다. 겉으로 보기에는 멀쩡하고 번드르르해 보이는데, 속을 파보면 여기저기 모금한 돈만 날리고 아무 실속이 없는 일들이 상당하다. 어린아이들에게 분유 보내 주는 것보다야 병원이나 학교 설립 같은 대형 프로젝트가 훨씬 폼 나는 일 아니겠는가. 그러나 프로젝트 사업일수록 돈이 많이 들기 마련이다. 그래서 북에서는 당연히 현금 지원을 요구한다. 문제는 투명성이 확보되고 모니터링이 되지 않으면 돈만 삼키는 복마전이 되기 딱 좋다는 사실이다.

남북나눔도 프로젝트 사업을 안 한 게 아니다. 천덕리 시범 마을 사업은 상당히 규모가 큰 사업이었다. 그런데 우리는 결코 현금 지원을 하지 않았다. 벽돌 한 장, 못 하나까지 전부 사서 현물로 보냈다. 심지어 인건비까지 현물로 보냈다. 오죽했으면 북한 관계자들이 우리더러 지독하다며 혀를 내둘렀을까. 그렇게 해야 일도 망치지 않고 실제로 진행되고 사람도 망가지지 않는다.

대북 지원과 교류 분야에도 장사꾼들이 꼬이기도 한다. 그들은 북에 물자나 돈을 제공해 주는 대신 받아 낸 반대급부를 남한 사회에서 자신의 이름이나 위상을 높이는 데 활용한다. 여기에는 NGO나 유명 인사도 있다. 이들은 통일을 명분으로 주머니를 불리고 배를 채우는데, 북에서도 그걸 알고 역이용한다. 그래서 북한 당국에서 조사도 받고 그쪽 방송에 나온 일까지 있었다.

저들이 남북나눔에 대해서는 불평을 하면서도 인정하는 게 있다. 언젠가 방북 안내원으로 나온 북한 관리가 내게 이런 말을 한 적이 있다.

"홍정길 목사 선생 일행은 참 독특합네다. 공화국 지원을 해도 고아원이나 탁아소같이 낮은 쪽부터 하디요. 이게 우리 공화국에서도 굉장히 소문이 좋습네다."

그들이 우리의 진정성과 청렴함을 인정하는 말을 들으며, 겉으로는 아무 말 안 했지만 속으로 정말 큰 자부심과 보람을 느꼈다. 그들은 본래 겉으로 잘 표현하는 사람들이 아니다. 그런데 조그런 사람들도 그렇고 남북나눔에 대해서는 훨씬 따뜻하게 대하는 게 느껴진다. 다른 무엇보다 그게 우리에게는 커다란

상이요, 반대급부인 셈이다.

때로 저들이 우리가 할 수 없는, 우리 사회의 법으로는 하기 어려운 일을 요구해 올 때가 있다. 그럴 때 우리는 할 수 없는 일이기에 당연히 못 한다고 한다. 그런데 안 되는 일도 자기네는 할 수 있다며 큰소리치고 나서는 이들이 있다. 사실상 사기꾼인 셈인데, 그들에게 우리보다 쉽게 허가증을 내주거나 도장을 찍어 주는 일도 자주 생긴다. 안타깝지만 어쩔 수 없는 일이다.

대북 사역 단체 가운데 북한의 지하 교회를 지원한다며 후원금을 모으는 단체들이 있다. 1990년대 중반에는 북한에 지하 교회가 없었다. 탈북한 분 중에 북의 정보기관 간부로 있으면서 3개월 동안 지하 교회의 존재 유무를 조사했던 사람이 있는데, 그가 내린 결론은 '북한 내 지하 교회는 없다'였다. 물론 개인적으로 신앙을 가진 분들은 있다. 중국 쪽으로 식량 구하러 왔다가 한 주나 두 주, 또는 한 달간 집중적으로 성경 공부를 하다 돌아가는 사람들도 있다. 그런데 그들이 북한 내에서 일상적으로 한곳에 모여 공동체 예배를 드린다는 건 거의 불가능하다고 봐야 한다. 지하 교회 교인들이 썼다는 수기(手記) 성경이나 찬송을 보면, 연변 조선족의 어투가 섞여 있는 경우가 대부분이다.

북한 선교나 통일운동 단체 가운데 자기 성취를 위하는 이들이 있다. 돈이든 명예든 자기 욕심을 위해 일하는 이들치고 위험하지 않은 인간이 없다. 북한 선교나 통일운동은 검증이 쉽지 않다 보니 더더욱 그런 사기꾼 같은 부류가 많으며, 돈을 몇 억씩 챙기기도 한다. 통일을 팔고 민족을 팔아 장사하는 것이다.

내가 내린 결론은 이렇다. 통일운동은 자기 분야에서 이미 어느 정도 성취를 이룬 사람이 해야 한다는 것. 그래서 인정받아도 좋고 안 받아도 좋은, 이름이 나도 좋고 안 나도 좋은, 명예욕이나 성취욕이 없는 사람이 해야 한다는 것이다. 자기 성취욕이나 명예욕이 강한 사람이 이 일을 하면 민족을 팔아 나라를 위태롭게 할 수도 있다.

그런 점에서 남북나눔운동의 지난 20년은 변함없이 운동의 순수함을 지켜 온 시간이라 할 수 있다. 이는 거의 전적으로 리더의 영성과 자세 덕분이다. 대북 지원 과정에서 홍 목사님은 무리하는 법이 없고, 결코 북한에 반대급부를 요청하는 일이 없다. 북한 관계자들이 남북나눔을 어려워하는 이유는 그 때문이다. 뭐든 반대급부를 요구해야 그걸 덜미 잡아 역이용하고 협상에 써먹을 수 있을 텐데, 도무지 그러질 않으니 도대체 무슨 흥정이나 협상을 하려야 할 수가 없는 것이다. 실적이나 성과를 크게 올려서 대외적으로 뭘 이루겠다는 생각도 없으니 운동의 순수성과 일관성이 지금껏 여일하게 유지되고 있다. 이는 전적으로 홍 목사님의 리더십이다. 이미 어느 정도 명성을 쌓은 분이다 보니 통일운동 해서 유명해져 봐야 더 바빠지기만 할 뿐, 아무 욕심이 없다. 이분에게 한 가지 욕심이 있기는 하다. 북한 아이들을 한 명이라도 더 먹이고 살리는 일 말이다.

실용주의 통일운동가가 된 사연

남북나눔운동 실무자가 되자마자 독일 교회를 방문할 일

이 있었다. 거기서 독일 복음주의교회연맹 간사에게 교육을 받았다. 그는, 이를테면 독일 교회의 '동서(동독-서독)나눔운동' 실무자였는데, 동독이 무너지고 나서 발견된 자료에 서독 통일운동 지도자들이 동독에 방문했을 때 반역적인 말과 행동을 한 게 다 기록되어 있었다고 했다. 그래서 당시 콜 수상이 그 정보를 움켜쥐고는 독일 교회 지도자들을 정권 유지에 적극적으로 활용했다는 것이다. 그러면서 그 간사가 우리에게 주의하라라며 마지막으로 강조한 말이 있었다.

"북한 방문 기간 중에는 말과 행동을 특히 조심하세요. 당신들이 하는 모든 말과 행동이 당신네 정보기관과 미국 정보기관에 들어간다는 사실을 염두에 두고 말하고 행동해야 합니다."

그 말에 정신이 번쩍 들었다. NCCK 주선으로 그 실무자를 만났는데, 거기서 교육받은 게 나중에 굉장히 도움이 되었다.

홍정길 목사님이 그런 걸 참 지혜롭게 잘하셨다. 북에 가서는 '주석님' 아니면 '장군님'이 공식 호칭이다. 거기 가서 대놓고 이름만 불렀다가는 회의고 뭐고 그대로 끝장이다. 그래서 공식회의 석상에서 실수할까 봐 방북 전에 미리 불러 보는 연습을 하고 갔을 정도다. 그런데 홍 목사님은 거기 가서도 '주석님'이라는 표현을 거의 쓰지 않았다. 그냥 '어르신' 정도로 돌려서 표현하시는데, 그들이 별말이 없었으니 대단하다 싶었다. 물론 홍 목사님은 북에서 우리 대통령에 대해서도 결코 함부로 말하는 법이 없었다. 이른바 진보 진영 사람들이 북에 가서 아무렇지도 않게 우리 대통령을 비하하는 말을 하는 것과는 전혀 딴판이었던 것이다. 북과 대화하고 소통하는 일에는 이처럼 말의 절제와 훈련이 굉장히 중요했다.

남북나눔운동을 하면서 개인적으로 북한과 통일운동에 대한 의식 변화가 서서히 이루어졌다. 여러 차례 북한을 방문하고 교류한 경험을 통해 스스로 내린 결론 중 하나는 '이제 낭만적인 통일운동은 끝났다'는 것이다. 이렇게 생각하게 된 중요한 계기가 있었다. 해외 기독교 지도자 회의에서 만난 조그런 인사를 북한에 방문해 다시 만난 적이 있다. 그는 김일성종합대 출신으로 영어를 굉장히 잘했는데, 7년 만에 다시 만난 자리였다.

"그렇잖아도 이문식 선생님이래 오신다는 소식 들었습니다. 요새는 뭐 하십니까?"

"네, 저는 지금은 남북나눔 실무는 내려놓고 교회를 개척했습니다."

"어디에다 개척하셨습니까?"

"경기도 군포시라는 곳에다 했어요."

"거 요새 남한에 교회 개척이 굉장히 어렵다고 하던데 말입니다……."

그때 저들이 나에 관한 기록을 갖고 있다는 사실을 알게 되었다. 그뿐 아니라 나를 다른 사람에게 소개하는데, 처음 만난 사람이 나를 보더니 "이문식 선생님에 대해 많이 들었습네다" 하는 게 아닌가. 그때 뇌리를 강타하는 생각이 있었다.

'지금 내가 통일운동 전선의 맨 앞줄에 서 있는 거구나. 우리가 저들을 그리스도의 사랑으로 품어서 저들이 변하든지, 아니면 저들에게 우리가 먹히든지 둘 중 하나겠구나. 죽을힘을 다해 저들을 변화시키지 않으면 안 되겠구나. 목숨 걸고 해야겠구

나.'

여러 절박한 생각이 꼬리를 물고 이어졌다. 그 순간, 그때까지 통일에 대해 내가 지녔던 낭만주의적 사고방식이 여지없이 깨졌다. 그날 이후 철저히 실용주의적인 사고로 통일운동을 생각하기 시작했다.

통일을 주도하기 위한 전제 조건

지금까지 남북나눔운동은 기독교운동으로만 머물러 있었다. 이를 1단계로 본다면, 향후 2단계, 3단계에서는 가톨릭이나 불교를 끌어안는 범국민운동으로 나아가야 하지 않을까 하는 개인적인 바람이 있다. 물론 이를 위해서는 내부적인 결단이 필요하고, 또 범국민운동으로 갈 경우 어느 정도 정치적 운동성이 드러날 수 있음도 감안해야 할 것이다. 범국민운동이라는 게 통일운동의 주도성을 국민이 발휘하겠다는 것이니, 국민이 주도하는 통일운동을 정부가 부당하게 억누르거나 정부의 대북 정책에 문제가 있다고 판단되면 자연 정권 비판을 할 수밖에 없기 때문이다. 이 이슈는 사실상 굉장히 거대한 화두여서 누구도 쉽게 말하기 어렵다.

기존의 통일운동 세대로는 한계가 분명하다. 종북이니 빨갱이니 색칠하고 덤비면 그걸 감당하기 어렵다. 그러나 앞으로는 좀 더 통전적인, 새로운 통일운동 세대가 등장할 가능성이 있다고 본다. 좌우를 넘어서는 세대가 나오면 그 영향력이 매우

클 것이다. 그때 좌우 양쪽으로부터 신뢰받는 이들이 그들을 도와야 한다. 지금 젊은 세대의 평화운동이 조금씩 일어나는 중인데, 그 세대가 올라와서 새로운 통일운동, 색깔 논쟁에서 자유로운 통일운동을 펼치면 나처럼 중간에 낀 세대가 어느 정도 울타리 노릇을 할 수 있지 않을까 한다. 정치인이나 관료들이 반평화·반통일 정책을 펴지 못하도록 감시하고 견제하는 힘을 지닌 국민운동, 해외 디아스포라 한인 사회까지 끌어안는 국민운동 차원의 통일운동이 일어나기를 바라는 심정이다.

또한 화해와 용서에 바탕을 둔 평화운동은 일상생활 속 운동이어야 한다. 단체 중심의 운동이나 NGO운동이 아니라 일상의 작은 공동체 안에서 이루어져야 더욱 확산되리라고 본다. 여기서 기억해야 할 것이 있다. "너희는 먼저 그 나라 그 의를 구하라"는 말씀처럼, 통일보다도 먼저 구해야 할 것이 정의와 사랑이다. 정의와 사랑이라는 하나님 나라의 개혁이 먼저 실현되고, 그 바탕 위에 통일이 이루어져야 온전해진다. 하나님 나라의 의와 사랑의 역량이 갖추어지지 않은 채 통일이 주어진다면, 굉장한 혼란과 내전이 일어날지도 모를 일이다. 일상적인 개혁운동이 중요한 이유가 여기 있다.

종교 분야에서는 교회개혁운동이 목회자로서 내가 추구해 나갈 방향이다. 그래서 남북 화해를 위해서 늘 기도하는 교회, 포탄이 날아와도 북한에 대한 인도주의적 지원을 무조건적으로 하는 교회를 일구어 가는 일이 무엇보다 중요하다. 교회 개혁을 비롯한 사회 각 분야에서 일상적인 개혁을 일구어 냄으로써 우리 사회가 좀 더 정의로운 사회로 자라 갈 때 통일의 주도권은 자연스럽게 주어진다. 달리 말해서 우리 사회가 북한 주민들이 보기에 정말 살고 싶은 사회가 된다면, 남한 주도의 통일은 자연스레 이루어질 수 있다. 반대로 남한 사회가 돈 많은 사람들만 살 만한 곳이지 없는 사람들은 살 곳이 못 된다는 인식이 탈북 이주민이나 중국 동포(조선족) 사회를 통해 북한 사회에 공공연히 확산된다면 통일운동은 분명 실패하고 말 것이다. 이미 우리 사회는 연변 조선족에 대한 통합에 실패한 바 있으며, 북한 탈북 이주민 3분의 1이 다시 한국을 빠져나가는 실정이다. 통합 능력이 부실한 사회가 어떻게 통일을 앞서 이끌어 나갈 수 있겠는가.

통일은 결국 큰 갈등과 충돌이 없는 남북 간의 통합, 곧 한민족 재통합 과정이다. 마음과 생각, 문화와 의식, 정신과 가치의 통합 능력이 50퍼센트를 넘어선 다음 재통합이 이루어지면 모든 과정이 안정적으로 진행될 것이다. 그러나 통합 능력이 20, 30퍼센트 정도밖에 안 되면 비극적인 상황에 놓일 수도 있다. 그렇기에 우리 사회가 지금보다 훨씬 더 정의롭고 공정한 사회, 인간의 존엄을 드높이는 사회가 되지 않으면 안 된다.

인도주의에는 조건이 없다

우리 사회에 대북 지원과 관련하여 '일방적 퍼 주기' 논란이 끊임없이 있어 왔다. 대북 지원 물자가 결국 북에서는 당 간부나 군인들에게 가거나, 주민들에게 나눠 줬다가도 나중에 보위부에서 도로 빼앗아 간다는 탈북자들의 증언도 있다. 철저한 통제가 이루어지는 사회이니, 그건 어느 정도 사실일 것이다.

그럼에도 나이지리아나 소말리아보다는 북한이 훨씬 낫다. 나이지리아나 소말리아는 치안이 무너져서 구호품이 가도 게릴라들이 중간에서 거의 다 약탈한다. 10분의 1, 아니 100분의 1이 전달되면 다행이다. 이에 비해 북한은 치안이 잘되어 있어 그럴 가능성은 없는 반면, 통치로 뜯어먹는데 그래도 50퍼센트는 전달된다고 보면 된다. 그렇기에 유엔이 발표한 자료에도, 민간 배분율 투명성이 가장 높은 나라가 북한으로 나온다. 지원은 우리가 하지만, 배분하는 건 그들의 주권이다. 우리야 어린아이들과 농촌 지역 주민들에게 먼저 지원하라고 말하지만, 내부에서 결정하는 건 그들의 영역이니 그것까지는 어쩔 수 없는 점이 있다.

설령 대북 지원이 일방적 퍼 주기라 하더라도, 그렇게 건너간 물자 가운데 일부는 결국 위에서 흘러나와 장마당으로 나가게 되어 있다. 그리되면 장마당 쌀 가격이 떨어져 중국 쌀장수들이 돈을 벌기 어려워지는 대신, 북한 내부에 장마당 상권이 형성되면서 자체 자본이 나오기 시작한다. 이것이 곧 '민족 자본' 아닌가. 우리가 저들에게 지원하지 않으면 옥수수나 쌀을 북한에 파는 중국 상인들만 돈을 벌게 되고, 가격은 폭등하고 주민들은 굶어 죽어 간다. 그러니 결과적으로 보면, 일방적 퍼 주기라는 건 없다. 결국은 낙수효과처럼 서서히 북한 주민들에게까지 지원 효과가 흘러내려 가게 되어 있는 것이다.

만일 북에서 몇백만 명이 기아로 죽어 간다면, 그 책임은 사실상 남한에 있다고 봐야 한다. 물자가 남아도는 우리가 저들에게 보내지 않았으니 무슨 수로 살아남겠는가. 그런 점에서 대

화 해 와
평화의
좁은
길

홍정길
이만열
권호경
강경민
김영주
이문식
신명철
지음

홍성사

북 봉쇄는 가장 반인도적이고 반인륜적인 범죄가 아닐 수 없다. 아무 조건 없이 주는 것이 인도주의지, 자꾸 조건을 갖다 붙이는 게 무슨 인도주의인가.

북한 사회가 잡색계층부터 위로 계급 분류가 다 되어 있어서 사는 곳도 다르고 배급도 다르다. 그러니 배급이 내려가지 않는 계층이 분명 있을 거다. 그들은 스스로 알아서 풀뿌리 캐 먹고 살아남아야 하는 것이다. 그들은 국가가 포기해 버린 사람들로, 그들에게 배급을 내려보내지 않는다는 건 중심계층만 살리겠다는 의미로 봐야 한다. 그러니 5백만 명이 죽어도 끄떡없는 나라가 북한이다. 그런다고 쿠데타가 일어나거나 지도층이 손들고 항복하지 않는다. 전 세계에서 가장 철저한 주민 통제가 이루어지기 때문이다. 북한은 '아랍의 봄'이 지나간 튀니지나 이집트 같은 나라와는 근본적으로 다르다.

어쩌면 우리는 북한을 너무 낭만적으로 생각하고 있는지도 모른다. 우리 식으로 생각해서 북한 체제의 붕괴를 전제로 한 시나리오에 입각한 정책을 세운다. 김영삼 정부도 그랬고 이명박 정부도 마찬가지였다. 그들을 몰라도 너무 몰랐다. 세계적인 일본 학자 와다 하루키가 쓴 《북조선: 유격대국가에서 정규군국가로》라는 책이 있다. 북한 사회 조직이 어떻게 바뀌어 왔는지를 보여 주는 일종의 북한 사회학인데, 하루키 교수의 결론은 북은 친위 쿠데타에 의해서만 무너질 수 있는 나라라는 거다. 민중(인민) 봉기를 통한 변화는 불가능한 사회라는 것이다. 그러니 이런 사회 체제를 봉쇄한들 하층의 민중만 고통 받을 뿐 상층부와 북한 체제는 끄떡없다는 것이다. 북한 체제의 상층부를 타격

하고 무너뜨리려 해봐야 더 단단히 뭉치지 결코 무너지지 않는다. 오히려 아래에서부터 변화가 일어나게 해야 한다. 물밑의 변화는 지속적인 물자 지원과 교류를 통해 사회 경제적 여건이 나아져서 우리 문화와 문물을 자꾸만 접하고 경험하게 함으로써 일어난다.

이명박 정부 들어 대북 채널을 원 트랙(one track)으로 일원화해 버렸다. 사실상 이는 대화형이기보다 봉쇄형에 가깝다. 정치와 군사, 문화, 경제 등 서너 개 트랙으로 다변화할수록 우리에게 유리한데, 그래야 저들을 변화로 이끌 수 있기 때문이다. 이와 달리 북은 채널을 하나로 몰아 버릴수록 더욱 일사불란한 대응이 가능해지기 때문에 훨씬 더 결속력이 강해진다. 또한 대화의 광장으로 이끌어 내기보다 봉쇄의 협곡으로 몰아넣을 경우, 대안을 찾아 극단적인 결정을 할지도 모른다.

이명박 정부하 남북 대치 국면에서 북한이 원산항을 중국에 넘겨주었다. 북한의 대중국 경제 예속화가 빠르게 진행되어 중국이 북한에 쌀을 제공하는 대신 원산항 사용권을 사들인 것이다. 이는 현재 서해상에 드나드는 중국 군함이 앞으로는 동해까지도 자유롭게 출입할 수 있는 교두보를 마련했음을 의미한다. 남북 관계 악화로 말미암아 민족 통일 역량이 약화된 반면, 중국은 동해 원산항을, 미국은 제주 해군기지를 서로를 향한 전략적 '창끝'으로 활용할 수 있는 위태로운 상황에 이르렀다.

또 북의 연평도 포격과 천안함 사건은 미국에 좋은 명분을 제공하여 미국의 핵항모 조지 워싱턴호가 서해까지 들어오게 되었다. 한국전쟁 이후 미국 항공모함이 서해로 들어온 예가 없었다. 결국 미국과 중국 간의 군사적 긴장이 극도로 높아진 탓에 한반도 일대가 준전시 상황으로 치달았고, 민족의 통일 역량과 남북의 자주적 역량은 심각하게 훼손되고 말았다. 지난 10년간의 평화 노력과 대화가 날아가 버린 것이다.

서로에게 무지한 사회

남북나눔과 방북한 일행 가운데 남북 관계와 통일 분야에서 일꾼이 된 분들이 많다. 노무현 정부의 윤영관 외교통상부 장관도 그중 한 분이다. 남북나눔 연구분과에 참여하시다가 남북나눔에서 분립한 한반도평화연구원(KPI) 초대 원장으로 많은 수고를 감당했다. 이재정 성공회 신부도 우리와 함께 모니터 요원으로 북한을 처음 방문했고, 나중에 통일부 장관을 지냈다. 3년 전 이명박 정부 시절 유일한 방북 때 함께한 이들 중에는 김근식 경남대 북한대학원 교수가 있다. 당시 김근식 교수는 홍 목사님과 신명철 장로님, 나와 함께 평양을 방문하고 돌아왔다.

실제로 북한을 방문하고 오면 여러 면에서 시야가 많이 달라진다. 우선 남한 사람은 북한을 정말 모른다는 사실을 절감하게 된다. 보통은 북한이 어떤 사회인지, 경제 구조가 어떻게 되어 있는지 알 수 없다. 북한 사회는 당과 군대와 인민의 세 갈래로 경제가 나뉘어 있어서 도마뱀처럼 한쪽이 죽어도 다른 쪽이 살아남는다. 인민 경제가 무너져도 당 경제는 살아 있어 당 간부들과 가족들은 먹고살 수 있다. 또 당 경제가 무너져도 군대 경제가 살아남기 때문에, 아무리 북한 사회를 경제적으로 봉쇄한다 해도 어느 한쪽은 죽을지언정 전부 다 무너지지는 않는다. 북한 내부 사정도 모르면서 아무 고민도 없는 정치 지도자들은 정말 북한에 대한 공부부터 제대로 할 필요가 있다.

물론 북한 사람들도 남한에 대해 모르기는 매한가지다. 북에는 남한 사회에 대한 왜곡되고 단편적인 이야기들만 떠돌아다닌다.

"남한은 돈 있는 사람이 돈 없는 사람들을 무섭게 착취한다."

"돈 있으면 살 만하지만, 돈 없는 인간은 살 곳이 못 된다."

"돈 없는 사람들이 원한을 품고 돈 있는 사람들을 잡아다가 인육을 떠 먹는 무서운 사회가 남한이다."

이런 얼토당토않은 이야기들이 북한 내부에 굉장히 많이 알려져 있다. 이 일에는 귀환한 탈북자들이 큰 역할을 한다. 탈북했던 사람들 중에 많은 이가 다시 북으로 돌아가는데, 이들이 선전 요원이 되어서 군부대 등에서 남한 사회에 대한 강의를 한다는 것이다. '남한이 좋아서 간 게 아니라 어쩌다 가게 되었는데, 일부만 잘살고 대부분은 가난하더라. 잘사는 사람들은 미제가 부러워할 만큼 잘사는데, 가난한 사람들은 정말 근근이 살아가더라. 아이들부터 젊은이들까지 자살률이 높고 청년 실업자도 상당한 데다, 사회 분위기가 흉흉해서 사람 고기 떠 먹는 사람이 즐비하더라. 그래서 살기 위해 남한을 탈출해서 도로 조국(북한)으로 돌아온 거다.' 이런 식으로 북으로 돌아가 선전 강사로 나서는 탈북자가 한둘이 아니다.

현실이 이러하니 북이든 남이든 더더욱 민간 차원의 교류와 만남이 절실하다. 그래야 서로를 알게 되고, 왜곡된 생각과 편견이 깨어지고 바뀌기 시작한다. 남북나눔 일을 해보니, 가장 중요한 게 '사람 나눔'이라는 확신이 들었다. '사람 나눔'이라는 건 결국 사람 사이의 '만남'을 의미한다. 종교든 문화든 스포츠든 교류를 통해 서로 만나고 얼굴을 익히고 인사를 나누는 것, 이런 만남을 통해 서로를 이해하는 것이 통합의 중요한 출발점이다.

통일의 가나안을 향하여

지금까지 스무 해 동안 남북나눔은 순수 인도주의운동을 펼쳐 왔다. 어떤 정치적 지향이나 이데올로기를 따르지 않았다. 이와 관련해 홍정길 목사님이 평소 하신 얘기가 있다.

"나는 우리 정부에 대해서도 정치적 발언을 자제한다. 북에 가서는 북을 비판하고 욕하는 것도 삼간다. 왜냐하면, 남이든 북이든 내가 문제의 인물이 되면 남북나눔이 한 명의 아이라도 더 살릴 가능성이 줄어들기 때문이다. 그건 안 될 일이다."

전적으로 공감한다. 정부 비판이나 정치적 발언을 하자면 나도 누구 못잖게 할 말이 많다. 그러나 그렇게 해서 속은 후련할지 몰라도, 우리 남북나눔이 일을 못 하게 될 위험이 있다. 실익이 없는 것이다.

남북나눔운동에 참여하면서 나는 누구보다 많은 복, 특히 만남의 복을 누렸다. 홍정길 목사님을 만났고, 이만열 장로님을 알게 되었다. 두 분을 통해 배우고 성장했다. 식견도 늘었다. 특히 KPI가 세워지는 과정에서 만난 전문가들을 통해 전문적인 지식을 습득했다. 그뿐 아니라 세계화된 관점을 품게 되었다. 구로동 공단 구석에 앉아 있던 젊은 복음주의 목사가 지속적으로 국제회의에 참석하고, 세계적인 인물들을 만나고 대화하다 보니 세계를 보는 시야가 열렸다. 세계사의 흐름을 보는 눈은 목회에도 영향을 끼쳤다. 일개 지역 교회 목회자가 방송이나 매체에서 이슈가 되는 사안에 대한 견해를 밝힐 때 호응을 얻는 건 그 덕이 아닐까 싶다. 또한 신학이 정돈되었다. 보수적인 구속사 신학에서 범위가 더 넓어진 이른바 평화 신학, 샬롬의 신학이 내 안에 정돈되었다. 총신대학교에서 통일론에 관한 논문을 하나 발표해 호평을 받았는데, 그 논문에 평화 신학이 녹아들어 있다. 이는 전적으로 남북나눔운동을 하면서 얻은 평화통일론이 바탕이 된 신학적 결과물이다.

남북나눔 일을 해오면서 신기한 건, 한 번도 그만두고 싶은 적이 없었다는 점이다. 통일운동은 내 평생 하겠구나 생각하며 이 일에 참여해 왔다. 더러는 이제 목회 빨리 끝내고 좀 더 힘껏 통일운동에 나서야 하지 않나 하는 생각이 들 때도 있다.

새로운 통일운동 세대가 형성되어야 한다. 내가 존경하는 홍 목사님이나 이 장로님 모두 한국전쟁 세대다. 그 세대가 지닌 강점 못지않게 한계도 있을 것이다. 거기에 새로운 통일운동이 발이 묶이면 안 된다. 통일의 가나안으로 가는 길은 모세가 아닌 여호수아와 갈렙 같은 새로운 세대가 그 걸음을 이끌어야 한다. 전쟁 세대가 아닌 평화 세대가 일어나야 할 시점인 것이다.

학자들, 작은 힘을 보태다

이만열 교수

이만열 국사편찬위원장을 역임한 역사학자로 특히 한국 기독교 역사에 관한
강의와 저술 활동을 활발히 펼치고 있다. 남북나눔 설립 초기, 북한을 연구하는
22명의 학자로 구성된 '남북나눔 연구위원회' 위원장을 맡아 통일 관련 문제에 대해
심도 깊은 연구 결과를 매달 발표하여 통일이론 정립에 기여했다.
북한에 방문해서도 역사적 사실에 근거하여 정론을 펼치는 것으로 정평이 나 있다.
숙명여대 명예교수 및 연세대 석좌교수로 후진 양성에 힘쓰고 있다.

남북나눔운동의 역사적 배경

　남북나눔운동은 어느 날 갑자기 툭 튀어나온 운동이 아니다. 기실 통일운동으로서 남북나눔운동은 유신 체제하의 민주화와 인권운동의 역사적 흐름 속에서 배태되었다고 해도 과언이 아니다. 1960-70년대 한국 교회는 민주화와 인권운동에 앞장섰다. 특히 1972년 유신 정권 출범 이후 목회자들이 감옥에 끌려가는 등 고초를 많이 겪었다. 당시 많은 분의 희생이 있었기에 민주화가 이만큼 진전되었다고 할 수 있다. 그렇기에 오늘날의 젊은 세대는 그 시절 자기 삶을 내던지며 고초를 겪은 민주화운동 세대를 마음에 새겨 소아적(小我的) 사고방식에서 깨어날 필요가 있다고 본다.

　1970년대 민주화와 인권운동에 대한 정권의 대응 논리는 단연 '안보'였다. "휴전선 너머에서 호시탐탐 우리를 집어삼키려 노리고 있는데, 어떻게 인권이니 뭐니 원하는 대로 다 들어줄 수 있는가" 하는 주장 말이다. 이 안보 논리에 많은 국민이 호응하고 교회도 수용하는 분위기였다. 그러다가 1980년 5월 18일, 광주 민주화운동을 계기로 한국 교회에 다음과 같이 분단 상황에 대한 반성과 성찰이 일기 시작한다. '정권이 내세우는 안보 논리의 근거는 바로 남북의 분단 상황에 있다. 그런데 그 논리에 대한 근본적인 대응책은 무엇인가? 그것은 다름 아닌 분단 상황의 해소, 곧 '통일'이다.'

물론 광주 민주화운동 이전에도 통일을 말하지 않은 것은 아니다. 다만 5·18 이후 한국기독교교회협의회(NCCK)를 중심으로 한 진보 교회 진영에서 통일 이슈에 좀 더 주목하기 시작했다. 마침 그 무렵, 독일교회협의회(EKD)와 미국교회협의회(NCCA)가 북한을 방문하고 나서 한국 교회에 통일 문제에 관해 주의를 환기하는 일이 있었다. 이를 계기로 NCCK는 산하에 통일위원회를 만들려 했으나, 정부에서는 통일 관련 모임을 하려고만 하면 각종 압력을 행사하며 막으려고 안간힘을 쓴다. 그러다가 1984년 10월 말, 일본 도잔소(東山莊)에서 세계교회협의회(WCC, World Council of Churches)가 개최한 국제회의(일명 도잔소 회의)에서 처음으로 '한반도 평화와 통일'에 대해 세계 교회와 한국 교회가 함께 논의하는 시간을 갖게 된다. 비록 북한은 참석하지 못했지만, 이 도잔소 회의에서 '한반도 통일 문제는 남북한 교회의 공동 책임'이라는 중요한 결의가 나오게 된다. 이것이 의미하는 바는, 이제 통일 문제를 한국 교회의 기치로 들고 나갈 여지가 마련되었다는 점이다. 그리하여 1985년 NCCK에서 '한국 교회 평화통일 선언'을 채택하고 발표하기에 이른다.

이후 1986년, 1988년, 1990년에 스위스 글리온에서 남북의 교회가 만나 한반도 평화와 통일 문제를 협의하는 국제회의(일명 글리온 회의)를 세 차례에 걸쳐 개최한다. 특히 1986년 제1차 글리온 회의는 남북의 교회 대표가 최초로 만난 공식적인 자리로, 성만찬을 나누고 민족애를 확인한 기념비적인 사건이었다. 1988년 제2차 글리온 회의에 앞서 2월 29일에 '민족의 통일과 평화에 대한 한국 기독교회 선언'(일명 NCCK 통일 선언)을 발표했는데, 이 선언문은 한국 기독교 역사뿐 아니라 한국 현대사에서도 중요한 의미를 지니는 문서라 할 만하다. NCCK 통일 선언은 과거 7·4 남북공동성명(1972)의 자주·평화·민족 대단결의 3원칙을 존중하면서, 여기에 인도주의와 민주주의의 두 가지 원칙을 추가했다. 이산가족들이 겪는 고통이 너무 크니 서로 만나게 하고 거주 이전까지도 원하는 대로 선택하게 하자는 것이 인도주의 원칙이었다. 민주주의 원칙은, 기존의 대남 혹은 대북 전술 전략 차원에서 나오는 통일 정책을 지양하고 실제적으로 통일을 추진하고 그 혜택을 누릴 남북 민초들의 의견을 수렴하여 실천하자는 것이었다.

이 통일 선언은 남북의 정권이 배타적으로 독점해 온 민족 평화와 통일 문제를 민중운동 영역으로 이끌어 내는 역할을 했다는 점에서 큰 의미를 지닌다. 다시 말해, 한반도 평화와 통일을 추진할 주체를 남북한 정부가 아니라 일반 민중임을 명확히 함으로써, 한국 교회가 통일운동의 중요한 물꼬를 튼 것이다.

이런 일련의 흐름 속에 그해 7월 7일 이른바 '7·7 선언'이 발표된다. 노태우 정부의 통일·외교 정책의 기본 방향을 제시한

7·7 선언은, 북한과의 대화와 상호 협력 의지를 담은 6개항의 실천 방안으로 이루어진 대북 정책 특별 선언이다. '자주·평화·민주·복지의 원칙에 입각하여 민족 구성원 전체가 참여하는 사회·문화·경제·정치 공동체를 이룩함으로써 민족자존과 통일 번영의 새 시대를 열어 나갈 것임을 약속한다'고 천명한 이 선언은, 이후 남북 간의 대화와 교류 및 사회주의권과의 경제 교류와 수교를 추진하는 근거가 되기도 했다. 이 7·7 선언이 NCCK 통일 선언의 영향을 받았다는 사실은 NCCK 통일 선언의 선구적·역사적 의미를 더한다고 생각한다.

진보와 보수 양 날개로 날다

남북나눔운동은 이처럼 한국 교회 진보 세력을 중심으로 진행되어 오던 통일운동이 진보와 보수 양 진영 간 연대와 연합으로 집약되고 승화되어 나타난 결과물이다. 남북나눔운동의 시발점은 1992년 1월, 당시 NCCK 총무 권호경 목사의 북한 방문에 있다고 할 것이다. 한 주간의 방북 일정 가운데 권 목사가 김일성 주석을 만난 자리에서 남북 기독교 교류와 협력에 관한 이야기가 나왔는데, 남북나눔운동의 연원이 바로 이 만남에 있는 셈이다.

그 이후 남북나눔운동은 1992년 11월 6일, 13일, 20일에 실무 모임과 준비위원회를 열었고, 그해 12월 8일 남서울교회에서 창립 준비 및 발기인 대회를 가졌다. '남북나눔'이라는 이름도, 실제로는 대북 지원(돕기)이었지만 상대를 배려해서 '돕기'가 아닌 '나눔'으로 했다. 나는 그때 안식년을 맞아 미국에 머물고 있었는데, 1993년 3월에 한국으로 돌아오기 전, 이미 홍정길 목사와 전화 통화를 나눈 상태였다. 남북나눔운동을 도와 달라는 부탁이었는데, 결과적으로는 내가 끌려들게 된 것이다. 그래서 한국에 돌아온 지 한 달여 만인 1993년 4월에 남북나눔 산하 연구위원회를 결성했다.

이런 이야기는 내 개인적 견해를 전제로 하는 얘기지만, 남북나눔운동은 기독교 진보 세력만으로는 힘에 겨운 일이었다. 진보 교회 진영이 통일운동의 노하우도 가지고 있었고 남북나눔의 가교 역할을 했지만, '나눔'을 위한 물적 능력은 사실상 거의 없다시피 했다. 소속 교단 가운데 통합(장로교)이나 감리교는 사실상 통일 문제에는 깊이 관여하지 않았고, 선도적으로 참여하는 기장(기독교장로회)이나 여타 군소 교단은 재정적 여력이 별로 없었던 것이다. 이와 달리 보수 복음주의권에는 헌신하는 열심과 재정 모금 여력이 충분한 대신, 어떻게 북한 동포를 도울지 그 방법을 알지 못했다. 한쪽은 노하우가 있으되 물질이 없었고, 다른 한쪽은 물질은 있으되 노하우를 몰랐다고나 할까. 그러니 남북나눔운동은 태생적으로 한국의 진보와 보수 교회가 함께 힘을 보태야 추진될 수밖에 없었던 것이다.

지난날 한국 교회가 진보와 보수 양 진영으로 나뉘게 된 결정적 계기는, 1969년 박정희 대통령의 3선 개헌이었다. 함석헌·김재준을 중심으로 한 진영은 이에 반대했고, 다른 한쪽은 두 차례에 걸쳐 모인 결과 지금의 보수 교회 사람들을 중심으로 개헌에 찬성했던 것이다. 이때부터 한국 기독교 안에서 진보와 보수가 확연히 나뉘게 되었다. 그렇게 나뉜 한국 교회 보수와 진보가 공식적으로 다시 힘을 합친 것은 남북나눔 창립대회가 개최된 1993년 4월 27일이었지만, 이 일을 계기로 그전부터 이미 서로 만나고, 소통하고, 힘을 모으는 과정을 함께해 왔다. 남북나눔운동은 한국 교회 내부에도 상당한 변화를 가져왔는데, 진보와 보수가 뜻을 모아 민족의 문제를 해결해 나가는 과정에서 자주 만나게 되고 서로 오가며 설교하는 강단 교류까지 할 정도가 되었다.

선도적이었던 통일연구위원회 활동

남북나눔운동은 출범하면서부터 연구위원회를 두었다. 이 일에는 윤영관 교수, 허문영 박사, 백종국 교수, 이홍룡 교수, 김창수 박사, 오준근 교수, 제성호 교수 등 여러 기독 학자들이 참여했다. 남북나눔이 발족하기에 앞서 미리 만나 구체적인 일정을 잡고 선언문을 만드는 등 사전 논의를 가졌다. 창립선언문은 윤영관 서울대 교수가 초안을 잡고 내가 보완해서 만들었다. 출범 당시 나는 협동사무총장 겸 연구위원장을 맡았다.

출범 이듬해인 1994년에는 통일된 독일을 탐방하고 왔고, 그 뒤로는 베트남, 중국, 홍콩, 마카오, 대만 등 해외 현장 연구나 통일 연수를 다녀와서 보고회를 열었다. 그리고 월 1회 연구 모임과 기도회, 세미나 등을 정기적으로 가졌는데, 따져 보니 그동안 진행한 세미나가 모두 100회가 넘는다. 주로 남북나눔 사무실이나 근처 사무실 또는 교회 등에서 모였는데, 해마다 나오는 북한의 신년 사설을 분석하고 북한 상황이나 문제를 연구하여 논문을 발표하는 등 활발히 움직였다.

그 결과 2007년 2월, 그러니까 남북나눔이 발족한 지 14년여 만에 연구위원회는 독립된 전문 연구기관인 한반도평화연구원(KPI)으로 분화해 나갔다. 당시 KPI의 초대 원장은 그간에 외교부 장관을 역임한 윤영관 교수가 맡았다. 남북나눔 같은 대북 지원 민간단체에서 연구위원회를, 그것도 출범하기도 전에 미리 만든 건 매우 예외적인 일이라 할 수 있다. 그뿐 아니라 단체 산하 연구 모임이 전문 연구기관으로 독립해 나간 것도 전례 없는 일이 아닐까 한다.

그런데 대북 지원 민간단체에서 지원 사업만 열심히 하면 되지 굳이 학자들이 참여하는 연구위원회까지 만든 이유가 있느냐고 반문하는 이들이 있다. 물론 통일운동이라는 것이 단순히 북한에 물자 보내고 지원하는 일에서 끝난다면 불필요할지도 모른다. 그러나 한반도 평화와 통일 문제는 북한 체제와 사회, 지도부에 대한 연구뿐 아니라 국제 외교, 국제 정치, 한반도 주변 정세와 동향 등을 두루 아우르는 포괄적인 사안이다. 그런 점에서 남북나눔운동은 물자 지원뿐 아니라 통일 문제에 관한 이론적이고 학문적인 토대를 마련하고자 한 것이다. 물론 연구위원들은 일체 무보수로 연구 활동에 참여했다.

연구위원회가 책상머리 연구만 한 것은 아니었다. 시초부터 단순히 자료를 수집하고 분석해서 논문을 쓰는 정도만으로는 안 된다고 생각했다. 현장 연구를 병행한 것은 그 때문이다. 1994년 통일 독일을 탐방한 것이 최초의 현장 연구였는데, 주로 동독에 머물렀다. 그곳에서 분단 시절 동독의 상황과 통일 이후 상황, 통일 전후 과정에서 교회가 한 역할, 니콜라스 교회가 중심이 된 촛불집회 등에 관한 증언을 청취했다. 아울러 한반도의 평화와 통일을 위해 한국 교회가 어떤 역할을 해야 하는지 듣고 배우는 시간을 가졌다. 이 과정에서 동서독이 통일되기 전 서독 교회가 동독 교회를 지속적으로 지원하고 돕는 활동을 펼쳤으며, 이를 통해 동서 갈등을 완화하는 역할을 수행했다는 이야기를 생생한 증언으로 접했다. 또한 동독 현지 사람들을 만나, 통일 이후의 삶이 어떤지를 물었는데 "현재 상황이 너무 비참하다"는 얘기를 들을 땐 마음이 착잡했다. 이때의 경험과 관련해서는 《이만열 교수의 민족 통일 여행일기》라는 책에 자세히 기록한 바 있다. 현장 인터뷰와 취재뿐 아니라 현지 학자들과 만나 회의를 열기도 했다.

연구위원회에 참여하는 학자들은 저마다 자기 전공 분야를 '통일'이라는 하나의 주제로 수렴하는 연구 활동을 해나갔다. 국제 정치 전공자는 국제 정치를 통해 통일 문제를 다루고, 경제학 전공자는 경제 문제로 통일을 연구하는 식이었다. 과거에는 없던 접근 방식이었는데, 이를 통해 통일을 하나의 통합적인 학문 분야로 인식하게 하는 성과를 거두었다. 실제로 두어 개 대학에서 한 학기 동안 통일을 주제로 강의를 진행했으며, 이를 통해 통일 문제에 대해 학생들의 관심을 불러일으켰다.

앞서 말했듯이, 남북나눔 이전에는 민간 차원에서는 통일 문제를 전문적으로 연구하는 모임이 없었다. 백기완 씨가 운영하는 민족통일연구소가 있긴 했으나 실질적인 성과는 거의 없는 것으로 알려졌으며, 정부 차원으로는 통일부 산하 통일교육연구원 정도가 있었다. 그런 점에서 보수 복음주의권 학자들이 통일연구 모임을 만든 것은, 진보적인 통일운동 진영보다 훨씬 앞섰던 셈이다. 지금이야 각 대학교와 대학원 과정에 북한학과가 있고 심지어 북한 및 통일 문제만 전문으로 연구하고 가르치는 북한대학원대학교가 설립되었을 정도로 저변이 넓어졌지만, 남북나눔 통일연구위원회가 출발할 1993년만 해도 아무런 학문적 기반이 없었다.

물론 연구위원회 활동에서 아쉬움도 있다. 북한을 연구하면서 학자로서 학문적으로 냉정히 비판하는 작업이 활발히 이루어지지 못했다. 남과 북을 동등하게 바라보고 비판하는 작업이 좀 더 필요하지 않았나 생각한다.

보수 신앙인의 진보적 활동 배경

기실 나는 보수 교회에 신앙적 뿌리를 두고 있다. 한국 교회 중에서도 보수적으로 알려진 고신 측 교회에서 성장했다. 그런 내가 역사를 공부하고, 사람을 많이 만나고, 함석헌 선생 강연을 듣고 배우는 과정에서 생각이 많이 깨이고 넓어졌다. 인간사의 흥망성쇠와 변화를 공부해 온 역사학도인 나로서는, 이 지상에서 영원히 변치 않는 존재는 없으며 오직 하나님의 말씀이 변함없다는 확신을 가지고 자라 온 셈이다. 자연히 내가 속한 고신파 교회에 대해서도 상대화해서 볼 수 있게 되었다.

한국 교회 교인들은 일반적으로 자기가 속한 교단 교회의 한계를 넘어서기가 쉽지 않다. 그에 비하면 나는 그 한계를 비교적 빨리 넘어서려고 노력한 것인지도 모르겠다. 나에게는 그 지렛대가 역사 공부였고, 기독교 신앙이 이를 이끌고 민족의식이 그 뒤를 따랐다. 역사 공부를 통해 과거 사람들의 실패와 전진을 객관적으로 연구하는 과정에서 나 자신과 내가 속한 진영을 객관화해서 볼 수 있었던 것이다.

나처럼 보수적인 사람이 진보적인 활동을 하고 글을 쓰려면 용기가 필요한 법이다. 내게 그런 용기가 있다면, 이를 해직 교수 시절에 터득한 게 아닌가 한다. 1980년 학교에서 해직되어 4년 동안 쫓겨났던 적이 있다. 해직되고 나니 위축되고 움츠러들기보다는 되레 겁이 없어졌다. 밥줄도 끊긴 판에 더 잃을 게 뭐 있을까 싶었던 것이다. 당시 해직 교수들은 어딜 가더라도 감시가 따라붙었는데, 전화 도청까지 당한다는 느낌을 받았다. 집에서 전화할 때 감이 이상할 때가 있는데, 그때마다 도청당하고 있다는 느낌이 들었다. 그런데도 오히려 움츠러들지 않고 전화기에 대고 집권 세력을 심하게 비판하곤 했다. 그 시절에 대한 기록이 《한 시골뜨기가 눈떠 가는 이야기》라는 책에 담겨 있는데, 요지만 간추리면 이렇다.

"내가 용기가 없는 사람인데 하나님께서 용기를 키워 주시려고 나를 해직시키셨다. 그러니 해직당한 것이 나에게는 감사할 일이고 하나님의 은혜다."

한국 기독교계 인사들과 다양하게 만나고 교류하면서 의식과 관계의 지평이 넓어지기도 했다. 1970년대에 논문을 쓰면서, 또 기독교장로회나 YMCA 모임 등에 강의나 교육을 하러 다니면서 진보 교회 사람들과 관계를 맺기 시작했다. 당시 사회선교협의회의 책임자로 계시던 권호경 목사를 처음 만난 것도 그 무렵이었는데, 젊은이들과의 대화 자리에 나를 강사로 초청하여 만나게 되었다.

이렇게 진보 기독교계와도 관계를 맺다 보니 1991년 미주 기독자교수협의회가 주최한 '민족과 교회, 기독교와 민족주의'라는 학술회의에 초청을 받아 참석하게 되었고, 그 모임에서 북한의 기독교인들을 처음 만났다. 한국 기독자교수협의회는 1957년에 설립된 단체로, 진보적인 기독 학자들이 모여 학문적 연구와 학술대회를 통해 정치, 경제, 종교 등 사회 전반의 문제에 대해 비판적인 목소리를 내왔다.

내가 만난 북한 기독교 인사들

뉴욕에서 열린 북미 기독자교수협의회에 기독학자들이 북측에서는 여덟 명, 남측에서는 여섯 명이 초청되었는데, 북에서는 한시혜 단장을 비롯하여 고기준 목사, 이성봉 목사, 박승덕 소장, 최옥희 전도사, 김구식 교수, 김혜숙 선생(통역), 노철수 선생 등이 왔다. 작고한 황장엽 씨의 수제자 되는 박승덕 주체사상연구소장이 '기독교와 주체사상'이라는 제목으로 강연을 했는데, 주체사상과 기독교가 어떤 점이 비슷한지를 설명했다. 얼마나 총기 있고 똑똑한지, 그렇게 강연 잘하는 사람은 이제껏 처음 봤다. 30분 동안 강연을 하는데, 한마디도 허튼소리나 중복되는 말 없이, 강연 그대로 옮겨도 온전한 원고가 될 정도로 막힘이 없었다. 그가 강연을 준비하느라 성경을 수십 차례 읽고 칼뱅의 《기독교 강요》도 여러 차례 읽고 왔다고 해서 놀라기도 했다.

강연이 끝나고 나서 함께 강연을 들은 이성봉 목사와 둘이서 이야기를 나눌 시간이 있었다. 그때 그가 이런 말을 했다.

"기독교와 주체사상, 공산주의는 근본적으로 서로 화합되질 않디요. 저렇게 강연은 하지만, 기독교는 유신론이고 공산주의는 무신론 아닙네까."

주체사상에 오랫동안 길들여진 북한 지도층이 아주 핵심을 찌르는 말을 한 것이다. 그 만남 이후 이성봉 목사를 2001년에 다시 만났다. 홍정길 목사, 신명철 본부장, 정정섭 기아대책기구 대표와 함께한 자리였는데, 만찬 후 헤어지는데 내 손을 잡으며 말했다.

"리 선생님, 우리가 앞으로 언제 또 만날 수 있갔습니까?"

그러고 나서 얼마 안 되어 그분이 돌아가셨다는 소식을 접하고 만감이 교차했다. 그에게는 북한 사람에게서 느껴지는 날카로움이 없었다. 굉장히 인자한 느낌을 주는 분이었다.

학술회의 마지막 날 저녁에도 공식 일정이 끝난 뒤 몇몇 사람이 남아서 비교적 자유롭게 대화하고 여흥도 즐기면서 시간을 보냈다. 그때 한시혜 단장과도 개인적으로 대화할 짬이 있었는데, 둘이서 솔직한 이야기를 많이 했다. 김정일에 대해서 이런 얘기를 나누기도 했다.

"한 단장, 김정일 인민군 최고사령관에 대해 어떻게 생각하십니까?"

1991년 당시만 해도 김일성이 주석직에 있었고 김정일은 인민군 최고사령관직을 맡고 있으면서 '당 중앙'으로도 불렸다.

"거 남쪽에서는 사령관님을 예술이니 영화니 이런 것만 하는 한량처럼 보았지만, 기렇지 않습니다. 사령관님이래 굉장히 탁월하고 면밀한 지도자로서, 현장 지도를 열심히 하시디요. 남쪽에서는 뭐든 법으로 해결하려 하지만, 우리 공화국에서는 교도(가르치는 것)를 통해서 하디요. 사령관님이 반은 평양, 반은 평양을 떠나 지방에서 교도를 하십니다."

그는 이듬해 12월에 있을 남한의 대통령 선거에 대해서 내게 물어 보기도 했다.

"리 선생님, 거 남조선 대통령 선거가 어떻게 될 것 같습니까?"

"후보 단일화 문제가 중요할 겁니다. 김대중 씨와 김영삼 씨가 합쳐서 단일 후보로 나온다면, 누가 되든 둘 중 한 사람이 될 가능성이 있겠지요. 그러나 단일화가 안 되고 김대중, 김영삼, 노태우 세 후보로 나뉜다면 김영삼 씨나 김대중 씨는 당선되기 어렵지 않을까 합니다. 표가 나뉘니까요."

대학생 시위 문제에 대해서도 이런 얘길 해준 기억이 난다.

"보소, 한 단장. 그쪽에서 착각하는 게 있는데 뭔지 아십니까? 남한 대학생들 시위하는 것 보고 남한 사회에 무슨 일이라도 일어날 줄 여기겠지만, 그것만 보고 착각하면 안 됩니다. 학생들 시위가 남한에는 일상 문화처럼 되어 있어요. 우리 텔레비전 방송에 나오는 학생들의 시위나 규모는 남한의 전체 대학생들 가운데 100분의 1에 지나지 않습니다. 방송 보도만 보고 남한 사회에서 대학생 시위가 날마다 일어나고 있고, 그 규모가 엄청나니 무슨 일이 곧 일어날 것으로 생각하기 쉬운데, 전혀 그렇지 않아요. 그렇게 생각한다면 그건 큰 착각이에요.”

대화를 주고받으면서 한 단장이 “생각이 많이 정리되었다”는 말을 덧붙였는데, 그가 남한 노래를 많이 알고 있어서 놀랐던 기억이 난다. 비록 전략적인 관점에서 남한의 운동권 노래를 외웠겠지만…….

회의 마지막 날 저녁에 남북한 참석자와 재미 교포들이 함께 어울려 대화의 시간을 가졌는데, 거의 밤을 새우다시피 했다. 그때 최옥희 전도사와 나눈 이야기도 잊을 수 없다. 최 전도사는 자기 집안과 자신의 신앙 이야기를 들려주었다.

“우리 집안이 본디 예수 믿는 집안이디요. 우리 부모님도 예수를 믿었고 그런 분위기에서 제가 자랐디요.”

그때 재미 교포 한 분이 최 전도사에게 물었다.

“그렇다면, 최 전도사님은 어떤 예수를 믿습니까?”

듣기에 따라서는 약간 당돌하고 또 무시하는 듯한 느낌을 주는 질문이었다. 그러자 최옥희 전도사는 그런 분위기에 개의치 않고 서슴없이 베드로가 한 고백을 상기시켰다.

“베드로가 예수님을 향해 이런 신앙고백을 했디요. ‘주는 그리스도시요 살아계신 하나님의 아들이시니이다’라고. 나도 그 고백을 할 수 있고, 또 그런 예수를 믿습네다.”

참 놀라운 고백이었다. 언젠가 어느 목사가 북한을 다녀와
서 "북한 교회는 가짜"라고 말한 적이 있는데, 그렇게 함부로 판
단할 수 있는 문제가 아니라는 게 내 생각이다.

그런데 남북 기독학자들이 모인 중요한 학술회의를 마치고
왔는데도, 어느 교회에서도 그 이야기를 들려 달라고 청하는 곳
이 없었다. 한국 교회에서 공식 보고회를 열어 발표를 요청할 만
했는데도 말이다. 어느 모임에 가서 대화 중에 남북한 기독자교
수회의에 다녀와 느낀 이야기를 했더니, 그 자리에 있던 홍정길
목사가 "우리 교회에 와서 얘길 좀 해달라"고 청해 왔다. 그래서
유일하게 홍 목사가 시무하는 교회에서 해외 학술회의 관련 보
고를 한 적이 있다.

소통하거나 논쟁하거나

북미 기독자교수협의회 학술회의에서 처음 북한 사람들을
만날 때 가슴에 두근거림이 있었다. 미국 케네디 공항에 내려 뉴
저지 주로 가서 점심을 먹는데, 안내하는 분이 북한 사람들이 왔
다는 소식을 전했다.

"오늘 북한 사람들이 와서 그분들을 태워 뉴욕 스토니포인
트로 함께 가게 되었습니다."

내가 북한 사람들을 처음 대면했던 것은 미국의 어느 식당
앞에서였다. 나중에 독일을 방문해 아리랑인가 하는 북한 음식
점에서 북한 사람들을 만났을 때는 훨씬 자연스럽게 느껴졌다.

북한 사람을 처음 만나면 상당히 긴장하고 많이 경직될 줄 알았다. 그런데 이야기 나누는 동안 금세 편안해지면서 만나기 전의 긴장이 풀리는 걸 느낄 수 있었다. 그렇다고 금세 친근감이 드는 것도 아니었지만, 다른 외국인에 비해서는 훨씬 가까운 느낌이었다. 아무래도 언어가 통하다 보니 다른 외국인에 비해 이해와 공감의 속도가 훨씬 빠를 수밖에 없었을 것이다.

특히 일상적인 주제에 관해서는 서로 굉장히 빠른 속도로 대화가 된다는 생각을 했다. 통일을 말할 때 체제가 너무 이질적이고 생활방식이나 사고방식이 다르다는 것 때문에 걱정을 많이 하는데, 당시 내 경험으로는 그렇게까지 심각한 문제는 아니겠다는 생각이다. 만나서 대화하고 생각을 나누다 보면, 의외로 쉽게 공통점을 발견할 수 있고 서로 수용할 수 있지 않을까 한다.

물론 서로 견해차가 커서 논쟁이 벌어지는 일도 당연히 있다. 대표적인 예가 2001년 내가 처음 북한을 방문했을 때 일이다. 황해도 신천 박물관을 방문하는 일정이 있었다. 박물관은 신천군 옛 노동당사 건물을 개조한 것이었는데, 한국전쟁 당시 민정부대에 속한 미군이 신천 주민 3만 5천 명을 학살했다면서 그걸 전시하고 있었다. 당시 미군이 신천군을 점령한 기간은 50일이 채 안 되는데, 그 시기 일어난 일을 사진과 통계기록 등 자료로 만들어 꾸며 놓고 있었다. 전시 내용은 대부분 비참하고 잔인한 것 위주였다.

박물관 입구로 들어가서 왼쪽 문으로 들어가면 첫 번째 작은 전시실이 나오는데, 거기 언더우드, 아펜젤러, 알렌 등 한국 교회 초기 미국 선교사들 사진을 붙여 놓고 김익두 목사와 재령

교회 예배당도 사진으로 전시해 놓았다. 거기 걸어놓은 표지에
는 '미 제국주의 앞잡이 선교사 놈들'이라는 문구가 쓰여 있었
는데, 우리 일행이 기독교인인 줄 알아서 그랬는지 그냥 지나가
게 했다.

　　공교롭게도 신천 박물관을 방문한 그 무렵 우리 사회에서
는 한국전쟁 당시 미군이 저지른 노근리 양민 학살 사건의 진상
규명과 미국의 사과 및 배상 문제를 촉구하고 있었다. 백선엽 대
장을 비롯해 노근리 학살 대책위원회의 민간고문단이 모두 여덟
명이었는데, 나도 그중 하나였다. 백악관과 펜타곤을 방문하여
협의를 하거나 미국 조사팀이 한국으로 와서 논의하기도 했다.
북한 관계자에게 이야기했다.

　　"만일 신천군에서 미군에게 죽임 당한 양민이 3만 5천 명
이 확실하다면, 자료 조사를 확실히 해보세요. 이건 북미 협상
채널을 통해 사과와 배상까지 받을 수 있는 사안입니다. 전쟁 중
군인이 죽은 것은 배상이 안 되지만, 민간인 학살은 명백한 배
상 대상이에요. 그 사실이 확인되면 가해국은 야만국이 되는 겁
니다. 그저 통계 숫자만 보여 주려 하지 말고, 정확한 근거 자료
를 찾아보세요. 내가 노근리 사건에 관여하면서 느낀 것이 많아
요. 미국과의 협상 과정에서 중요한 것은 확실한 증거를 제시하
는 거예요. 만약 당신들이 필요로 한다면, 이런 문제와 관련하여
기꺼이 자문에 응할 수도 있습니다."

　　당시 북미 관계가 개선될 조짐이 있었는데, 그 흐름 속에서
신천 양민 학살 문제를 제기한다면 충분히 승산이 있다고 알려
준 것이다. 그날 저녁에 마침 그들과 식사하기로 일정이 잡혀 있

었다. 식사 자리에서 내가 몇 마디 더 했다.

"아까 그 박물관 안에 '미 제국주의 앞잡이 선교사 놈들'이라고 한 건 좀 마음에 걸립디다. 과거 헤이스머(C. A. Haysmer, 許時謨)라는 안식교 선교사가 1925년경 평안남도 순안군에서 의료 선교 활동을 했는데, 그때 자기 과수원에 들어온 한국 소년(김명섭)을 도둑이라고 하여 얼굴에 염산으로 '됴덕'이라고 쓴 적이 있어요. 언론에서 그 일을 보도하면서 문제가 되어 결국 추방되었는데 그런 사람이야 욕할 수도 있겠지만, 언더우드나 아펜젤러 이런 사람들에게 욕만 해서는 안 되지요. 그들은 교회와 학교, 병원을 세우는 등 한국의 근대화를 위해 공헌도 했거든요."

내 말에 그들이 반발하면서 왁자하게 언쟁이 오갔다. 그래서 김일성의 아버지 김형직 선생 이야기를 꺼냈다. 자기네 수령의 부친 이야기를 하니까 그들이 몰라도 안다고 해야지 어쩌겠는가.

"김일성 주석의 부친이 숭실학교 학생으로 학교에서 독립운동을 했어요. 그런데 이 숭실학교가 바로 선교사가 만든 학교란 말입니다. 숭실학교라는 기독교학교였기 때문에 가능했던 것입니다. 김 주석의 부친도 선교사의 은혜를 받은 셈인데, 어떻게 그렇게 일괄적으로 선교사들을 욕할 수 있느냐 이 말입니다."

그제야 그들이 조용해졌다. 방북 일정을 마치고 돌아오기 전날 저녁, 그들이 송별회를 열었다. 그런데 그 자리에서 또 논쟁이 벌어졌다. 그때도 내가 김형직 선생 이야기를 하니까 더 이상 나가지 못하고 중지하고 말았다.

그다음 날, 방북 마지막 날에도 비행장으로 이동하는 차에서 또다시 논쟁이 붙었다. 홍정길 목사가 나와 한 차에 탔는데, 북측 인사가 한국의 민주화라든지 여러 사안을 물어 왔다. 그때 홍 목사가 "대통령도 잘못하면 감옥에 보낼 수 있는 것"이 바로 민주화라고 말했다. 그런데 오경우 선생이 또 내게 질문을 해 왔다.

"리 선생, 혹시 리승엽이래 아십니까?"

"잘 알지요. 한국전쟁 때 서울시 인민위원회 위원장(서울시장)을 지낸 분 아닙니까."

"그 동무래 간첩질을 했단 말입네다. 그같이 간첩질한 사람이 언더우드 선교사였다 이 말입네다."

"그래요? 그런데 어느 언더우드 말이오?"

내 반문을 의아해하는 그에게 홍 목사가 언더우드 선교사가 아버지 언더우드, 아들 언더우드 등 한 명이 아니라고 말해 주었다. 내가 그에게 다시 물었다.

"그래, 리승엽이 언더우드 선교사와 함께 간첩질했다고 하는데, 어떤 증거를 가지고 그렇게 말하는 겁니까?"

"리승엽이래 재판에서 자백을 했디요."

그의 대답에 남쪽에서는 자백만 가지고는 죄가 성립되지 않는다고 말했다. 그러는 동안에 차가 순안 비행장에 도착했다. 나중에 들으니, 그때 홍 목사가 차 안에서 은근히 걱정을 했다는 것이었다.

배앓이 사건과 몇몇 에피소드

북한을 방문할 때마다, 우리를 손님으로 대한다는 인상을 받았다. 그런데 알게 모르게 우리를 지켜본다는 느낌도 받았다. 평양 보통강 호텔에 갔을 때도 마찬가지였다. 호텔에서 불과 40-50미터 거리에 대동강 지류가 흐르고 있어서 나가 보려 했는데, 정작 나가기가 쉽지 않았다.

한번은 북한 사회의 경직성을 경험했다. 옥류관에서 점심으로 냉면을 먹었는데, 먹고 10분이 채 안 되어 배가 아프기 시작했다. 도저히 견딜 수가 없었다. 애국열사릉으로 이동하는데 참을 수가 없어서 화장실을 가려고 차를 잠시 세워 달라 하니 안 된다는 것이었다. 내가 너무 힘들어하니까 결국 차가 멈추긴 했는데, 유턴하더니 다시 숙소인 보통강 호텔로 가는 게 아닌가. 호텔에 내려서도 1층 화장실은 사용하지 못하게 하고 결국 우리 방 화장실로 안내하는 것이었다. 북의 사회 구조가 예정된 일정과 계획에서 벗어나는 일에 대한 융통성이 전혀 없다는 사실을 그때 비로소 절감했다.

이런 사례는 또 있다. 예정에 없는 일을 우리 일행이 대담하게 감행한 적이 있는데, 주체사상 탑 앞 언 대동강을 건넌 것이다.

"야, 이거 강이 꽝꽝 얼어붙었네요. 어떻습니까? 우리 이 위로 한번 건너가 보십시다."

북한 관계자들이 당황하기 시작했다. 물론 우리 일행은 그길로 얼어붙은 강 위로 뛰어들어 태연히 걸어갔다. 그때도 전혀 예기치 못한 상황이 발생하니까 그들은 어쩔 줄을 몰라 하며 당혹해했다.

2000년대 들어서서 첫 방북을 시작으로, 그 뒤로도 평양을 다섯 차례, 개성을 한 차례 방문했다. 가장 최근에 방문한 시기가 2008년이었으니 벌써 5년이 되어 가는데, 그즈음에는 평양 시내에 차량이 훨씬 많아진 것이 확연히 보였다. 예전에는 차를 타고 가다가 여성 경찰이 수신호를 보내면 바로 통과했는데, 2008년에는 교통신호에 따라 100여 미터 가량 차량이 줄지어 서 있는 광경을 보았다. 전에는 전혀 볼 수 없는 장면이었다. 또 입은 옷들이 좀 더 화사해졌다는 인상을 받았는데, 여성들은 하이힐도 신고 다녔다. 단순히 외형적 변화라고만 할지 모르겠으나, 북한 사회가 변해 가고 있음을 분명하게 확인할 수 있었다.

평양에 가면 1948년에 있은 전 조선 정당사회단체 대표자 연석회의를 기념하는 기념탑이 세워져 있다. 4월 말에서 5월 초까지 진행된 연석회의에 남쪽에서는 김구 선생 일행이 참석했는데, 분단으로 이어질 남북의 단독 정부 수립을 막으려는 뜻에서였다. 남쪽만의 단독 선거를 추진하던 이승만을 반대하면서, 김일성에게도 북한의 단독 정부 건설을 중단해 줄 것을 요구했으나 받아들여지지 않았다. 바로 그 연석회의 기념탑 아래에서 우리 일행을 안내하던 안내원이 평양 시내를 흐르는 대동강을 가리키면서 이렇게 말했다.

"남북 대표자 연석회의 때 우리 김일성 장군님께서 몹시 더우셔서 이 강에서 수영을 하셨습네다."

"아니, 그때가 몇 월인데 더워서 수영을 했단 말입니까? 평양 대동강에서 5월 초에 수영을 했다는 건 너무 이르지 않습니까?"

내가 사실 여부를 따지듯이 반문하자, 한바탕 언쟁이 이어졌다. 뒤에 몇 분이 같은 장소를 방문했는데, 그때는 김일성 수영 얘기는 꺼내지 않더라고 하여 웃었던 적이 있다.

일개 역사학도의 통일 전망

북한을 방문해 보면, 그들도 통일 이야기를 많이 한다. 그러나 정작 평범한 주민들이 생각하는 통일상은 없다. 위에서 통일, 통일 하니까 따라가는 거지 구체적인 통일상이 없었다. 가보면 북한 사람 누구든지 "통일해야디요"라고 하는데, 아무런 구체성이 없는 이야기다. 그들에게 통일상이 있다면, 당에서 말하는 방침 하나밖에 없을 것이다. 통일이라는 민족 전체의 명운이 걸린 문제를 놓고서도 당에서 제시하는 상 외에는 다른 것을 상상하지 못한다. 좀 더 구체적인 개인의 생각을 들어 보려면 일대일로 만나서 얘기해 봐야 하지만, 그건 거의 불가능하다고 봐야 한다.

우리나라 역사를 보면 여러 차례 통일 국가가 세워지는 과정이 있었다. 고대 부족국가로부터 통일 신라와 발해의 남북조 시대에 이어 후삼국으로의 분열(892), 그리고 다시 고려의 통일(936). 후삼국 시대에서 고려로 통일되기까지는 50년이 채 안 되었다. 역사를 보면서, 이처럼 분단된 채 갈라져 있는 기간이 될 수 있으면 짧아야 한다는 분명한 생각이 있다. 민족이 생존하기 위해서는 둘로 나뉘어서는 굉장히 어렵다. 무엇보다 첫째, 힘이 분산되기 때문이다. 둘째, 전혀 모르는 두 나라가 국경선을 두고 나뉜 것과 달리, 한 핏줄 한 민족이 나뉜 경우는 서로 동화되거나 무력 투쟁으로 흡수하려는 경향이 강하기 때문이다. 그리되면 민족이 성장하기가 어려워진다.

남북의 평화적인 통일이 속히 오기를 나 또한 간절히 염원하지만, 지금 같아선 참 아득하게만 느껴진다. 과거 햇볕 정책을 통해 남북 간 어렵사리 쌓아올린 신뢰와 평화적 관계가 지난 이명박 정부 5년 동안 거의 복구 불능 수준으로 무너져 내렸다. 남북 간 내부적 결속력이 견고하고 강하다면 한반도 주변 국제 환경과 무관하게 외부 도움 없이도 통일이 가능하다. 중국, 러시아, 일본, 미국의 간섭이 있더라도 당사자인 남과 북의 응집력이 강하면 한반도 문제를 자주적으로 풀어 나갈 수 있다. 그러나 지금은 남북 관계가 벌어져도 너무 벌어져서 양자 간의 어떤 합의나 공감대도 도출해 내기 결코 쉽지 않게 되어 버렸다. 남북 관계가 극도로 악화한 결과, 북한은 중국에 광물 자원을 팔아넘길 정도로 더 깊이 밀착되고 말았다.

60년 이상 분단의 고착화가 진행되어 온 탓에 주변 4개국의 협의와 동의 없이는 통일은 분명 쉽지 않게 되었다. 그러면 주변 4개국의 동의를 얻을 수 있는 체제가 무엇이겠는가? 역사적으로 한반도는 지정학적 특성상 주변 국가들의 이해관계가 끊임없이 부딪쳐 왔다. 나는 이 이해관계를 조정할 수 있는 것은 결국 '중립화 통일' 방안이 아닌가 하는 생각을 오래전부터 해왔다. 물론 남쪽은 자본주의, 북쪽은 공산주의 사회로 60년 이상을 지내 왔는데, 중립국 체제를 이루는 것이 결코 쉬운 일은 아니다. 내가 통일을 낙관적으로 생각하지 않는 것도 이 때문이다.

'북한이 붕괴되면 통일은 자연히 되는 거 아닌가?' 하고 생각할지 모른다. 그렇지 않다. 북한은 우리보다 먼저 유엔에 가입한 엄연한 독립국가다. 북한이 붕괴된다고 해서 한반도 북쪽이 곧바로 대한민국으로 국명이 바뀌지는 않는다. 유엔 회원국이기 때문에 우리 마음대로 할 수 없고, 유엔의 승인이 절대적으로 필요한 일이기 때문이다. 그런데 러시아, 중국이 손 놓고 가만히 있거나 아니면 박수 쳐주며 찬성하고 나오겠는가. 북한 정권이 우리더러 와서 도와 달라고 부르면 가능한 일이지만, 그렇더라도 중국이 가만히 앉아만 있겠는가. 중국은 북한이 붕괴되어 남한 체제로 흡수되는 것을 그저 손 놓고 용인하지 않을 것이다. 그런 점에서 '북한 붕괴론'은 허구에 가깝다. 도무지 실현 불가능한 가설인 것이다. 오랜 기간 쌓은 신뢰의 바탕에서 통일하자고 해도 힘든 판에, 지금과 같은 적대적 관계로는 어림도 없는 일이다.

현실적인 통일 방안으로는 남북의 적극적인 교류를 통해 경제 공동체를 여러 개 만들어 나가는 방식을 생각해 볼 수 있다. 쉽게 말해, 개성공단처럼 남북이 합작한 경제특구를 열 개 정도 만들 수 있다면, 통일이 훨씬 가까워지지 않을까 한다. 상호 체제를 유지하면서 자유롭게 왕래할 수 있는 경제 공동체가 휴전선을 비롯해 100곳이 생긴다면, 그건 통일된 거나 마찬가지일 것이라고 생각한다. 그만큼 군대는 뒤로 물러나야 할 것이고 경제 공동체를 보호하기 위해서라도 전쟁은 감히 생각지 못할 것이다. 정치적 통일 이전에 이처럼 경제적 통일이 선행된다면, 비관 속에서도 통일의 가능성이 열릴 수 있다. 그러나 적대적인 대북 정책으로는 결코 통일을 기대하기 어렵다.

근래 들어 중국에서 철수하는 한국 기업이 늘어난다는 이야기를 듣는다. 중국의 인건비 상승이 주된 요인이라고 하는데, 이런 기업들이 개성공단 같은 경제특구로 옮겨 간다면 남북이 상생할 여지가 그만큼 늘어날 것이다. 그러나 대결의식이나 냉전적 관점에 바탕을 둔 정책이 바뀌지 않는 한, 통일은 난망(難望)하다.

남북나눔, 마음과 마음의 만남 20년

통일 독일을 방문했을 때, 우리를 가이드한 여성 지식인과 독일의 통일에 대한 대화를 나눈 적이 있다. 그녀는 훔볼트 대학을 나와 교사로 일한 기혼 여성이었는데, 동서독의 통일에 대해 어떻게 생각하느냐는 질문에 이렇게 말했다.

"통일은 우리에게 어느 날 갑자기 다가왔습니다. 통일을 위한 심리적 준비는 물론이고, 사상적 조율도 전혀 안 되었고, 동서 간 경제적 균형을 맞추는 과정도 없었습니다. 우리가 오늘날 겪는 어려움은 바로 그 때문입니다. 우리처럼 어려움을 겪지 않으려면 당신네 나라는 준비된 통일을 해야 합니다."

"그래도 통일이 되는 것이 안 되는 것보다는 훨씬 낫지 않습니까?"

"그건 물론 그렇지요. 우리 다음 세대는 분명 통일의 혜택을 누릴 거라고 봐요. 그러나 제대로 된 준비 없이 통일을 맞이한 지금 당장이 우리에겐 너무 힘들고 고통스러운 거예요."

남이든 북이든 통일을 정권 유지 또는 강화를 위한 수단으로 생각하는 한, 실질적인 통일은 멀어지기만 할 뿐이다. 정치적 접근 이전에 서로의 마음이 통하고 서로를 이해할 수 있는 단계가 선행되어야 한다. 지금까지 남북나눔에서 해온 일들이 바로 저들의 마음을 녹이고 화해와 평화, 통일의 공감대를 넓혀 나가는 일이었다. 이는 내가 볼 때 최선의 노력이고 접근 방식이 아닌가 한다.

독일 방문 때 만난 여성 지식인의 말처럼, 통일에는 여러 분야에서 구체적인 준비가 필요하다. 정치권뿐 아니라 민간 차원에서도 동시 진행해 나가야 한다. 그런 점에서 남북나눔운동이 지니는 의미가 결코 작지 않다. 남북나눔운동은 민간 차원에서는 최초로 체계적인 조직을 갖추고 대북 지원을 시작했을 뿐 아니라, 분열되어 있던 보수와 진보 기독교 진영이 힘을 합쳤다는 점에서도 그 의의가 남다르다. 남북나눔 이후에 나온 대북 지원 민간단체들이 남북나눔을 모델로 삼아 따라 하는 경우가 적지 않은 것은 그만큼 남북나눔이 대북 지원 분야에서 선구적인 역할을 감당해 왔다는 방증이 아닌가 한다.

또 하나 중요한 것은, 남북나눔이 실제 일한 것만큼이라도 외부에 알리거나 드러내지 않으려 했다는 점이다. 실제 한 일보다 더 부풀려서 알리고 과대 포장하는 게 일반적인 데 반해, 남북나눔은 그렇게 하지 않으려 했다. 여러 가지 이유가 있겠지만,

북한을 배려하려는 뜻에서도 일부러 드러내지 않는 방식을 취해 왔다. 상식적으로 생각해 봐도, 적극적으로 알리고 선전해야 후원 모금도 더 잘되지 않겠는가. 그런데 지원받는 상대의 자존심을 고려하여 일부러 알리지 않았던 것이다. 다른 단체나 기관을 보면 많이 갈라지고 분열한다. 공을 내세우는 사람이 있으면 조직은 여지없이 쪼개지게 되어 있다. 남북나눔운동은 그런 일이 전혀 없었다. 이것이 지금까지도 남북나눔이 변함없이 일관된 활동과 정신을 유지해 오는 이유가 아닌가 한다.

예수 믿으면서도 철들고 나서 민족의 통일을 위해 기도를 쉬지 않은 것 외에 구체적인 실천은 없었다. 그런데 남북나눔 통일연구 활동은 내게 크나큰 기회요, 소중한 시간이었다. 민족의 화해나 통일에 관련된 일을 혼자서야 어찌 할 수 있었겠나 하더라도 어떤 커다란 계기 없이 할 수나 있는 일인가. 그런데 역사학도인 내게 통일이 왜 중요한지, 이를 실현하기 위해서는 어떻게 해야 하는지 연구하고 글을 쓰고 가르칠 기회가 주어진 것이다. 물론 역사학도가 통일 문제를 다룬다는 건 쉬운 일이 아니다. 그렇기에 남북나눔 일은, 연구 활동에 참여한 여러 뜻있는 학자들과 서로 자극을 주고받으며 용기를 북돋고 저변을 넓혀 나간 의미 있는 시간이었다. 또한 통일에 대해 별다른 의식이 없는 한국 교회와 젊은이들에게 여러 차례의 방북 경험을 통해 구체화한 대북 지원과 통일 문제를 가르친 것은 참 뜻깊은 일이었다.

통일운동 관련 강의를 다니다 보면 자주 받는 질문이 있다.

"선생님 강의를 통해 통일이 왜 중요한지는 잘 알게 되었습니다. 그런데 통일을 위해 우리가 뭘, 어떻게 해야 합니까?"

이에 대한 답은 거의 변함이 없는데, 나는 늘 이렇게 힘주어 말한다.

"우선 통일운동을 잘하는 단체에 가입하세요. 그리고 물질로 후원을 하세요. 여러분이 스스로 시간을 내지 못한다면, 자기 시간과 삶을 드려서 그 일을 하는 사람들이 더 잘할 수 있도록 여건을 만들고 지원하는 것도 대단히 중요합니다."

나는 이 시대의 사명 가운데 가장 중요한 것은 민족 통일이라고 생각한다. 우리 세대가 그 사명을 이루지 못하고 떠났을 때, 후대에 어떤 평가를 받을지 두려운 마음까지 든다. 그런 점에서 남북나눔운동에 참여하여 이나마 작은 힘이라도 보탠 것을 두고 후세대가 다음과 같이 평가해 준다면 그로써 족하지 않을까 한다.

"지난날, 남북의 화해와 통일을 위해 노력한 이들이 있었다. 이 아무개도 그중 한 사람이다."

예수의 살과 피를 나누는 일

권호경 목사

권호경 한국기독교교회협의회(NCCK) 총무, CBS기독교방송 사장을 거쳐
지금은 국제구호단체 월드쉐어 회장을 맡고 있다. 우리나라 목사 가운데 최초로
김일성을 만나 남북한 교회의 나눔운동을 제안하여 남북나눔운동의 설립 동기를
마련하였고, 비록 성사되지는 못했으나 북한 교역자의 남한 방문 약속을 받아 냈다.
아울러 남북나눔이 진보 교단과 보수 교단의 연합체로 설립되는 데
큰 역할을 감당했으며, CBS방송에 재직하면서 남북나눔의 역할 증대를 위해 힘썼다.

통일운동의 '심부름꾼'

내가 통일운동에 몸담게 된 시기는 정권의 감시와 사찰, 도청이 공공연하게 이루어지던 시절이었다. 지금은 이런 얘기가 잘 믿기지 않겠지만, 당시 24시간을 감시받고 있었다. 전화 도청은 기본이고, 외출하거나 귀가할 때에도 계속 나를 관찰하면서 사진을 찍었다. 방배동에 가면 그때 나를 감시하던 기관원 아파트가 지금도 있는데, 말하자면 일종의 감시 초소였던 셈이다. 나만 그런 게 아니라 그땐 다 그랬다. 택시를 타고 시내로 나가도 정보기관에서 이미 동향을 다 파악하고 있었다.

한번은 우리 동네 택시 기사 아저씨가 나에게 물었다.

"그런데 왜 선생님을 태우면 관악경찰서에서 찾아와서 조사를 하고 그럽니까? 대체 무슨 일로 그러는 겁니까?"

그 말을 듣고 비로소 알았다. 내 모든 일상과 활동이 사찰 대상이라는 것을. 1970-80년대는 공공연하게 그랬고, 그 뒤로도 거의 모든 정권에서 민간인 사찰이 있었던 듯하다. 믿기 어렵겠지만, 1970-80년대는 정보기관끼리 서로 견제하면서 경쟁적으로 감시할 정도였다. 상상을 초월하는 수준이었다.

엄혹한 군사정권 시절이던 1983년, 한국기독교교회협의회(NCCK)는 한반도 평화와 통일 문제를 공식적으로 논의하기 시작한다. 광주민주화운동이 일어난 지 3년째 되던 해, 통일 문제를 선교적 차원에서 중요한 과제로 인식한 것이다. NCCK에서는 당초 통일 문제를 다루기 위해 '평화통일협의회'라는 이름의 모임을 시작하려 했다. 그런데 모임 계획을 어떻게 알았는지 경찰이 모임 장소에 먼저 와서 진을 치고 있었다. 한번은 강남역 근처 유스호스텔에서 모이기로 했는데, 경찰이 철두철미하게 원천봉쇄한 탓에 결국 무산되고 말았다. 그리하여 평화통일협의회는 공개적으로 모이지 못했고, 비공개 모임으로 전환하여 비밀리에 적은 수가 모이곤 했다. 그렇게 모임을 진행하던 시기, 나는 심부름꾼 노릇을 했는데 온갖 일을 도맡아 해야 하는 상황이었다.

통일에 관한 한 당시 한국 교회의 힘은 참으로 미약했다. 그래서 세계교회협의회(WCC)의 국제 담당 부서를 통해 이 문제를 풀어 나가면 좋겠다는 교계 원로들의 조언이 있었다. 그 결과 1984년 WCC의 중개로 일본 도잔소에서 남북 교회가 최초로 만나 한반도 평화와 통일 문제를 논의하는 협의회를 열기로 했다. 그런데 한국 교회에서는 참석했지만, 북한 교회에서는 자료만 보내 왔다. 반쪽의 남북교회협의회를 한 셈이었다. 남북 교회 간 최초의 만남과 교류는 2년 뒤인 1986년 스위스 글리온에서 이루어졌는데, 그 뒤로 1990년대 중반까지 스위스 글리온을 비롯하여 세계 각지에서 남북교회평화통일협의회가 열렸다.

'대타 총무'로 뛰어다니다

북한 교회는 1972년 나이로비에서 열린 WCC 총회 때 회원 가입 원서를 냈다. 당시 참석했던 한국 교회 대표 중 한 분이 강원용 목사님인데, 강 목사님 말씀에 따르면 북한 교회의 WCC 가입은 논의되지 못했다고 한다. 가입하려면 북한에 교회가 20개 정도 있어야 하는데, 그 정도 여건이 안 되었던 것이다. 그 시절 북한이 WCC 회원국으로 가입하려 한 이유는 지금 생각해도 의문이다. 1972년 가입 신청을 한 뒤로 북한 교회는 다시 신청서를 내지 않았다. 아무튼 북한 교회가 그때 국제 무대에 나선 이래, 동구권 여러 나라를 다니며 회의를 열거나 비회원국임에도 1983년에 열린 WCC 총회에도 참석하고 WCC도 북한 교회를 초청하는 등 교류는 계속 이어져 왔다.

1980년대 중반 무렵부터 나는 아시아기독교협의회(CCA, The Christian Conference of Asia)의 빈민운동 관련 일을 하느라 NCCK의 일은 맡지 않고 있었다. CCA 사역으로 홍콩에 머물던 어느 날, 갑작스럽게 NCCK 총무를 맡아 달라는 연락을 받았다. 당시 정보기관의 교묘한 개입으로 교단 간 협의가 잘 안 되는 바람에 1년 동안 공석이었다. 말하자면 나는 빈자리를 메우기 위한 '대타 총무'였던 셈이다. 1989년 2월, 갑작스러운 결정과 부름에도 나는 지체 없이 달려왔다. '하나님께서 평화통일 문제를 부여안고 씨름하라고 내게 맡기시나 보다' 하는 생각에서였다. 얼결에 떠안게 된 그 일을 5년 동안 분주히 뛰어다니며 했다.

NCCK 총무를 맡고 나서 최우선으로 주력한 것은 교회 일치 운동이었다. NCCK는 교회 간 협의 기구이므로, 회원 교회와 비회원 교회가 함께할 수 있는 일을 찾았다. 그래서 처음으로 한 일이 바로 '공산권 성경 보내기 운동'이었다. 당시 중국이나 구소련뿐 아니라 동구권 교회들이 모두 고사 직전의 어려운 상황에 처해 있었다. 그러던 중 탈냉전 시대를 맞이하여 교회가 조금씩 개방되면서 성경 보급이 절실한 상황이었다. 구소련의 경우만 해도, 러시아정교회가 무너져 어려움에 처해 있었는데, 성서공회뿐 아니라 심지어 성서공회의 인쇄소까지 소련 정부가 관리하고 있었다. 그런 사정을 알고 한국 교회가 재정을 지원하여 인쇄소를 만들어 준 덕에 다시 성경을 발행, 보급하기에 이르렀다.

본디 한국 교회는 NCCK를 조금은 과격한(?) 단체로 인식해온 경향이 있었기에, NCCK에서 하는 말을 한국 교회가 그다지 귀 기울여 듣지 않는 편이었다. 그러나 공산권 국가에 성경을 보내겠다는 데에는 모든 교회의 지지와 지원이 이어졌다. 보수적인 장로교 합동 교단의 대표적인 교회에서 7천만 원을 보탰을 정도였다. '공산권 성경 보내기 운동'으로 교회 일치 운동이 무르익어 갈 즈음, 평화통일을 위한 남북 교회 사이의 교류를 고심하기 시작했다.

첫 공식 북한 방문

NCCK 일을 하면서 해외에서 열린 남북교회협의회를 통해 조선그리스도교연맹(조그런) 목사님들을 몇 차례 만났는데, 여러 모로 자유롭지 않아 보였다. 두 사람이 한 조가 되어 다니는데, 숙소에서 잘 때도 그렇게 할 정도였다. 그래서 어떻게 하면 북한 목사님들을 남한으로 한번 초대할까 고민하기 시작했다. 또 정기적으로 그분들과 교류하면 좋겠다는 생각으로 북한 방문을 추진하기 위해 애를 썼다.

다행히 기회가 찾아왔다. 우리 사회의 정치 환경이 바뀌면서 노태우 정권 말기인 1992년 말, 남북 간에 정치적 합의가 있었다. 그 합의 이후 내가 첫 사례로 승인을 받아서 북한을 방문하게 된 것이다. 방북할 때 WCC의 박경서 박사가 동행했는데, 북한에 가서 조그런 인사들을 만나면 두 가지를 제안할 작정이었다. 첫째, 해외에서 만나지 말고 한반도 안에서 남북 교회 간 정기적인 교류와 만남을 갖자는 것. 둘째, 남북으로 나뉜 지 50년 되는 1995년을 평화통일 '희년'의 해로 정하고 희년 준비를 남북의 교회가 함께하자는 것.

북한 방문 기간은 1992년 1월 7일부터 13일까지였다. 홍콩을 거쳐 중국에서 평양으로 항공편으로 들어갔다. 평양 순안공항에 내렸을 때의 감격을 어찌 잊을 수 있으랴. 순안공항에서 우리 일행을 맞이한 북측의 환대는 뜨거웠다. 그런데 문제가 있었다. 남북 교회가 구체적인 협의를 진행해야 하는데, 정작 평양에서 만난 조그런 목사님들이 얘기를 제대로 하지 못하는 형편이었다. 그래서 하루 이틀은 그냥 보냈다.

평양에서 당시 조그련 서기장이던 고기준 목사와 김운봉 목사를 만났는데, 말을 편하게 하지 못한다는 느낌이 들었다. '아, 이분들이 지금 마음대로 말을 할 수 없는 상황인가 보다' 하는 생각이 절로 들었다. 그러니 회의인들 제대로 되었겠는가. 회의가 제대로 진행되지 않아서 그랬는지 모르겠으나 나더러 "관광을 하겠느냐?"고 물어 왔다. 당연히 "안 하겠다"고 했다. 한국 교회 대표로 남북 교회 간 교류 문제를 협의하러 온 마당에 한가롭게 관광하고 있을 때인가 하는 마음이었던 것이다.

참다못해 고기준 목사에게 대놓고 물었다.

"고 목사님, 말씀을 좀 해보세요. 남북 교회의 상호 교류가 어려우신 겁니까? 주석님 허락이 있어야 남쪽을 방문하실 수 있는 겁니까?"

처음엔 아무 대답이 없었다. 답답한 마음에 재차 물으니, 그제야 말은 안 하고 고개만 가만히 끄덕이는 것이었다.

지금까지는 어디서도 이 이야기를 구체적으로 한 바 없지만, 당시 방북 중에 김일성 주석을 만날 계획이 없었다. 남북 교회의 희년 준비를 위해 방문한 것이었으니까. 그런데 도무지 대화와 회의에 진척이 없었다. 아무래도 이대로는 안 되겠다 생각하던 차에 북측 관계자에게 김일성 주석을 만나게 해달라고 요청했다. 수락될지 알 수 없는 만남을 요청하는 아쉬운 처지이면서 조건까지 덧붙였다.

"부탁이 한 가지 더 있습니다. 주석님을 만나는 자리에 조선그리스도교연맹 목사님들을 함께 만날 수 있게 해주십시오.

나 혼자서는 만날 수 없습니다."

북한 교회 지도자들이 한국 교회를 방문하려면 의당 김일성 주석의 허락이 있어야 할 것이었다. 허락을 받기 위해서라도 김 주석과의 만남이 중요했다. 내가 김일성 주석과 만나는 자리에 조그련 인사의 동석을 요구한 것은, 그들의 위상을 조금이나마 높이고자 하는 뜻과 함께 남북 교회의 정기 교류를 언급하려는 생각에서였다. 조그련의 위상이 높아지는 것은 결국 남북의 교회가 만나고 교류하는 일에 여러모로 유리할 것이라 판단한 것이다.

김일성 주석을 만나다

면담 요청에 아무런 반응이 없더니 방북 일정을 하루 남겨놓은 1월 12일 저녁, 갑자기 수행원이 찾아왔다.

"내일 돌아가시니까니 옷을 다려 드리갔습네다. 다릴 옷이 있으면 이리 주시디요."

"아 네, 감사합니다."

"그리고 내일 주석님이 뵙자고 할지 모르니까니 일정을 바꾸면 좋갔는데, 어찌 생각하십네까?"

갑자기 김일성 주석과의 면담 가능성을 흘리면서 일정 변경을 묻는 말에, 분명한 어조로 못을 박았다.

"그건 안 됩니다. 일정을 바꾸는 건 불가능합니다. 우리는 한국 교회 대표로 왔기 때문에, 마음대로 일정을 바꾸거나 할 수 없습니다. 게다가 중국 쪽과도 회의가 잡혀 있기 때문에 일정 변경은 어렵습니다. 양해해 주시기 바랍니다."

"기렇다면 점심시간을 좀 앞당기는 건 어떻습네까?"

"비행기 시간을 바꿀 순 없지만, 점심시간 바꾸는 거야 어려운 일이 아니지요."

"기럼 점심시간을 11시 30분으로 하고, 내일 아침 8시에 모시러 오갔습네다."

이튿날 아침, 우리를 데리러 사람이 왔는데 정작 북한 교회 지도자들이 함께 오지 않았다.

"아니, 왜 목사님들은 함께 모시고 오지 않으셨습니까? 목사님들이 없이는 나도 안 가겠습니다."

정색을 하고 갈 수 없다고 했다. 아무리 김일성 주석을 만나는 자리라고 해도, 정작 북한 교회 지도자들이 없으면 남북 교회 간 교류나 평화통일 협력이 별 의미가 없으리란 것이 내 생각이었다. 내가 버티자 박경서 박사가 자꾸 옆구리를 찔렀다. 어서 가자는 뜻이었다. 그러자 우리를 데리러 온 북측 관계자가 말했다.

"지금 가시면 목사 동무들도 와 있을 거니까 걱정 마시고 가시디요."

"좋습니다. 하지만 만약 거기 목사님들이 안 계시면 그냥 돌아오겠습니다."

실랑이하느라 출발 시간이 늦어져 결국 8시 30분에 출발했다. 겉으로는 버티면서 세게 나갔지만, 속으로는 겁이 났다. 그렇다 해도 북한 교회 지도자들이 없으면 아무런 의미 없는 지리인 건 명백한 사실이었다. 세게 나갈 밖에 나로서는 다른 선택지가 없었다.

9시경 약속 장소에 도착해 깜짝 놀랐다. 김일성 주석이 출입구 밖까지 나와 기다리고 서 있는 게 아닌가. 대성산 기슭의 추위에도 아랑곳 않고 우리를 기다리고 있었다. 우리 일행이 차에서 내리자 허리를 숙이며 깍듯이 인사했다.

"목사님, 잘 오셨습네다."

그 자리에서 순간적으로 기가 죽었다. 일본 기자에게 김일성 주석이 매너가 좋다는 얘기를 들은 기억이 떠올랐다. 그렇더라도 한겨울에 바깥에 나와서까지 그렇게 정중하게 영접하며 인사할 줄은 몰랐던 것이다. 놀라움과 긴장, 추위가 겹쳐 몸이 떨려 왔다.

안으로 들어가니 폭포수가 나오는 익숙한 사진이 보였다. 김 주석이 그 사진 앞에서 함께 사진을 찍자고 했다. 나를 자기 오른쪽에 서게 하고 사진을 찍는데, 아닌 게 아니라 일본 기자 말대로 매너가 어찌나 점잖은지, 그 매너에 왠지 모르게 몸이 더 경직되는 것을 느꼈다.

테이블에 앉아서 이런저런 이야기를 나누다 보니 마치 마음씨 좋은 할아버지 같은 느낌이 들었다. 방북 이후 청와대 관계자들을 만났을 때, "김 주석이 마음 좋은 할아버지 같더라"라고 했다가 혼이 난 기억이 있다. 11시 30분이 되어 모두가 빙 둘러 앉아 식사를 하는데, 조그런 지도자들인 강영섭 목사, 고기준 목사, 김운봉 목사가 합석했다. 김일성 주석이 건배하려고 잔을 드는데 슬쩍 보니 위스키 잔이었다. 테이블 위에는 포도주와

오렌지주스 잔도 있었는데, 나도 엉겁결에 위스키 잔을 들었다가 얼른 포도주 잔으로 바꾸었다. 음식이 나오는데 그 겨울에 수박을 비롯해서 없는 게 없었다. 새로 음식이 나올 때마다 김일성 주석이 직접 설명하면서 "목사님이 먼저 드시라요" 하며 아주 극진히 예우했다.

식사 중에 남북 평화에 관한 이야기를 꺼냈다. '한반도에 전쟁은 절대 안 된다. 남북이 서로 마음이 일치되어 평화통일로 나아가야 한다'는 취지의 말을 조심스레 꺼냈다. 내 말에 김 주석이 "미국은 한반도가 걱정되면 태평양에 핵무기를 갖다 놓지 왜 남한에 갖다 놓느냐"라며 정치 이야기를 꺼내는 게 아닌가. 순간적으로 긴장하면서 속으로 생각했다.

'이 양반이 왜 나에게 이런 이야기를 하는 건가. 지금 나를 과대평가해서 내가 무슨 정치적 거물인 줄 알고 있는 모양이다.'

그의 정치 이야기가 이어지는 중에 성경의 희년 이야기를 꺼냈다. 그러자 그가 레위기를 안다면서 성경 이야기를 하는데 성경을 잘 알고 있었다. 아울러 전에 독립운동가 손정도 목사님 교회를 다녔다면서 그분 밑에서 배웠다는 얘기까지 하는 것이었다. 사실 김일성 주석이 기독교 집안에서 태어났다는 건 웬만큼 알려져 있다. 그의 외가는 당시 꽤 유명한 기독교 집안으로 외할아버지가 강돈욱 장로고 어머니는 강반석 집사다. 아버지 김형직은 손정도 목사의 숭실학교 동문으로 임종을 앞두고 아들 김일성에게 어머니를 모시고 손정도 목사를 찾아가라고 유언했다고 전한다.

분위기에 힘입어 나도 용기를 내어 김 주석에게 남북 교회 지도자 교류 이야기를 꺼냈다.

"남북이 평화통일이 되려면 무엇보다 먼저 남과 북 교회 사이에 나눔과 교류가 이뤄져야 하지 않겠습니까? 서로 귀한 것을 나누고 교류하기 시작할 때, 비로소 마음이 열리고 서로가 하나 되어 통일에도 크게 도움이 될 것입니다. 그러자면 먼저 조그런 목사님들이 남한을 방문하고, 그 후 남북 교회 지도자들이 서로 정기적으로 교류하는 것이 대단히 중요하다고 생각합니다."

내 얘기를 듣더니 그가 조용히 고개를 끄덕였다. 북한 교회 지도자들의 남한 방문 승인이 떨어지는 순간이었다.

"그러시면 2월 15일에 한국 교회를 방문하도록 해주실 수 있겠는지요?"

"그렇게 하시디요."

이렇게 해서 북한 조그런 목사들의 한국 교회 방문이 구체적인 날짜까지 확정되었던 것이다.

방북 일정을 마치고 귀국한 이후 청와대 비서가 우리 집까지 찾아와서 김 주석의 건강 상태라든가 여타 정보를 물어보았다. 김일성 주석은 앉은 자리에서 위스키 다섯 잔을 연거푸 마실 정도였으니까 매우 건강한 상태였다. 목소리도 우렁우렁 크고 눈알이 종지만 했다. 그렇게 건강해 보였는데 얼마 안 있어 임종했다는 소식을 듣고 의아하다는 생각이 들었던 기억이 난다.

아쉽고도 아쉬운 남북 교류 무산

방북 일정을 마치고 김포공항으로 들어왔다. 입국장에 기자들이 엄청나게 몰려와 있었다. 입을 꾹 다문 채 말 없이 빠져나왔다. 쉽사리 입을 열 수 있는 사안이 아니기도 했고, 남과 북 양쪽에서 공식적인 발언이나 기록을 자제해 달라고 여러 차례 당부한 터였다. 방북 일정을 마치고 북경을 경유하여 서울로 돌아올 때, 북경 공항에서 북한대사관 직원이 우리 일행을 찾아와 방북 때 찍은 사진을 전해 주고 돌아가기도 했다. 역설적인 건, 언젠가 WCC 총무를 수행하여 청와대를 방문한 적이 있는데, WCC 총무에게는 기념사진을 주면서 나에게는 주지 않는 것이었다. 그래서 왜 나는 안 주냐고 물었더니, 사진 대신 "당신한테는 못 준다"는 답이 돌아왔다.

첫 북한 방문에서 돌아온 지 한 달이 되던 날이었다. 북에서 연락이 왔다. 판문점에서 조그련 방남(訪南) 관련 실무 회담을 갖자는 것과, 방남 시 김일성 주석이 4톤 트럭에 '귀한 것'을 실어 남으로 보낼 것이니 트럭을 준비해 달라는 내용이었다. 2월 13일, 판문점에서 실무 회담을 열었는데, 북에서는 조그련 서기장 고기준 목사와 김운봉 목사가 나왔고, 우리 쪽에서는 나하고 NCCK 통일위원장 정기천 감독이 나갔다. 그 자리에서 북은 "2월 15일이 북한의 명절이라서, 17일에 내려갈 수 있다"고 했다. 내가 "김일성 주석 앞에서 약속한 것을 왜 안 지키느냐"고 항의하자 북의 실무 회담석 뒤에서 '쪽지'가 넘어왔다. 그러더니 정한 날짜에 방한하겠다고 말을 바꾸었다.

그런데 막상 방문 하루 전날, 다시 못 오겠다고 연락이 왔다. 우리 정부에서도 북한 교회 인사들이 올 줄 알고 나름의 준비를 했더랬다. 당시 안기부(국가안전기획부, 현 국가정보원) 담당자가 NCCK에까지 와서 봉투를 건넸는데, 열어 보니 5백만 원이 들어 있었다. 우리가 북한 교회 인사들의 방한을 위해 신라호텔을 빌려 놓았는데, 호텔비 지원금이었던 것이다. 그러나 우리 정부는 내심 그들의 남한 방문을 원치 않았던 것 같다.

북의 조그련 목사들이 방한하지 못한 것은 2월 15일이 중요한 기념일이었기 때문이다. 뒤늦게 알게 된 사실이지만, 그날이 바로 김정일 국방위원장의 생일이었던 것이다. 만일 그들이 그때 남한을 방문하고 남한 교회 지도자들과의 만남과 남북 교회 상호 교류가 시작되었으면 어떻게 되었을까? 많은 변화가 있지 않았을까? 그들이 날짜를 바꾸려 했을 때 그냥 그렇게 하자고 받아들였으면 일이 성사되지 않았을까? 아쉬움이 오래오래 남는 일이었다.

무척이나 고대하며 준비한 북한 교회 지도자들의 한국 교회 방문은 그렇게 무산되고 말았다. 그래도 한국 교회는 진보·보수를 떠나 모두가 북한 교회의 방문 소식을 좋아하고 반겼다. 처음에는 비판하는 이들도 있었지만, 막상 온다니까 모두 하나가 되어 반겼다. 일은 비록 무산되었어도 한국 교회가 하나 되어 북한 교회 지도자들을 맞이할 준비를 했다는 점에서 의미가 컸다.

방문 무산 이후 수습해야 할 일들이 남아 있었다. 무엇보다 먼저 한국 교회에 북한 교회 지도자들이 못 오게 되었다는 소식을 알려야 했다. 특히 북한 교회 지도자들이 방한하자마자 새벽기도회에 참석하기로 한 홍정길 목사님 교회를 찾아가 사정 얘기를 하는 게 급선무였다.

2월 15일 토요일, 남서울교회 새벽기도회 시간에 맞춰 교회를 찾아가니 교회 입구에 '환영 북한 교회 지도자 방문'이라고 쓴 현수막이 눈에 들어왔다. 이미 방송을 통해 방문이 무산되었다는 소식이 전해진 뒤였는데도 그때까지 홍 목사님은 현수막을 떼지 않고 붙여 놓고 있었다. 왠지 목이 메어 왔다.

새벽기도회를 마치고 홍 목사님을 만나 방문이 무산된 경위를 설명하고 양해를 구했다. 그러자 홍 목사님이 도리어 나를 위로하며 이렇게 얘기하시는 게 아닌가.

"권 목사님, 일이 잘 안 되면 오히려 돈이 더 드는 법인데 비용이 어느 정도 필요하신지요?"

그 말에 감격스러워서 말을 잇지 못했다. 홍 목사님과는 그 자리가 처음 만난 자리였다. 나로서는 어렵사리 추진하던 일이 중간에 무산되어 면목이 없는 처지였다. 그런데도 오히려 행사 무산에 따른 재정 부담을 염려하시며 나를 위로하시는 것이었다. 그 후 많은 헌금을 NCCK에 보내셨다. 당시로서는 무척 큰 금액이었다.

진짜 목사, 가짜 목사?

북한을 처음 방문했을 때 실은 나도 겁이 났다. 앞서 얘기한 대로, 노태우 정부 시절 남북합의서가 나왔는데 어찌 보면 내가 첫 실험 대상인 셈이었다. 정부 승인을 받은, 공식적인 민간인 방북이었다. 전에 문익환 목사가 방북하긴 했지만, 정부의 승인 없이 결행한 단신 방북이었다.

생애 처음으로 북한을 방문한 첫날, 공항에 내렸더니 누가 내게 물었다.

"목사 동무, 예배 사업 하시겠습네까?"

"네?"

못 알아듣는 게 당연했다. 예배 '사업'이라니……. 그러자 내 옆에 섰던 고기준 목사가 친절하게 설명해 주었다.

"그 말이래 예배드리겠느냐는 뜻입네다."

국토 분단이 어느덧 말의 분단까지 가져온 것인가. 착잡한 심경이 몰려오려는 순간, 얼른 대답했다.

"물론입니다. 당연히 예배드려야지요."

방북 중에 북한 봉수교회에서 설교도 했다. 300명 정도가 모였는데, 예배가 끝나고 나니 다들 너무 쏜살같이 빠져나가서 교인들과 대화를 나눌 짬이 없어 아쉬웠다.

북한은 WCC 가입을 통해 국제적 활동을 하기 위해 공개적으로 교회를 만들었다. 그리고 1972년도부터 자기들끼리 신학 교육을 했다. 김운봉 목사 말에 의하면, 탄광에서 아무개 장로님을 모셔다가 설교를 들었다고 하는데, 과거에 교회를 다녔던 사람들 가운데 북한 정권에 충성스러운 노동당원들을 모아서 신학 교육을 했다는 것이다. 이런 북한 교회를 두고 한국 교회에서는 진짜냐 가짜냐 하는 말들이 많았다.

방북 일정을 끝내고 돌아온 후 어느 대형 교회에서 북한

다녀온 이야기를 해달라고 했다. 초청을 받아 갔는데, 나를 초청한 목사가 이런 질문을 던졌다.

"그런데 목사님, 거기 목사들이 진짜 목사입니까, 아니면 가짜 목사입니까?"

그 물음에 내가 대답했다.

"글쎄요……. 제가 진짜 목사 같습니까, 아니면 가짜 목사 같습니까? 그들이 진짜인지 가짜인지는 하나님이 아시겠지요."

이와 관련하여 생각나는 북한 교회 지도자가 한 사람 있다. 바로 이성봉 목사다. 그는 북한 봉수교회의 첫 담임목사를 지낸 인물인데, 1986년 남과 북의 교회 지도자들이 처음 만난 스위스 글리온 회의 때의 일화가 생각난다. 그가 기도를 하는 순서가 있었는데, 막 기도하려는 순간 통합 교단의 어느 목회자가 녹음기를 가져와서 턱밑에 갖다 대는 것이었다. 기도를 제대로 하는지 못 하는지 알아보자는 생각이었을 것이다. 다음 순간 그 통합 측 목사가 까무러칠 듯이 놀라는 게 아닌가. 기도하던 목사가 고향 교회 주일학교 시절 친구였던 것이다. 그 통합 측 목사는 그날의 만남을 통해 큰 은혜를 경험했고, 나중에 서울로 돌아와서 여러 번 간증을 하고 다녔다.

홍정길 목사에게 진 빚

비록 북한 교회 지도자들의 한국 교회 방문은 아쉽게 불발되었지만, 북한 교회에 대한 한국 교회의 관심은 높아져만 갔다. 이에 NCCK는 한국 교회의 관심을 더 끌어올려서 남북 교회가 서로 '귀한 것'을 나누고 교류함으로써 마음을 열고 하나 되는 노력, 곧 남북 교회 나눔 운동을 벌여야겠다고 결의했다.

우선 NCCK의 의사결정기구인 실행위원회에서 '평화통일을 위한 남북나눔운동'과 남북 인간 띠잇기 운동을 범교단적으로 실시하기로 뜻을 모았다. 특히 남북나눔운동은 NCCK를 넘어 한국 개신교 49개 교단의 지도자들이 함께 힘을 모아 범교단, 범개신교 차원의 평화통일 사업으로 진행하기로 결의했다. 그리하여 49개 교단 지도자들의 수차례에 걸친 회의 끝에 남북나눔운동 준비위원회에서 H 교단의 어느 목회자를 총무(후에 '사무총장'으로 격상)로 내정하기로 결의했다. 그런데 그분이 사의를 밝혀 왔고, 결국 새로운 인물을 긴급하게 찾아야 하는 상황이 벌어지고 말았다.

당시 사회적 분위기는 북한 교회에 대한 한국 교회의 관심이 높아지고 있었지만, 교회의 남북 평화통일과 교류에 관한 일조차도 정보기관의 간섭과 방해가 수시로 있던 때였다. 그러니 아무도 선뜻 이 십자가를 지겠다는 이가 없었다. 그런 형편이다 보니 급하게 새 적임자를 찾는 게 쉬운 일이 아니었다. 고민을 거듭하던 중에 홍정길 목사가 떠올랐다.

개인적으로 홍 목사님과는 일면식도 없는 사이였다. 주변에서는 다들 내가 홍 목사님과 전부터 잘 알고 지내는 줄 알았던 모양이지만, 방북 이후 남서울교회를 방문했을 때 처음 만났다. 북한 교회 지도자들의 한국 교회 방문 일정 가운데 첫 방문 예정지가 바로 홍 목사님이 목회하시는 교회였다. 보수 교단 목회자이면서도 북한 교회 지도자 방문 계획에 적극적으로 참여하고 지원하시는 모습을 보면서 마음에 깊은 인상이 남았었다. 물론 그전에도 장애인학교 설립 등 장애인 사역에 헌신하신다는 소식을 접하며 평소 훌륭한 분이라고 생각하던 차였다. 그래서 굉장히 조심스럽게 홍 목사님에게 남북나눔 사무총장을 맡아주십사 요청을 드렸다. 나중에 알게 된 사실이지만, 사무총장직에 별 뜻이 없었던 홍 목사님이 정보기관의 압력성 전화를 받고서는 인간적인 반대나 압박 때문에 하나님이 원하시는 일을 피할 순 없다며 맡기로 하셨다는 얘길 전해 듣고 내 생각이 옳았음을 확인했다.

몇 차례 준비 모임과 실무 회의를 거쳐 1992년 12월 8일, 드디어 남서울교회에서 남북나눔 창립준비대회를 개최하기에 이르렀다. 한국 개신교 49개 교단의 지도자를 모두 초청한 자리에서 나는 홍정길 목사를 남북나눔 사무총장에 추천했고, 만장일치로 통과되었다. 49개 교단이면 우리나라 개신교 99퍼센트에 해당하는데, 보수와 진보를 망라한 교계 지도자들이 이처럼 한 자리에 모일 수 있는 일이 얼마나 있었을까. 그 자리에서 아무 반대 의견 없이 만장일치로 홍 목사의 사무총장 임명이 결정된 것은 굉장히 놀라운 일로, 하나님의 섭리라고밖에 달리 설명할 길이 없다.

남북나눔운동을 계획하던 초기, 실은 NCCK 안에도 이 일을 반대하는 목소리들이 적지 않았다. 남북나눔운동을 NCCK에서만 했다면, 아마 아무것도 하지 못했을지도 모른다. 그런데 오늘날 20년이 넘도록 이렇게 대북 지원 사업을 겉으로 내세우지 않으면서도 가장 앞장서서 감당해 온 것은 결국 홍정길 목사의 수고와 헌신이 지대하다는 걸 말해 준다. 나는 홍 목사님을 보면서 한국 사회와 교회에 보수 신앙이 얼마나 중요한지 새삼새롭게 인식하게 되었다.

시작할 때만 해도 북한 관련 일을 민간에서는 공개적으로 하지 못하던 시절이었다. 남북나눔운동의 오늘이 있기까지는 홍정길 목사처럼 용기 있는 분들과, 어떤 정치적 목적도 없이 오로지 신앙으로 이 일에 헌신하신 분들의 수고와 애씀이 있었다. 나는 무엇보다 이 운동이 진보와 보수를 떠나 한국 교회 전체가 참여하는 대중 통일운동이 되면 좋겠다고 생각했는데 그렇게 된 것이다. 그런 점에서 지금도 나는 홍정길 목사를 볼 때마다 큰 빚을 졌다고 생각한다. 지금이야 여러 단체에서 대북 민간 교류에 참여하고 있지만, 당시 교회가 주도적으로 나서지 않았다면 적십자사만의 단일 사업 내지 독점 사업 정도로 그치고 말았을 것이다.

언젠가 홍정길 목사님이 CBS 프로그램에 출연해서 "통일은 손해 보는 운동이어야 한다"고 얘기하신 적이 있다. 시청자들은 물론 나도 무척 감동받았다. 지금도 여전히 '손해 보는 운동'을 하고 계신다. 남북나눔운동이 변질되지 않고 처음 마음 그대로를 지켜 가는 이유가 여기 있지 않나 한다.

내가 CBS 사장으로 있을 때, 대우그룹 비서실 H씨가 찾아온 일이 있다. 당시 금강산 개발권을 따내기 위해 대우와 현대가 경쟁을 벌였는데, H씨가 황장엽 전 북한 노동당 비서를 잘 안다는 K여사와 함께 찾아왔던 것이다.

"사장님, 북한 황장엽 전 노동당 비서를 아시지요? 그분 심부름으로 김덕홍 씨라는 인물이 저를 찾아와서 현재 북한의 식량 사정이 어려우니 도와 달라고 하길래, 이렇게 사장님을 뵈러 온 것입니다."

"그런데 왜 저를 찾아오셨습니까?"

"황장엽 전 비서가 김덕홍 씨에게 그랬다는군요. 권호경 목사를 찾아가면 된다고요."

전적으로 그 말을 믿긴 어려웠다. 그럼에도 다른 일도 아니고 식량 사정이 어렵다니까 도와주긴 해야겠는데, 언론사 대표로서 함부로 드러내 놓고 움직일 수도 없는 노릇이었다. 그래서 CBS 이사인 감리교 감독회장에게 부탁하여 7개 교단을 통해 후원금을 모았다. 옥수수를 보내 달라고 했기에 그 돈으로 옥수수를 사서 보내 주기로 했다. 토요일에 옥수수를 전달하기로 했는데, 목요일에 김덕홍 씨 쪽에서 전화가 와서 옥수수 지원을 정기적으로 해달라는 게 아닌가. 그렇게는 못하겠다고 일단 거절했다. 그런데 H씨가 월요일에 다시 연락을 해와 황장엽 비서 쪽에서 내 말을 듣고 격한 반응을 보였다고 했다. 그 얘기를 들으면서 어떤 위급함 같은 게 느껴졌다. '다른 것도 아니고 먹을 것이 없다는데……' 하는 생각에 마음이 아파 왔다. 그래서 NCCK 총무 김영주 목사를 통해 홍정길 목사님에게 의견을 물었다.

"홍 목사님, 북의 황장엽 씨 쪽에서 옥수수를 정기적으로 보내 달라고 요청하라고 했다는 사람이 권호경 목사에게 찾아왔었는데, 거절한 상태입니다. 아무래도 느낌이 이상해서, 그쪽 말이 신뢰할 만한지도 의심스러워서 목사님 의견을 한번 들어 보려고 연락드렸습니다. 이 일을 어떻게 생각하십니까?"

"네, 그러셨군요. 그러면 제가 황장엽 씨를 한번 만나 봐야겠습니다."

그저 의견을 한번 물어본 것인데, 평소 용감하기로 유명한 홍정길 목사가 직접 황장엽 씨를 만나 보겠다는 게 아닌가. 그리고 자신의 말대로 황장엽을 중국에서 만나 옥수수 지원 문제를 논의했다. 그 만남이 있던 날, 홍 목사님과 동행했던 김영주 목사가 이상하다며 전화를 해왔다. 황장엽 씨가 "우리가 언제 그랬냐"고 했다는 것이다. 하는 수 없이 다음 날 아침에 다시 만나기로 했다면서 자기들이 자주 가는 호텔 커피숍에서 보기로 했다고 덧붙였다.

그 전화를 받고 나서 자꾸 의심이 들었다.

'뭔가 이상하다. 황장엽 씨가 왜 그런 걸까……'

다음 날 오전 10시경 다시 전화가 왔는데, 황장엽 일행은 오지 않고 북한 대사관에서 지프차가 와서 황장엽 씨를 찾더라는 것이었다. 그 연락을 받고 깜짝 놀랐다. 잠시 기다려 보라며 전화를 끊었는데, 곧바로 우리 방송국 보도국장에게서 전화가 걸려 왔다.

"사장님, 지금 청와대에서 12시에 긴급 기자회견을 한다고 연락이 왔습니다."

'이거 무슨 큰일이 벌어지고 있구나' 하는 생각이 들었다. 다시 김영주 목사에게 전화가 왔기에 다급하게 말했다.

"김 목사, 지금 낌새가 이상하니 주변에 황장엽을 만나기로 했다는 얘기는 일절 하지 마세요. 그리고 홍 목사님 모시고 바로 자리를 떠서 곧바로 비행기를 타세요. 지금 뭔가 큰일이 벌어지고 있어요."

보도국장에게 다시 연락이 왔다. 황장엽 씨가 한국대사관으로 피신해 있다는 것이었다. 북한 고위 관리가 중국 주재 한국대사관에 피해 있다는 것은 망명을 뜻하는 것이었다. 황장엽 씨가 숙소에서 나올 때 어느 호텔에 가서 누구를 만난다고 했는데, 그 자리에 북한 정보기관원들이 들이닥쳤다가 황장엽 씨가 안 보이자 그냥 돌아갔다는 얘길 뒤늦게 들었다. 자칫 굉장히 위험한 상황이 벌어질 수도 있었던 순간이었다. 그때는 휴대전화로 연락할 수도 없는 시절이어서, 황장엽 망명 소식을 급히 홍정길 목사에게 전할 수도 없었다. 내가 대북 옥수수 지원 문제로 연락하여 홍 목사가 황장엽 씨를 만나 보겠다고 했고 일이 거기까지 진행되었으니, 자칫 본의 아니게 홍정길 목사에게 큰 위험을 안길 뻔했던 것이다. 무탈하게 귀국했다는 소식을 듣고 하나님이 그를 사랑하신다는 생각이 들어 절로 감사가 나왔다.

남북 나눔은 '생명 나눔'이다

남북나눔운동 초기에는 부정적으로 바라보던 분들도, 나중에는 서로 북한 방문을 희망할 정도로 분위기가 많이 달라졌다. 헌금 안 하려던 분들이 나중에는 헌금도 하는 등 변화가 있었다. 그러나 통일 문제는 민족 문제이면서 각 사람 개인의 문제이기도 하다. 방북 당시 북한 조그련 위원장이던 고기준 목사를 처음 만났을 때, 그를 보면서 이런 생각을 잠시 했다.

'저 양반이랑 한 집에서 같이 살 수 있을까?'

솔직히 자신감이 생기지 않았다. 실제로 친형제 간에도 함께 살고 서로 나누고 돕는 일이 쉽지 않다. 친족 가운데 누군가가 어려운 일을 겪을 때 집을 팔아서 반을 떼 준 적이 있는데, 그 일을 두고 주변에서 온갖 말이 나와 참 힘들었다. 혈육지간에도 이런데 하물며 60년 넘게 대치해 온 남북 간이야 오죽하겠는가.

그럼에도 나눔을 중단해선 안 된다. 나눈다는 것 자체가 이미 마음을 쓰는 일이다. 우리 세대에게 밥을 나눈다는 것은 곧 생명을 나누는 것을 의미한다. 먹지 못하면 죽으니까. 굶주리는 이들에게 밥을 나눈다는 것은 곧 생명을 살리는 일인 것이다.

우리 국민 5천만 명 중에 10퍼센트인 5백만 명이 자기 수입의 1퍼센트만 나누어도 북한 동포들을 살릴 수 있다. 정부는 그렇게 할 수 없다. 북한이 굶어 죽어야 이기는 거니까. 우리가 나눌 수 있다는 것 자체가 하나님의 은혜요 축복이다. 우리가 북녘 주민들의 처지에 놓여 있다면, 우리가 저들처럼 외부의 지원을 절대적으로 받아야 하는 형편에 놓였다면 어떻게 할 것인가? 지금까지 20년을 넘게 해온 남북나눔은 한반도의 평화통일과 미래에 기여할 것이라 믿는다.

통일 독일의 경우를 보더라도, 서독 교회에서 동독에 물자를 지원하면서부터 동독에서 민주화운동을 하는 사람들이 나왔다. 한국 교회가 지금까지 선도적으로 펼쳐 온 남북나눔운동은 역사적으로도 정말 중요한 일이다. 이 일에는 분명 소망이 있다. 성만찬의 정신, 생명 나눔의 정신으로 해왔기에 아무 대가를 바라지 않고, 정치적으로도 편향되지 않고 지금까지 계속 이어지고 있다.

우리는 북한이 바뀌기를 바란다. 우리 자신은 변화할 생각이 없으면서 지나치게 북한 사회가 변하기를 바란다. 그런데 문제는 북한 사회가 변화되기 쉽지 않은 구조라는 것이다. 우리가 좀 더 희생적인 노력을 기울일 필요가 있다. 그렇지 않고 북한만 변화되기를 바라는 것은 옳지 않은 생각이다.

나눔이 무엇인가? 그것은 예수 그리스도께서 친히 보여 주신 삶의 방식이다. 그리스도인이 하는 성만찬이 무엇인가? 예수님의 살과 피를 나누는 것이며 예수님의 생명을 나누는 것이다. 자신의 살을 나누고 피를 나누는, 생명 나눔을 실천한 예수 그리스도의 정신이다. 그러니 이 일을 누구보다 한국 교회가 해야 하지 않겠는가. 예수 그리스도의 생명 나눔 정신을 교회와 그리스도인이 실천하지 않으면 누가 하겠는가. 그래야 나중에 하나님 앞에서 책망받지 않을 것이다.

하나님은 남북 관계 가운데서 지금도 일하신다. 하나님이

일하시지 않았다면, 어찌 북한에서 하나님을 찬양하는 찬송가
가 울려 나올 수 있겠는가?

평화의 꽃을 피우기 위하여

김영주 목사

김영주 한국기독교교회협의회(NCCK) 일치협력국장과 남북나눔 초대 사무국장을
겸임하며 남북나눔 초기에 조직을 정립하고 정체성을 확립하는 데 크게 기여했다.
1997년 14개 교단과 8개 단체를 모아 '한국기독교북한동포후원연합회'를 조직하여
이를 기독교 대북 지원 창구로 정부에 공식적으로 허가받았다.
대한적십자사를 통한 대북 지원만 가능하던 시절, 기독교 후원연합회 이름으로
대북 지원의 길을 연 것이다.
지금은 NCCK 총무로 섬기고 있다.

"백두·한라의 나무로 십자가를 만듭시다"

"강영섭 목사님, 우리 한국기독교교회협의회(NCCK)가 남
북의 평화와 화해를 위한 나눔운동을 하려고 합니다. 북에서도
그런 기구를 하나 만들면 어떻겠습니까?"

1990년대 초반 세계교회협의회(WCC) 회의차 방문한 미국
뉴욕에서 조선그리스도교연맹(조그런) 위원장 강영섭 목사와 대
화할 기회가 있었다. 그 자리에서 남북 교회의 교류와 나눔을 이
야기하자 강 위원장이 되물었다.

"그걸 만들어서 뭘 할 수 있갔습니까?"

"예를 들어, 북에서 금강산과 백두산의 나무를 보내 주시
면, 우리는 한라산의 나무를 구해다가 그걸로 십자가도 만들고
강대상도 만들 겁니다. 그렇게 해서 우리 민족의 통일을 한국 교
회가 염원하고 기도하는 분위기를 만들 수 있지 않겠습니까?"

당시 남북 교회 교류에 관해 구체적인 계획이 세워져 있던

건 아니었다. 그러나 이미 1984년 일본 도잔소에서 시작된 남북 교회의 만남과 대화 노력은 3차에 걸친 스위스 글리온 회의를 거쳐 미국 뉴욕으로까지 이어지면서 조금씩 구체화되어 가고 있었다. 그 노력은 1993년 4월, 정식으로 남북나눔이 창립됨으로써 마침내 결실을 맺는다.

한국 교회의 남북 화해와 평화통일을 위한 운동은, NCCK 관점에서 보자면 1984년 일본 도잔소 회의에서 시작되었다. 당시 WCC와 아시아기독교협의회(CCA)가 공동 주최한 국제회의에서 동북아 평화를 논의하면서 남북 기독교 지도자들의 만남을 주선했는데, 아쉽게도 북한 교회에서는 참석하지 못했다. 그럼에도 이 도잔소 회의에서 네 가지 합의가 이루어졌다. 첫째, 한반도 평화통일은 남북의 문제일 뿐 아니라 세계 평화의 문제다. 둘째, 남북 분단의 원인이 2차 세계대전에 있기 때문에 그 책임은 주변 4대 강대국에 있다. 셋째, 평화와 통일의 문제는 정치적 과제가 아닌 선교적 과제다. 넷째, 세계 교회는 한반도의 평화통일을 위해 협력해야 한다.

도잔소 회의 이후 1986년 스위스의 글리온이라는 작은 도시에서 남북 기독교 지도자들이 만나 대화하고 성찬식을 가졌다. 2년 뒤인 1988년에도 글리온에서 만났는데, 이때 남북 교회는 NCCK가 그해 2월 총회에서 채택한 '민족의 통일과 평화에 대한 한국 기독교회 선언'(일명 NCCK 통일 선언)을 합의하여 발표하기에 이른다. 이 일은 한국 사회에 큰 파열구를 내기에 충분했다. 남북의 민간인이 서로 만난다는 것은 상상도 못하던 군사 정권 시절이었다. 당연히 한국 사회는 전반적으로 남북의 기독교 지도자들이 만난 최초의 민간 교류를 인정하지 않는 분위기였다. 한국 교회의 순진한 목사들이 공산주의에 이용당하는 것 아닌가 하는 우려와 비판이 봇물처럼 쏟아졌다. 어느 보수 신문 사설에서는 '철없는 목사들', '공산주의의 선동에 놀아나고 있는 한국 교회' 등 무차별적 비난을 퍼부어 댔다.

'NCCK 통일 선언'은 기독교인 교수 열 명이 1년 동안 고심하며 작업한 내용으로, 한국 기독교 통일운동은 이 선언을 통해 본격화한다. 통일 선언은 무엇보다 먼저 죄책 고백으로 시작하는데, 주된 요지는 다음과 같다.

첫째, 분단 상황에 대해 한국 기독교에도 책임이 있다. 전쟁 이후 기독교인들이 북한을 원수로 생각했고, 반공주의에 빠져 있었으며, 친미 사대주의에 기울어 있었다.

둘째, 7·4공동성명의 자주·평화·민족 대단결 3원칙에 인도주의와 민중 우선의 원칙을 더하여 남북 평화통일 5원칙으로 제시한다.

셋째, 남북 정부에 네 가지 사항을 건의한다. 하나, 남북의 평화가 유지되는 상황이 오면 주한 미군은 철수해야 한다. 둘, 긴장 완화를 위해 한반도를 비핵지대화해야 한다. 셋, 북에 대한 인도적 지원이 이루어져야 한다. 넷, 남북 대화 체계를 구축해야 한다.

넷째, 분단 50주년이 되는 1995년을 '희년의 해'로 선포하고 한국 교회는 평화 교육 등 통일의 기반을 조성하기 위해 노력한다.

'NCCK 통일 선언'이 낳은 변화들

통일 선언이 발표되고 나서, 정부에서는 이를 용공 좌경이라고 비판하고 보수 진영에서는 무려 100여 건의 비난 성명서를 온 신문에 도배하다시피 했다. 그러나 이 선언은 노태우 정권의 남북기본합의서(1991)에 영향을 끼쳤는데, 이것만 보더라도 통일 선언의 역사적 의미를 결코 폄훼하거나 비난할 수 없다.

북한을 화해의 대상으로 선언한 한국 교회의 공식 선언 이후, NCCK 주도로 진행되어 온 한국 기독교의 통일운동은 복음주의와 보수 교단으로 확산된다. 보수 교회에서는 주로 '북한 선교 위원회'라는 이름의 통일운동 조직이 만들어지기 시작했는데, 이는 북을 선교 대상으로 보고 '북한에 교회를 세우자'는 식의 선교중심주의적 접근 방식이었다. 그런데 북에서는 '선교'라는 개념을 굉장히 싫어했다. 선교라고 하면 18세기 서구 제국주의가 범한 지배와 점령의 이미지를 떠올리는 것이다.

NCCK의 통일운동은 때로 정치적 접근 방식으로 인해 정부와 갈등이 불거져 정치 이슈화되는 일이 생겨났다. 이를 두고 한국 교회 일각에서는 왜 NCCK는 북한에 교회 세우자는 얘기는 하지 않는가 하는 의문을 갖기도 했다. 그 무렵 북한에 식량 위기가 생겨 대북 지원을 고민하다가 복음주의 지도자들을 초청하여 대북 식량 지원 문제를 10여 차례 논의하는 시간을 가졌다. 홍정길·신현균·김상복·신성종·이복희·김성광·김명혁 목사와 이만열 교수 등이 참여했다.

이 모임을 통해 북의 기독교 단체로 이왕 존재하는 조그련과 협력하고, 선교와 전도 이전에 어떻게 북을 도울 수 있을지를 먼저 고민하기로 뜻을 모았다. 그리하여 NCCK는 통일에 관해 정치적 접근을 내려놓고, 복음주의 쪽은 선교와 전도 우선적 관점을 내려놓기로 했다. 이 모임을 통해 NCCK와 복음주의 진영이 상호 합의를 통해 남북 평화와 통일운동을 공동으로 연대해서 펴나가기로 한 것이다.

나는 NCCK 통일위원회 국장으로 일하고 있었는데, 독일의 통일 과정을 보면서 정치적·영토적 통일이 되더라도 정작 사회 통합이 이뤄지지 않으면 통일은 축복이 아닌 재앙일 수 있겠다는 생각을 하게 되었다. 1993년 독일 교회와 한국 교회 간의 한독교회협의회에서 마지막 설교를 독일의 어느 감독이 맡았는데, 그의 설교를 지금도 잊을 수가 없다.

"우리 독일 교회는 동서 통일을 간절히 기다리고 열망했습니다. 그러나 막상 통일이 되고 보니 준비가 부족했음을 뼈저리게 느꼈습니다. 한국 교회가 남북의 평화통일을 염원한다면, 우리를 시금석 삼아서 통일을 철저히 준비하기 바랍니다."

철저한 '통일 준비'를 역설하는 그의 설교를 듣고 나는 한국 교회가 이 일만큼은 보수와 진보 구분 없이 힘을 합해 서로 모자란 점을 채워 나가면서 해야겠다는 생각을 굳게 품게 되었다.

분단은 민족의 원죄와 같은 것이다. 내게 가장 충격적인 사건은 광주민주화운동이었다. 1979년 '서울의 봄' 이후, 자국민을 지키고 보호해야 할 군대가 수많은 광주 시민을 테러하고 학살한 사건을 두고 고정 간첩들의 사주를 받아 그들이 폭동을 일으켰기 때문이라며 정당화했다. 북한 공산당이 쳐들어오면 어떡하느냐는 논리로 민주주의와 인권을 무력화하는 현실을 보면서, 분단 문제를 해결하지 않고는 민주주의는 결코 불가능함을 깨달았다. 반공 사상이 사회를 지배하는 현실에서는 민주주의보다 분단 극복이 선결 과제이며, 이를 위해서는 남북 교류와 화해의 나눔이 선행되어야 한다고 생각했던 것이다.

고신파 배경의 NCCK 총무

본디 나는 경남 진해의 보수적인 고신 교회에서 성장기를 보냈다. 피난민들이 세운 진해동부교회를 다녔는데, 모교인 진해고등학교 1년 선배로 고신 교단의 대표 목회자 중 한 분인 박은조 목사가 있다. 초등학교 때는 주산 승급 시험을 봐야 하는데 일요일에 시험이 있어서 주일 성수를 위해 시험을 포기하기도 했다. 중고생 시절 인근의 작은 감리교회에 젊은 전도사가 왔는데, 이분이 시인이어서 시를 배우러 다녔다. 율법적 신앙에 젖어 때로 신앙이 버겁게 느껴지기도 했던 나는, 전도사님과 바둑도 두고 책 이야기도 하면서 많은 것을 배웠다. 섣불리 사람을 정죄하지 않고 차이점을 인정하는 유연한 사고와 자기중심주의에서 벗어나 상대방 중심으로 생각하는 역지사지의 정신, 세 번 생각하고 나서 말하는 '삼사일언'(三思一言)의 자세, 예수 그리스도의 제자로서 살아가는 제자도의 삶을 그분에게서 배웠다.

어릴 적 나는 의사가 되고 싶었다. 형님이 불치병으로 일찍 세상을 떠났는데, 어린 나를 붙들고 형님이 했던 말이 있다.

"영주야, 나는 네가 의사가 되면 좋겠다. 못 고치는 병이 없는 의사 말이다. 네가 의사가 되면 가난한 사람들도 마음껏 치료받을 수 있는 병원을 세워라."

유언 같은 형님의 말이 마음에 깊이 박혀서 의과대학 진학 외에는 다른 생각이 없었다. 어느 날 전도사님이 대학 진학을 앞둔 내게 물었다.

"김 선생은 대학을 어디로 진학할 생각입니까?"

"의과대학으로 갈 생각입니다."

"가정 형편이 어려운데, 의과대학은 공부를 오래 해야 해서 돈이 많이 들 텐데요. 신학교는 어때요? 의사는 육체의 병을 고치지만 목사는 영혼의 병을 고치니까 그 또한 의사 아닐까요?"

'영혼의 병을 고치는 의사'라는 말이 내 마음을 뒤흔들었다. 진로가 바뀌는 순간이었다. 그렇게 해서 나는 그 전도사님이 나온 학교(목원대학교)로 진학하게 되었고, 감리교 전도사가 되어 농촌 교회에서 목회를 시작했다. 대학 다닐 때 10월 유신이 일어나 삭발 단식도 하고 항의 시위도 했는데, 그 시절을 겪으며 사회정의를 세우는 사람이 되어야겠다는 생각을 품었다. 농촌 목회를 하던 중 기독농민회를 알게 되고, 농민운동을 하면서 마을 청년들 교육을 하다가 NCCK 교육 프로그램에 참여하게 되었고, 그러면서 자연스럽게 지금까지 이르렀다.

한때 목사로서 정체성을 고민하던 시기가 있었다. 사회정의를 세우는 데 기여하려는 마음으로 농촌운동, 농민운동을 했는데, 서울로 오면서 가난한 사람들과 함께 살겠다던 다짐을 스스로 배반한 것 아닌가 하는 생각이 들었던 것이다. 그러다가 통일운동에 관여하게 되면서 '평화를 위해 일하는 목사'로서 정체성을 재정립하게 되었다.

통일운동을 하면서 어려움이 적지 않았다. 반공주의가 강고한 사회 분위기에서 자칫 하면 '빨갱이'가 되기 십상이었다. 그럼에도 화해와 평화를 위해 기독교인이 나서지 않으면 누가 나서나 하는 생각으로 일했다. 당시 NCCK는 남북 화해와 통일운동에 집중하면서 정부의 견제와 감시를 집중적으로 받고 있었다. 보안사, 안기부, 경찰청 등에서 나온 사람들이 사무실 근처에 와서 진을 치고 있었다. 유명 인사도 아닌 나를 지방에서 열리는 교역자 회의에까지 뒤쫓아 다녔을 정도였다. 물론 나로서는 '보호'를 받은 셈이었다. 일거수일투족을 지켜보는 그들의 시선이 내가 하나님 앞에서 범죄하지 않도록 지켜 준 셈이었다.

누군가 내게 통일운동을 하다 보면 자칫 이념적 논쟁이나 정치 공세에 몰릴 수도 있는데 두렵지 않으냐고 물은 적이 있다. 왜 아니겠는가. 근본적으로 인간은 모두 하나님 앞에서 불안한 존재 아닌가. 그럼에도 지금껏 통일운동을 해온 것은, 이 일이 즐겁기 때문이다. 힘들어서 그만두고 싶을 때도 있었지만, 이 일이 흥미진진하고 즐거워서 지금까지 하고 있다.

NCCK 총무를 맡기 전에는 남북평화재단을 조직하는 일을 했는데, 그때 내 평생을 걸 만한 가치가 무엇일지 생각했다. 그것은 다름 아닌 '평화를 이루는 일'이었다. 이 땅에 평화를 가져오는 일, 평화를 꽃피우는 일을 할 때 나는 비로소 목사가 된다. 그 가치가 나를 목사로 살아가게 한다.

독일 통일에서 배운 것들

독일 통일 이후 독일 교회 지도자가 NCCK 사무실을 방문한 일이 있다. 동서 분단의 아픔을 간직한 베를린 장벽에서 떼어낸 철조망과 벽돌을 선물로 가져왔다. 그걸 받고서 순간적으로 마음이 상해 심통이 났다.

"이걸 받으니까 하나님에 대해 섭섭한 마음이 생깁니다. 전범국이었던 독일은 동서 통일이 되었는데, 전쟁 피해국인 우리나라는 아직 통일되지 않았으니 하나님이 참 공평하시지 않은 것 같아요."

농담 반 진담 반으로 하는 말에 독일 교회 지도자가 이렇게 대답했다.

"그러니까 하나님은 공평하신 분이지요. 통일이 얼마나 어려운 일인지, 독일을 통해 미리 배우고 경험할 수 있는 기회를 주신 거잖아요. 지금 독일은 통일의 시행착오를 참 많이 겪고 있습니다."

이런저런 이야기를 나누다가 독일을 한번 방문해 주면 좋겠다고 그가 말했다. 그로부터 1, 2년 뒤인 1993년 독일을 방문하여 '분단국가에서 교회의 역할'이라는 주제로 콘퍼런스를 열기로 했다. 한독교회협의회에서 동독 교회 지도자들을 초청하는 형식으로 모임이 진행되었는데, 여기서 동독 교회와 서독 교회 사이의 갈등이 노출되었다. 서독 교회는 동독 교회를 향해 "그렇게 도와줬는데 고마움을 잘 모른다" 하고, 동독 교회는 서독 교회에 "통일이 되고 나니 모든 권한을 다 가진다"면서 부딪쳤다. 독일 교회는 정부에서 급여가 지급되는데, 동독 교회 목회자 월급이 서독 교회의 2분의 1밖에 안 되는 데다 서독 교회가 독일 교회의 정통성을 갖다 보니 심한 불평이 터져 나왔다. 그 상황에서 콘퍼런스에 참석한 한국 교회 사람들은 상대적 약자인 동독 교회를 지지하고 편들었다.

한독교회협의회 콘퍼런스가 있기 전, 동독 지역 방문 프로그램에 참여했다. 동독에서 산업화가 잘된, 마치 우리나라 포스코 같은 기업이 있는 도시인 드레스덴을 방문했는데, 노동자들이 데모를 하고 있었다. 통일이 되고 나서 동독 사람들은 서독과 같이 잘살게 될 줄 알았고, 서독 사람들은 저임금 노동력을 통한 경제 발전을 기대했다. 그러나 서독의 자본주의 체제로 통일되고 나니 사회주의 체제 시절 국가가 모든 것을 책임져 주던 동독 사회의 저효율 고비용 구조는 당연히 퇴출 대상이었다. 그래서 여자들부터 먼저 해고하기 시작했다. 그 결과 남자 혼자 버는데 봉급은 서독 사람들에 비해 낮은 데다 집값은 폭등하니까 상대적 박탈감에 힘겨워하지 않을 도리가 없었다.

공업 지대 방문에 이어 청소년들을 만났는데, 통일 이후 그들은 심각한 가치관의 혼란을 경험하고 있었다. 어제까지만 해도 자기네 삶의 밑바탕이던 사회주의가 몰락한 대신 자본주의 체제가 들어서니 가치관의 혼란을 겪으며 알코올이나 마약 중독에 빠지거나 신나치주의에 빠져 제3세계 이민자와 이주 노동자를 공격했다.

우리를 가이드하던 전직 동베를린 시장에게서 통일 이후 시장에서 물러나야 했던 분노에 찬 목소리를 들었다. 동서독 통일로 일자리를 잃은 건 대학교수들도 마찬가지였다. 마르크스주의나 엥겔스주의의 세계적인 권위자였던 교수들이 통일 이후 자본주의 체제에서 다시 취업서를 내고 젊은 학자들에게 심사를 받아야 했으니, 그들은 또 얼마나 상처 받았을 것인가. 동서 통일 이후 이처럼 박탈감과 절망감, 가치관 혼란 등에 휩쓸리고 있던 동독 지역 방문은 많은 생각과 고민을 안겨 주었다.

한독교회협의회 콘퍼런스 마지막 순서에서 독일 교회 감독은 폐회 설교를 통해 이렇게 말했다.

"우리가 분단되었을 때는 동서 양쪽이 서로 그리워하고 어려운 쪽을 지원하는 데 최선을 다했습니다. 그런데 통일 이후 동독에 복지 체제를 만들고 사회적 인프라를 세우려다 보니 서독 사람들의 세금 부담이 늘고 서독 경제에 어려움이 닥치는 등 통일 준비가 너무 늦었음을 알았습니다. 그래도 독일은 분단 중에도 서로 신문과 텔레비전 방송을 볼 수 있고, 제한된 범위에서 가족 방문이나 서신 왕래가 가능했습니다. 그러나 한국은 남북이 서로를 죽이는 전쟁을 치렀고 여전히 국가보안법이 있어서 편지는 고사하고 신문과 텔레비전 시청, 가족 방문도 불가능한 것으로 압니다. 남북이 더 적극적으로, 더 열심히 통일을 준비해야 하는 절박한 이유가 바로 여기 있습니다."

그 설교를 듣고는 그들이 왜 하나님이 한국을 더 사랑하신다고 표현했는지 비로소 알게 되었다. 그런 점에서 남북나눔운동의 핵심이 바로 '통일 준비' 아닌가 싶다. 정치적·영토적 통일보다 중요한 것은 '사람 사이의 통일'일 텐데, 남북나눔이 그 일을 위해 지금까지 존재하고 일해 왔다고 생각한다.

통일 독일 방문 전에는 5천 년 문화 민족으로서 50년간
의 분단 정도는 언제든 통일만 되면 극복할 수 있다고 생각했다.
그러나 50년의 세월은 인간의 의식구조를 완전히 다르게 바꾸
어 놓기에 충분한 시간이다. 더구나 우리는 동족상잔의 피비린
내 나는 상처를 안고 있다. 내 부모와 형제를 죽인 사람을 인간
적으로, 인간의 힘으로 어떻게 용서할 수 있겠는가. 준비가 제대
로 안 된 채로 갑자기 통일이 이뤄지면 재앙이 될 수도 있겠다는
생각을 그때 비로소 하기 시작했다. 내 가족을 죽인 사람은 성령
의 능력을 힘입지 않고는 용서할 수 없다. 죽고 죽임으로써 빚어
진 비극적 상처와 갈등은 오직 원수까지 사랑하라는 예수님의
말씀이 바탕이 되지 않고는 그 무엇으로도 해결할 수 없다. 오늘
날 하나님이 한국 교회를 이만큼 부흥시켜 주신 것은, 통일운동
에 전심전력할 인적·물적 바탕을 마련해 주셔서 우리 민족 전체
의 비극적인 상처를 치유하고 분단 체제를 해소하라는 뜻이라고
나는 믿는다.

통일운동을 해오면서 소중히 여기는 성경 구절이 있다.

"예물을 제단에 드리려다가 거기서 네 형제에게 원망 들
을 만한 일이 있는 것이 생각나거든 예물을 제단 앞에 두고 먼
저 가서 형제와 화목하고 그 후에 와서 예물을 드리라"(마태복음
5:23-24).

"누가 네 오른쪽 뺨을 치거든, 왼쪽 뺨마저 돌려 대어라"(마
태복음 5:39, 새번역).

"너희 원수를 사랑하며 너희를 박해하는 자를 위하여 기
도하라 …… 너희가 너희를 사랑하는 자를 사랑하면 무슨 상이

있으리요 세리도 이같이 아니하느냐 또 너희가 너희 형제에게만 문안하면 남보다 더하는 것이 무엇이냐 이방인들도 이같이 아니하느냐"(마태복음 5:44-47).

이 세 구절은 모두 평화를 말한다. 예수님의 제자가 된다는 것은 평화를 위한 삶을 산다는 것을 의미한다. 그리스도인은 누구라도 이 평화의 삶을 피하거나 외면할 수 없다. 이 평화의 삶, 평화의 사역이야말로 한국 교회를 새롭게 하고 강하게 할 원동력이다.

남북나눔운동의 시작

남북나눔운동은 홍정길 목사와 이만열 교수, 두 분의 결단과 헌신이 없었으면 여기까지 오기 어려웠을 것이다. 이 일을 함께하면서 진심으로 두 분을 존경하는 마음을 품게 되었다.

1992년 2월 조그련 지도자들의 한국 교회 방문이 무산되었을 때, 수습해야 할 일이 한두 가지가 아니었다. 리셉션 장소 예약 취소는 물론이고, 방문 예정 교회를 차례로 다니면서 "우리의 역량 부족으로 일이 이렇게 되었다"며 사과를 하고 양해를 구했다. 그렇게 남서울교회를 방문하여 홍정길 목사님을 만났는데, 뜻밖의 얘기를 하시는 게 아닌가.

"일이 성사되었으면 더 좋을 뻔했지만, 안타깝게도 무산되는 바람에 재정적인 어려움이 많겠습니다. 이 일에 우리 교회가 헌금을 좀 할까 합니다. 재정이 어느 정도 필요하신지요?"

북한 교회 지도자들의 방문 준비 과정에서 NCCK는 빚더미에 나앉을 형편이었다. 그러니 홍 목사님의 말씀이 참 위로가 되고 마음에 와 닿았다. 정말 좋은 분이구나 하는 생각이 절로 들었다. 그런데 다시 한 번 홍 목사님을 찾아뵐 일이 생겼다. 창립 준비 중이던 남북나눔의 사무총장으로 내정된 분이 갑자기 물러나는 바람에 홍 목사님을 찾아가서 사무총장을 맡아 주시기를 부탁드렸던 것이다. 그러나 목사님은 완곡한 거절의 뜻을 내비치셨다.

"제가 아직 나이도 젊은데, 어찌 한국 교회 차원의 중대한 일을 대표할 수 있겠습니까?"

"목사님, 그렇지 않습니다. 저희 생각으로는 이 일을 맡으시기에 충분하십니다."

"그러면 제가 일단 기도해 보겠습니다."

그때는 몰랐다. '기도해 보겠다'는 말이 사실상 완곡한 거절의 의미였다는 것을. 그래서 1주일 후에 다시 홍 목사님을 뵈러 갔다. 그 사이 우리의 제안을 알게 된 안기부에서 목사님에게 연락을 취해 만류하려 했다는 사실은 전혀 알지 못했다. 다시 목사님의 의향을 물으니 생각지도 못한 답이 돌아왔다.

"제안을 받고 나서 안기부에서 전화가 왔습니다. 사실 하지 않으려는 생각이었어요. 그런데 전화를 받고 나니, 목사가 하나님의 음성을 안 듣고 안기부의 음성을 들을 수야 없지 않은가 하는 생각이 들었습니다."

목사로서 정부기관의 목소리가 아닌 하나님의 목소리를 따라야 한다는 말씀이 가슴을 울려 왔다. 이렇게 해서 홍 목사님이 남북나눔의 대표 격인 사무총장을 맡게 되었다.

남북나눔은 1992년부터 본격적인 논의가 시작되어 1993년 4월에 공식 출범하기까지 1년여의 준비 과정을 거치며 보수와 진보 교회의 연합과 연대의 상징이 되었다. 출범 당시 나는 사무국장을 맡아 1999년까지 실무에 참여했는데, 그 뒤로는 실무적인 일은 하지 않았다.

남북나눔은 출범 첫 해부터 대북 지원을 시작했다. 연변에서 도문을 통해 60톤의 쌀을 북한으로 들여보낸 일을 시작으로 그 뒤로도 비공식적으로 대북 식량 지원을 10여 차례 진행했다. 당시 김영삼 정부는 남북 민간 교류를 승인하지 않고 있을 때였는데, 나중에 대북 지원을 승인하면서 세 가지 원칙을 내세웠다. 첫째, 대북 지원 관련 모금은 단체 내에서 해야 한다. 둘째, 옥외(길거리) 모금은 불허한다. 셋째, 대북 지원은 국제적십자사를 통한 간접 지원만 가능하다.

당시 기독교계에서는 남북나눔을 중심으로 월드비전, 굿네이버스 등 대북 지원 NGO가 모여 북한 지원을 위한 연합 기구인 한국기독교북한동포후원연합회를 조직하면서, 다음과 같은 몇 가지 원칙을 정했다. 대북 지원에 한국 교회가 모두 함께 참여한다. 적십자사를 통하지 않고 교회가 직접 지원한다. 지원 대상은 조선그리스도교연맹으로 한다. 그런데 김영삼 정부의 대북 지원 정책에 따라 식량을 적십자사에 기증하는 형식으로, 적십자사를 통해 보낼 수밖에 없었다.

대북 지원 과정에서 남북나눔이 크게 기여한 일이 있다. 예를 들어 적십자사에 1억 원어치의 지원 물자를 보내면 대북 물류비용이 몇천 만원이 들었는데, 이 과정에서 북한으로 가는 배가 독점적 지위를 누렸다. 그래서 남북나눔에서는 정부가 지정한 업체를 이용하지 않겠다고 알린 다음, 물류비 입찰 경쟁을 붙여 결과적으로 비용을 3분의 1로 줄였다. 이는 대기업 임원으로 일해 경험이 풍부한 신명철 장로가 애쓴 결과였다. 신 장로님은 이 밖에도 여러 행정 절차에 밝아서 남북나눔의 대북 지원 관련 업무와 비용을 잘 관리했다.

왜 무력감이 없었으랴

내가 처음으로 북한을 방문한 것은 1996년이었다. 반공 교육을 받고 자란 세대로, 방북 전 국정원에서 북한 주민 접촉에 관해 부정적인 교육을 받고 나니 긴장이 많이 되었다. 그러나 정작 직접 만나고 보니 저들이 남한 사람에 비해 훨씬 착하다는 생각이 들었다. 물론 경직되어 있고 유연성이 많이 부족한 것은 사실이다.

북한을 방문하는 남녘 사람들은 대부분 북한 사람들을 대화 상대로 보기보다 수혜의 대상으로 여기기 쉽다. 아무래도 궁핍한 그들에게 물자를 지원하다 보니, 그들을 도와주면 우리 말을 귀 기울여 듣겠지 하는 착각까지 한다. 그래서 그들을 만난 자리에서 주로 하는 얘기가 있다. 우리는 자본주의 사회에서 사는 사람들이다. 자본이 우선인 사회에서 북을 돕는 것은 물자가 남아돌아서가 아니다. 북녘 동포 지원 물자는 한국 교회의 정성 어린 헌금이니, 이 헌금을 잘 쓰면 좋겠다.

물론 북쪽 사람들은 '있는 사람들이 좀 도와줄 수 있지 그렇게 꼭 생색을 내야 하나' 하는 생각이 있다. 이와 달리 남쪽 사람들은 '응당 지원받는 쪽에서 허리를 숙이고 고마움을 표시해야 한다'고 여긴다. 내 생각은 분명하다. '주는 사람은 겸손하게, 받는 사람은 당당하게'다. 받는 사람은 비굴하지 않아야 하고, 주는 사람은 거만해서는 안 된다.

경험상 통일운동은 기본적으로 세 가지 요소가 잘 맞아떨어져야 지속 가능하다. 한국 정부, 북한 정부, 그리고 한국 교회(기독교). 이 세 가지 중 어느 한 가지만 빠져도 진행 자체가 불가능하다. 우리 정부가 막아서도 안 되지만, 북한 정부가 거부해도 어렵다. 아울러 남북 당국이 합의한다 해도 교회가 이 일에 하나 되지 않으면 계속 해나갈 수 없다.

남북나눔 실무자로 일할 때, 변화무쌍한 정치 판도에서 남북 간의 쌍방 합의조차 지켜지지 않는 경우가 잦았다. 북쪽이 거부하거나 남쪽이 막아서거나. 이유가 어찌 되었든 북한 방문이나 대북 지원, 인적·물적 교류가 장애에 부딪힐 때면 무력감이 밀려왔다. 스스로 무능한 자라는 자괴감에 빠지기도 했다.

한번은 이런 일이 있었다. 한국 교회 지도자들이 북한을 방문하기로 하여, 북의 초청장을 받고 우리 정부의 허가까지 맡아서 중국으로 갔다. 방문 하루 전 주중 북한대사관에서 비자를 받아 다음 날 평양에 들어가는 일정이었는데, 비자가 나오지 않았다. 초청장을 들이밀고 격렬하게 항의해도 소용이 없었다. 그럴 땐 모두 내 책임 같고 내 무능 때문인 것만 같았다. 일을 하다 보면 여러 어려움을 겪기 마련이지만, 그런 순간은 참 힘들었다.

대북 민간 지원의 최일선 20년

지금까지 남북나눔에서는 쌀이나 밀가루, 탈지분유, 의류, 비닐하우스 같은 농사 도구 등 여러 물자를 북으로 보냈다. 때로는 농업 기술을 전수하기도 했다. NCCK의 한호(한국-호주)교회협의회를 통해 호주 교회가 북한 교회 지도자들을 초청한 적이 있다. 호주 방문 기간 중에 수경재배 현장을 들렀는데, 참외나 수박, 오이가 땅이 아닌 물에서 열매 맺는 모습을 보고 모두들 신기해했다. 하여 조그련 위원장 강영섭 목사의 요청으로 전문가가 직접 평양에 가서 한동안 머물며 수경재배 시설을 설치해 주었는데, 그 전문가는 호주 시민권자인 한국 교포였다. 이는 월드비전과 남북나눔이 공동으로 진행한 사업이다.

대북 지원 민간단체로는 남북나눔이 최초였다. 우리민족서로돕기운동이 1996년에 창립대회를 열고 출범한 반면, 남북나눔은 1993년에 시작했다. 남북나눔은 주로 기독교인으로 구성되어 있다는 게 장점이자 한계이기도 했는데, 이와 달리 우리민족서로돕기는 범종교인으로 구성되어 정부의 적극적인 지원을 받기에 유리한 면이 있었다. 그럼에도 남북나눔은 원수를 사랑하라는 기독교 정신을 바탕으로 일해 왔기에, 남북 화해의 견인차 역할을 더 잘 감당할 수 있었다고 본다.

지금까지 남북나눔은 처음 정신, 처음 마음을 잘 지키면서 일해 왔다. 다만 대북 지원 업무에만 전문화되는 기능주의를 경계하고 신앙으로 무장하고 미래 비전을 더 단단히 갖추어 때로는 정부의 대북 정책을 설득하고 돌파하면서 나아갈 필요도 있지 않을까 한다.

남북나눔의 출범 이후 대북 지원 민간단체가 많이 생겼다. 그 결과 북한에 대해 굉장히 많이 아는 것처럼 떠들거나 서로 경쟁하기도 했는데, 결코 바람직하지 않은 일이다. 경쟁하기보다는 정보를 공유하여 서로 협력하고 연대함으로써 대북 지원과 교류를 훨씬 더 효과적으로 낭비 없이 진행할 수 있다. 한때 제3세계 개발 원조를 많이 했던 독일의 경우, 해외 원조 프로젝트를 공개하여 지원 단체들끼리 전문 분야에 맞게 분배함으로써 중복과 낭비 없이 효과적으로 원조할 수 있었다. 우리나라 대북 지원 민간단체들이 독일의 예를 주목할 필요가 있다.

어떤 이들은 남북나눔이 지금까지 해온 일들이 어떤 변화를 가져올 수 있을지 의심하거나 회의할지도 모르겠다. 변화라는 게 원래 곧장 확인하고 알아챌 수 있는 게 아니잖은가. 꽃이 피어나는 과정을 일일이 다 보지 못해도, 때가 차면 어느 순간 꽃망울을 터뜨린다. 남북나눔운동 또한 그러하리라 믿는다. 남북나눔이 걸어온 지난 20년의 짧지 않은 시간 동안 많은 사람의 수고와 헌신이 밑거름으로 뿌려졌다. 그것이 앞으로 남북 관계에서 어떤 식으로든 꽃을 피우고 열매를 맺는 데 기여할 것이다.

남북나눔은 앞으로 몇 가지 노력을 계속해 나갈 필요가 있다. 첫째, 한국 사회의 강고한 반공주의를 해소하기 위해 힘써야 한다. 민족의 미래를 위해서는 결국 남과 북이 함께 가야 한다는 인식이 널리 퍼져 적대의식을 밀어내도록 방안을 찾고 만들어야 한다. 둘째, 정권의 부침이나 정책의 변화에 따라 일희일비하지 말고 인내를 갖고 오로지 남북나눔이 할 수 있는 일을 찾고 그 일에 집중해야 한다. 셋째, 대북 지원과 남북 교류에 좀 더 적극적이고 도전적이었으면 좋겠다. 불가능해 보이는 일에도 도전하고, 새로운 분야와 영역도 제안해 보면 어떨까. 넷째, 단순히 대북 지원 업무 중심의 기능적인 지원 단체가 되기보다는 한반도 미래 전망과 평화통일의 철학 위에서 발전해 나가기 바란다.

개성공단과 제주 해군기지

대북 지원에 관한 정치 공세, 이념 공세에는 실제와는 거리가 먼 내용이 많이 있다. 북에 쌀을 지원하면 군량미로 전용(轉用)된다는 주장이 대표적이다. 도정해서 보내는 쌀의 경우 북의 형편상 장기간 보관하기가 쉽지 않은 데다, 북한 군인들이 자신이 먹는 식량이 남한에서 보내 준 쌀이라는 걸 안다면 전투력 상실로 이어질 것이 불을 보듯 뻔한데 그렇게 하겠는가 말이다.

중요한 것은 전쟁 재발을 막는, 항구적인 평화 시스템을 만드는 일이다. 이를 위해 당연히 '평화 유지 비용'이 필요하다. 전쟁 무기로 평화를 유지할 수 있다고 생각하여 필요 이상으로 전쟁 무기를 사들이는 것은 문제가 있다. 전쟁 무기는 평화가 아닌 전쟁을 목적으로 만든 것이다. 무기로 평화를 만들 수 없다.

평화를 일구기 위해서는 군사기지나 무기보다는 개성공단

같은 상호 교류 시스템이 훨씬 효과적이다. 잘 알려졌다시피 개성은 원래 북의 군사 지역이다. 한때 남한 관광객으로 활기를 띠던 금강산에도 북의 해군기지가 있었다. 군사 지역을 사람과 물자가 오가는 교류의 공간으로 바꾸어 놓으니, 군사기지를 뒤로 물리게 되어 군사적 대치가 완화되고 경제적으로도 남북이 서로 유익을 얻는다.

개성공단의 한 달 임금은 50-80달러다. 이 임금으로 어디 가서 노동자를 채용할 수 있겠는가. 자본주의적으로 계산해도 개성공단은 한국 경제에 유익한 기여를 하는 곳이다. 무엇보다 개성공단은 남과 북의 사람이 드나들고 만나고 부대끼는 공간이다. 만남과 부대낌을 통해 서로를 이해하고 화해를 일구어낼 가능성이 얼마나 많겠는가. 개성공단은 단순히 경제적 측면의 유익을 넘어 이념과 사상, 체제를 초월하는 인간적 교류와 화합을 낳을 수 있다. 그 안에서 남남북녀의 만남과 사랑이 싹틀지도 모를 일이다.

현재 개성공단은 본래 계획의 10분의 1 정도밖에 진척되지 않았다. 개성공단이 확대될수록 남과 북의 평화와 이익도 그만큼 늘어날 것이고, 전쟁 무기에 드는 비용은 줄어들 것이다. 우리가 전쟁 무기를 아무리 많이 비축한다 한들 중국을 따라갈 수 있겠는가. 군비 경쟁이나 확장에 관해 적잖은 이들이 착각하고 있다.

언젠가 미국에서 열린 세미나에서 제주 해군기지를 언급한 적이 있다.

"미국은 필리핀, 뉴질랜드, 오키나와 등을 대중국 억지 전략을 위한 군사적 요충지로 오랜 기간 활용해 왔습니다. 그런데 이제 세계자연유산이자 생물권보전지역으로 선정된 아름다운 섬 제주에까지 군사기지를 세워 중국을 견제하는 전략 요충지로 활용하려 하고 있습니다."

내 말에 그 자리에 있던 미국인들이 이구동성으로 말했다.

"중국의 팽창주의를 미국이 막는 게 당연한 거 아닌가요? 오히려 미국이 보호해 주는 것입니다."

나도 지지 않고 말했다.

"그런 걱정 안 하셔도 됩니다. 우리나라는 지난 5천 년 동안 강대국 틈바구니에서도 지금까지 살아남았습니다."

미국은 늘 가상의 적을 필요로 하는 나라다. 북한의 존재가 왜 미국에 유익한가? 실재하는 적을 구실로 군비를 늘릴 수 있고 우리 정부에 무기를 팔아먹을 수 있기 때문이다. 그러니 북의 연평도 도발 사건 등은 미국에는 호재일 수밖에 없는 것이다. 우리 정부는 북한의 미사일 공격에 대비하기 위해 2008년께 패트리어트 미사일을 사들였다. 그런데 패트리어트 미사일은 사막전에 맞게 개발된 미사일 요격용 무기다. 중동 사막 지역에 적합한 무기라 우리나라에는 맞지 않은데도 사들여서 묵히고 있다. 왜 굳이 그 무기를 사야 했을까? 패트리어트 미사일은 에드워드 케네디 미 상원의원의 지역구인 매사추세츠 주 소재 레이시온 사에서 생산하는데, 명중률도 좋지 않고 효용 가치가 없다는 이유로 미 육군에서는 구매하지 않기로 했음에도 남북의 긴장 관계를 이용해 우리나라에 팔아 치운 것이다.

여전히 못다 한 숙제를 위하여

오늘날 한국 사회는 지나치게 경쟁적인 면이 있다. 경쟁사회는 지나치게 결과를 중시함으로써, 정당한 절차와 과정의 정직성을 생략하거나 무시한다. '모로 가도 서울만 가면 된다'는 생각은 매우 위험함에도, 우리 사회에서는 이런 정신이 널리 통용된다. 우리나라에서 재벌은 부러움의 대상일지는 모르나, 존경의 대상은 아니다. 정당한 절차와 과정, 정직한 수고 없이 재벌이 된 경우가 많다 보니, 그들을 결코 존경의 눈으로 바라보지 않는다. 우리나라처럼 재벌이나 부자가 욕먹는 나라도 드물 것이다.

그런데 우리 사회의 이런 괴물 같은 결과중심주의나 경쟁 구조는 어디에서 비롯한 걸까? 나는 전쟁과 분단 이후의 치열한 생존 노력에서 말미암은 분단 체제의 산물이라고 생각한다. '너도 살고 나도 살자'는 윈윈(win-win)이 아니라 '너도 죽고 나도 죽자'는 제로섬 게임의 사회 분위기 밑바탕에는 분단 체제가 있는 것이다. 따라서 분단은 더욱 힘써 극복해야 하는 과제인 것이다. 분단 극복에 가장 강력한 힘이 예수 그리스도의 자기희생과 사랑의 정신이다.

작금의 한국 교회 현실을 보면, 마치 한국 사회의 축약판을 보는 것 같아 마음이 무거워진다. 한국 교회의 실상이 사회보다 나을 게 없는데, 과연 기독교 정신, 기독교의 진리가 분단 극복에 어떤 힘을 발휘할 수 있을지 의심이 드는 것도 사실이다.

또한 한국 교회 안에 '북한 선교'를 외치면서 북한 땅에 교회 세우기를 강조하는 목소리가 있다. 솔직히 걱정이 앞선다. 남북이 통일되면 한국의 150개 교단이 다 들어가서 요지마다 부동산을 앞다퉈 사들이느라 정신없이 뛰어다니지 않을까 염려스럽다. 그저 기우이기를 바랄 뿐이다.

한국인에게는 모두 역사적 마음의 상처가 있는데, 정작 이를 해결할 방법은 묘연하다. 개인적으로 아는 어느 목사는 한국전쟁 중에 아버지가 눈앞에서 총살당하는 모습을 목격했다. 그러니 이분에게 북한을 돕자고 하면 벌컥 화부터 내는 것도 무리는 아닐 것이다. 그의 관점에서는 대북 인도적 지원이라는 게 얼마나 어이없는 일일 것인가.

언젠가 어느 교단 평양노회 장로님들에게 북한 돕기 강의를 한 적이 있다. 그때 한 분이 내게 물었다.

"목사님, 저도 정말 돕고 싶습니다. 그런데 우리가 돕는 게 정말로 북한 주민들에게 갑니까? 오히려 북한 정권을 돕는 것은 아닙니까?"

그래서 내가 말했다.

"장로님, 근본적으로 의심하기 시작하면 할 수 있는 게 아무것도 없습니다. 내 식물을 강물에 던지고(전도서 11:1), 그것을 강에서 주워 먹는 사람은 하나님께서 선한 길로 인도하신다고 믿어야겠지요."

동족상잔의 역사적 아픔을 경험한 한국 사회는 종북좌파라는 용어와 프레임으로 일순간에 모든 사안을 비논리적으로 변질시킬 수 있을 만큼 반공 이데올로기가 여전히 강력하게 작동한다. 이 분위기가 변화하려면 분단 트라우마 치유와 함께 균형 잡힌 대북 인식이 필요하다. 이를 위해 한국 교회의 화해와 평화

교육 및 남북 간 대화와 설득 노력이 앞으로도 계속되어야 한다.

한국 교회의 부흥은 전적으로 하나님이 주신 선물이다. 일각에서는 한국의 목사들이 열심히 해서 부흥이 왔다고 하지만, 이는 오직 하나님의 선물이라는 게 내 생각이다. 더구나 이 선물에는 한국 교회가 기독교의 근본 진리, 십자가 사랑에 도달해 보라는 의미가 담겨 있다.

겨레붙이가 식량난으로 큰 어려움을 겪고 있어 전 세계가 도와야 한다고 얘기할 때, 정작 한국 정부와 국민들은 잠잠하다. 아프리카 오지의 아이들이 어려움을 겪는다고 하면 눈물 흘리면서 자매결연을 맺고, 아프리카의 굶주리는 사람들을 위해서는 달려가서 사진도 찍고 눈물도 흘리고 아이도 부둥켜안으면서 정작 북녘 동포들의 어려움에는 눈물은커녕 잘됐다는 적개심을 내보이는 게 우리 현실이다. 그러니 통일이 되면 과거의 원수를 갚으려고 나서지 않는다 할 수 있겠는가? 이에 예수의 십자가 사랑, 기독교의 '자기희생적 사랑'이 절실히 요구되는 것이다. 남북 관계에서 화해의 사도, 사랑의 사도가 되는 것이 어찌 한국 교회와 그리스도인을 향한 부르심이 아니겠는가.

어렵다고 포기할 수 있는 일이 아니다. 어려워도, 아니 어렵기에 그리스도인이 해야 하는 일이다. 그게 기독교다.

통일운동의 말석에 앉은 은혜

———— 강경민 목사 ————

강경민 남북나눔운동 설립 당시 남서울교회 부교역자로, 홍정길 목사를 도와
1992년에 열린 남북나눔운동 발기인대회를 준비하는 데 크게 기여했다.
2001년에는 남북나눔운동 사무처장으로 재직하며 조직을 재정비하고
각종 규정을 개정하여 사무국이 효율적으로 운영되도록 힘썼다.
통일과 복음에 대한 열정으로 탈북 청소년 대안학교인 사단법인 여명학교 이사장을
맡고 있으며, 평화와 통일을 위한 기독인연대 공동운영위원장, 성서한국 교회이사,
일산은혜교회 담임목사로 섬기고 있다.

호텔 '부흥회'의 추억?

"우리 호텔에는 기독교인 모임이 자주 있는 편인데, 오늘 같은 '부흥회'는 처음 봤습니다."

남북나눔 10주년 행사가 열린 2003년, 자신도 기독교인이라고 밝힌 행사 장소 관계자가 흥분한 표정으로 한 말이 생각난다. 당시 신명철 본부장과 기획했던 행사는 여전히 뜻깊은 추억으로 가슴에 남아 있다. 그때로부터 다시 10년이 흘렀다. 지난 20년의 세월이 주마등처럼 지나가며 만감이 교차한다.

내가 남북나눔운동에 참여하게 된 건 1992년 무렵으로 기억한다. 당시 나는 홍정길 목사님 밑에서 부교역자로 일하고 있었다. 신학생이던 1986년, 홍 목사님이 담임 목회하시던 남서울교회 청년부 전도사로 들어갔다. 2년간 파트타임으로 섬기다 신학교를 졸업하면서 바로 전임이 되어 8년을 더 했으니, 홍 목사님 밑에서 10년간 목회를 배운 셈이다.

　　1980년대까지 한국 교회의 통일운동은 한국기독교교회협의회(NCCK)가 주도하는 상황이었고, 보수 교회 진영에서는 거의 움직임이 없었다. 박정희 정권부터 노태우 정권에 이르기까지, 군사 정권 시기 남북 문제와 통일 이슈는 정부 당국이 독점하면서 민간의 참여를 철저히 봉쇄했다. 종교계도 예외는 아니어서 한국 교회와 기독교 단체는 정부 정책에 반하는 일을 하려 하지 않았다. 그런 분위기 속에서 유일하게 NCCK가 통일운동에 선도적으로 나섰던 것이다. 이를 단적으로 보여 주는 것이 바로 1988년 2월에 나온 '민족의 통일과 평화에 대한 한국 기독교회 선언'(일명 NCCK 통일 선언)이다. 임동원 전 통일부 장관도, NCCK 통일 선언이 우리 정부의 통일 정책 수립자들에게 큰 영향을 주었다고 회고한 바 있다.

　　1993년 김영삼 정부 출범 이후, NCCK는 그동안의 선언서 중심 통일운동에서 실제적인 남북 교류와 나눔 중심의 통일운동으로 전환해야 할 필요성을 절감한다. 그런데 남북 간 민간 교류와 나눔을 구체화하고 실행하기 위해서는 보수 교회 진영의 참여가 필수적이었다. 보수 교회의 참여 없이는 '나눔운동'이 어려운 상황이었다. 더구나 보수 교회가 참여하게 되면, 한국 개신교 내에 보수-진보 연합이라는 명분까지 확보되는 셈이니 이보다 더 좋을 순 없었다. 이리하여 NCCK가 구상하고 보수 진영 교회가 주도한, 남북 화해와 평화통일을 위한 남북나눔운동이 출범한 것이다.

　　남북나눔운동을 조직할 당시, 유엔처럼 사무총장에게 실질적인 권한이 모두 주어지는 조직을 염두에 두고 사무총장직을 보수 쪽에 맡기려 했다고 한다. 보수 교회 가운데 나름 북한 선교에 관심이 있던 대형 교회 담임목사를 사무총장으로 내정했으나, 막판에 무산되고 말았다. NCCK로서는 몹시 난감하고 당혹스러운 일이었는데, 그때 찾은 대안이 바로 홍정길 목사였다.

남북나눔을 세운 사람들

"참 좋은 일이지만, 내 일은 아닌 것 같다."

NCCK로부터 전혀 예상치 못한 제의를 받고 나서 당초 홍정길 목사님은 이렇게 얘기하셨다. 그러나 결국 사무총장직을 수락하신 뒤, 교회 부교역자들을 불러 모아 도움을 구하셨다.

"제가 최근 남북나눔 사무총장 일을 맡게 되었습니다. 그런데 이게 참 제게는 마음이 무겁고 버거운 일이에요. 그러니 여러분이 도와주시면 좋겠습니다."

부교역자 가운데 비교적 사회 변혁과 통일 문제에 관심이 있던 내가 좀 더 적극적이었던 것 같다. 김영주 목사가 남북나눔 사무국장으로 내정되어 있었는데, 그와 함께 홍 목사님을 도울 상근자가 필요하다는 생각이 들어 이문식 목사를 추천했다. 식견이나 경험으로 보아 이문식 목사라면 NCCK와 소통하거나 협력하는 과정에서 충분히 잘할 수 있으리라 생각했다.

그때 이문식 목사는 구로동에서 희년교회를 목회하다가 진로를 놓고 금식하며 기도하고 있었다. 금식 기도 중이던 이문식 목사를 찾아갔다. 내 얘기를 듣고 기도하던 그가 얼마 후 마음에 결정을 내렸다. 홍 목사님은 이 목사가 주중에는 남북나눔 실무자로 일하고 주일에는 남서울교회 청년3부 사역자로 설교할 수 있도록 배려해 주셨다. 마침 내가 청년3부 담당 교역자였기에 일이 순조롭게 진행되었다. 설교에 대한 열망이 남달랐던 그로서도 좋은 일이었다. 이렇게 해서 남북나눔은 사무국장에 김영주 목사, 기획실장에 이문식 목사, 그리고 행정 간사에 김경민 자매, 이렇게 세 사람이 상근직 실무자로서 초창기 사무국 기틀을 세워 나갔다. 이문식 목사가 남북나눔에서 일할 수 있도록 중개한 것은 지금 돌아봐도 아주 잘한 일이었다는 생각이 든다.

김영주 목사는 남북나눔에서 한국 교회 진보와 보수 양쪽을 연결하고 소통하는 역할을 감당했다. 그를 통해, 진보와 보수 진영의 한국 교회 최고 지도자들이 이 일에 참여하고 마음과 뜻을 나누었으니 교회사적으로도 큰일을 한 셈이다. 김 목사는 3, 4년 뒤 감리교단에서 중요한 일을 맡게 되어 그만두었는데, 마땅히 그를 대신할 사람이 없었다. 설상가상으로 1년 후 이문식 목사마저 안식년에 들어가야 했다. 사무국장과 기획실장이 모두 공석인 가운데 남북나눔 이사회와 사무국을 연결하는 중간 역할이 필요했기에, 비상임 사무처장으로 내가 실무에 참여하게 되었다. 5년 정도 그 역할을 하다가 탈북 청소년을 위해 설립한 여명학교 이사장을 맡아 달라는 홍정길 목사님 요청으로 그 일을 내려놓았다.

현재 남북나눔 본부장인 신명철 장로님은 오랫동안 자원봉사자로 섬기다가 2000년 정식 상근자로 합류한 이래, 사무국 살림살이에 뛰어난 은사를 발휘했다. 최소의 경비를 쓰면서 북한에 최대의 수혜를 주는 면에서 탁월한 분이었다. 사무국 살림을 알뜰하게 꾸리면서 통일부와의 관계도 원활히 맺어 갔다. 최소 경비로 사무국을 운영하면서 홍 목사님을 보좌하는 최고의 적임자다. 그는 한국 사회 NGO 활동에 새로운 이정표를 남긴 인물로 기억될 것이다.

가슴에 새겨진 첫 방북의 기억

지금까지 북한을 수차례 방문했는데, 아무래도 첫 방북을 잊을 수가 없다. 중국을 경유해서 갔는데, 무엇보다 여전히 정전(停戰) 상태로 대치 중인 북녘 땅을 밟았다는 것이 그렇게 감격적일 수 없었다.

3월의 북녘 땅에는 아직 봄이 당도하지 않았다. 여전히 겨울 기운이 느껴지던 그곳은 새싹이 돋아나지 않았고, 산은 벌거벗은 민둥산이었다. 헐벗은 산처럼 사람들도 초췌해 보였고, 모든 것이 황량한 겨울 느낌으로 다가왔다. 사람과 산하를 보는데 가슴이 저려 왔다. 그런데 여름에 방문하니 첫 방문 때와는 느낌이 많이 달랐다. 산야의 초록이 살아나는 계절이라 그런지 '여기도 살 만한 곳이구나' 하는 느낌이 들었다. 그러면서 첫 방북 때 단편적인 인상만으로 북녘 땅을 평가한 듯싶어 좀 더 신중해져야겠다고 생각했다.

첫 방북 기간에 눈에 띈 또 한 가지는 여기저기 나붙은 정치 구호였다. 과격한 문구와 증오심이 서려 있는 격문은 충격으로 다가왔다. 역사적 사실과 해석의 차이가 이렇게 다를 수 있는가를 생각하면서 고통스러운 상념에 빠져들었다.

북에서 만난 사람들은 우리가 무슨 말을 해도 대체로 이야기를 거의 하지 않는 편이었다. 그런데 특정한 한두 사람은 그렇지 않았다. 그들과는 논쟁을 벌이는 경우도 적지 않았다. 상호 간에 체제 이야기는 하지 않았지만, 한국의 정치 현안이나 국제 문제 등에 관해서는 비교적 자유롭게 얘기를 나누다 때로 대화가 격해져 논쟁으로 번지기도 했다.

언젠가 어느 인사와 얘기하다 보니, 그가 김정일 국방위원장의 러시아 방문 때 수행했다는 사실을 알게 되었다. 게다가 2002년 부산 아시안게임 때 부산도 방문했다는 것이었다. 상당히 지위가 있는 사람 같았다. 그를 만난 자리에서 말했다.

"우리가 정말로 걱정하는 게 뭔 줄 아십니까? 선생처럼 민간인 출신으로 한국도 방문해 보고 국제적인 경험도 있는 분들이 위원장의 최측근이 되어야 위원장께서도 국제적인 감각을 가질 것 아닙니까? 그런데 군부 출신들이 최측근에 있으니, 위원장께서 그들 이야기만 듣지 않을까 걱정입니다."

만약 그때 그가 "당신이 우리 공화국의 고위 정책결정자들을 모독했다"고 나를 몰아붙였다면, 영락없이 억류되고도 남을 상황이 아니었을까 싶다. 방북 중인데도 자칫 흥분을 절제하지 못하고 말실수할 때가 가끔 있다. 생각하면 아찔한 순간이다.

한번은 이런 일도 있었다. 홍정길 목사님과 방북했을 때인데, 북한 권력 서열상 고위급이 나왔다. 보통 그 정도 고위급은 거의 나오지 않는데, 그날은 달랐다. 그런데 홍 목사님을 맞이하러 나온 그가 예의를 갖추고 대하기보다는 상당히 거만하게 구는 게 아닌가. 우리 일행을 앞에 두고 대놓고 기독교를 비판하기까지 했다. 그래서 내가 김일성 주석이 쓴 책 이야기를 했다.

"선생은 주석님이 쓰신 《세기를 위하여》란 책을 읽어 보지 못하신 모양입니다! 그 책 제1권을 읽어 보면, 기독교 이야기가 꽤 많이 나오지요. 거기 보면 주석님도 기독교에 대해 상당히 우호적이시던데, 선생은 그 책을 전혀 안 읽으신 모양이군요."

내 말에 깜짝 놀라 당황한 기색을 감추지 못하더니 한동안 아무 말도 하지 못했다. 지금 생각하면 너무 당돌했다는 생각을 지울 수 없다. 더구나 김일성 주석의 저서를 읽었으니 남한에서는 영락없이 종북주의자로 몰렸을지도 모를 일이다.

북한을 직접 방문하고 나면 반응이 극과 극으로 갈린다. 하루빨리 통일이 이뤄져야 한다는 이들이 있는가 하면, 도리어 어떤 이들은 절망과 낙담을 크게 경험하고 돌아온다. 대북 지원은 밑 빠진 독에 물 붓는 일이라면서 전보다 더 냉담해져 돌아오는 것이다.

사랑은 먼저 상대를 이해하는 데서 시작한다. 그리고 사랑에는 무한한 인내가 필요하다는 것을 잊어서는 안 될 것이다. 나는 북한을 수차례 방문하면서 통일에 대한 마음을 새롭게 할 수 있었다. 통일의 여정은 쉬운 길이 아니다. 그러나 꼭 가야만 할 길이다. 길이 있는데 그 길을 걷지 않는다면, 그것은 일탈이다. 왜 그 길을 가야 하는가를 끊임없이 설득하는 것이 내가 감당해야 할 사명이라고 생각한다.

역사의 비전을 세워야 할 한국 교회

"목사님, 처음엔 빨갱이들한테 뭘 보낸다는 게 도무지 이해가 안 됐습니다. 그래서 교회를 옮기려고 했지요. 그런데 세월이 흐르다 보니까, '우리 교회가 지향하는 것이 맞구나' 하는 생각이 듭디다."

남북나눔과 북한돕기운동을 열심히 실천하고 있는 우리 교회 장로님 한 분이 하신 얘기다. 한국 교회에는 교회의 대북 지원이나 통일운동 참여를 마뜩잖아 하는 분이 이상할 정도로 많다. 한국 교회는 '영혼 구원' 말고는 하나님이 창조하시고 다스리시는 이 세상과 역사에 대한 관심이 참 부족하다. 그나마 영혼 구원에만 치중하는 경우는 건강한 편에 속하는 실정이고, 기복주의나 승리주의로 흐르는 경우도 허다하다. 안타깝게도 한국 교회는 역사에 대한 비전이 많이 부족한 것 같다. 하나님이 섭리하시고 주관하시는 역사를 새롭게 하려는 일에 헌신하는 마음이 없으니 통일 문제는 그저 세속적인, 관심 밖의 일이 되는 게 당연한지도 모른다.

하나님이 대한민국에 베풀어 주신 복을 이 땅의 평화를 위해 사용하지 않는다는 사실이 나는 너무나 안타깝다. 우리가 받은 복을 바르게 사용하지 못할 때, 북한보다 대한민국이 먼저 망할 수 있겠구나 하는 생각이 들 때가 있다. 북한은 이제 더 망할 것도 없는 형편이지 않은가. 그들은 견디는 데 이골이 나 있지만, 물질적 풍요에 길들여진 남한 사회는 의외로 쉽게 망하지 않을까 하는 기우가 드는 것이다. 하나님이 주신 복을 북한 동포들과 나누는 것이야말로 평화통일을 앞당기는 길인 동시에 대한민국이 진정 복 받는 길이라고 나는 확신한다.

예수원 설립자이신 고(故) 대천덕 신부님이 이런 얘기를 하신 적이 있다.

"우리나라가 공산화되지 않은 이유가 있어요. 6·25 직전에 북한에서 넘어온 이주민들을 잘 대접해 주었거든요. 나그네를 잘 대접한 것이지요. 그리고 6·25가 일어나기 직전에 미흡하지만 토지개혁을 통해 지주들의 땅이 농민들에게 돌아갔는데, 그게 결정적으로 공산화되지 않은 이유였습니다."

대 신부님 말씀에서도, 어려움을 겪는 이들을 선의로 대하고 가진 것을 나누는 것이야말로 대한민국이 잘사는 길임을 깨닫는다.

하나님께서 베푸신 재물의 복을 북한 동포들과 나누는 것은 영적으로도, 경제적으로도 우리에게 유익이 된다. 신앙의 논리로도 "주는 자가 복되다"는 말씀을 실천함으로써 하나님 앞에 복된 자가 되는 기회일뿐 아니라, 경제 논리로도 북한과 공동 경제개발이 남북이 함께 번영할 수 있는 기회라는 것을 모르는 전문가는 없다. 돕고 싶어도 능력이 안 되면 도울 수 없고, 나누고 싶어도 북한이 거절하면 무의미하며, 냉엄한 국제 정치 현실에서 미국을 비롯한 주변국이 반대하면 원천적으로 지원이 어렵다. 그런데 지금은 이 세 가지 중 어느 것 하나 걸리는 게 없다. 그러니 어떻게 해서든 도와야 한다. 어떻게 해서든 남북나눔운동을 국민운동으로 승화시켜야 하는 것이다.

한국 교회가 해외선교헌금을 따로 정해서 하듯 평화통일

헌금을 정해서 한다면, 대북 지원 사역이 크게 활성화될 것이다. 우리 근대사에서 기독교를 빼고서는 일제강점기 3·1운동을 이야기할 수 없다. 통일을 이야기할 때도 한국 교회를 무시할 수 없는 역사를 우리가 일구어 간다면, 이 땅의 복음화에 얼마나 큰 자양분이 되겠는가. 이런 입장을 두고, 복음화 도구로 통일을 사용한다고 비난할 자가 있을지도 모르겠다. 아니다. 선을 행하는 것은 그것 자체가 목적이다. 그러나 선은 항상 열매를 맺는다. 기독인들의 선한 행위가 복음의 진정성을 높여 준다는 것은 역사적 진실이다.

여명학교와 통일 공부

여명학교 설립에 처음부터 참여하면서 통일에 대한 지평을 넓힐 수 있었다. 여명학교는 북한 이탈 청소년들의 내적 치유와 회복, 남한 사회 정착 및 통일 한국 인재 양성을 위해 2004년 9월에 세운 탈북 청소년을 위한 대안학교다. 2010년에는 서울시 교육청의 학력 인가를 받은 정식 교육기관이 되어 오늘에 이르고 있다. 여명학교 일에 참여하면서 남한에 온 탈북자 가운데 상당수가 남한을 떠나는 '탈남자'(脫南者)가 된다는 사실을 알게 되었다.

사회주의 체제에서 태어나 자란 그들이 남한 사회에서 적응하고 산다는 건 정말 쉬운 일이 아니다. '대학 입시에서 탈북자에 대한 특례입학을 없애야 한다', '등록금을 지원하지 말아야 한다'고 주장하는 이들이 있다. 그러나 그나마도 혜택이 주어지지 않으면, 그들이 남한 사회에 성공적으로 정착할 아무런 대안이 없다. 생각해 보라. 우리 사회의 치열한 입시 경쟁과 갈수록 취업학원으로 전락해 가는 대학 생활에 북한 이탈 젊은이들이 어떻게 연착륙할 수 있겠는가. 탈북 청소년들이 특혜를 받아 대학에 가더라도 사실상 남한의 대학 생활과 학업을 따라가기가 버겁다. 물론 졸업 후 취업 관문을 뚫기는 훨씬 어려울 것이다. 그러므로 그들이 대학을 다니는 동안 사회생활을 잘 해낼 수 있도록 준비시키고 능력을 키워 주는 시스템이 절실하다.

탈북하여 남한의 대학 생활을 거쳐 사회생활에 잘 정착하는 젊은이는 10퍼센트 정도밖에 안 된다. 나머지 90퍼센트는 적응하지 못하고 어렵게 살아가는데, 그들 가운데 20퍼센트는 남한 사회를 등지고 떠나 제3국으로 가거나 도로 북한으로 돌아가는 경우도 있다고 한다. 제3국으로 가는 경우, 언어와 문화가 달라서 쉽지 않을 거라 생각하면서도 한국보다는 낫겠지 하는 생각으로 일단 떠난다는 것이다. 그 생소한 땅이 한국보다는 낫다니. 어찌 이 지경이 되었는지 안타까울 뿐이다.

탈북하여 제3의 나라에서 방황하거나 한국으로 들어와서도 어려움을 겪고 있는 북한 동포들의 고통을 외면할 수 없다. 한 겨레붙이기 때문이다. 그렇지만 대량 탈북이 발생하는 것은 평화통일의 여정에서 결코 바람직한 일은 아니다. 소위 '기획 탈북'을 선동하고 부추기는 것이 바람직하지 않은 이유가 여기 있다.

그런 점에서 개성공단의 의미와 가치는 대단히 크다. 현재 개성공단 노동자의 임금은 북한 입장에서 보면 상당한 수준이고 남한 입장에서 보면 아주 저렴한 편이다. 인건비의 적정선이야 당국자와 노동자 그리고 기업인들이 결정할 일이지만, 개성공단 같은 산업지구가 늘어나는 것은 북한과 남한에 동시에 유익이 되는 이른바 윈윈(win-win)이다. 어느 한쪽의 일방적 시혜가 아니니 상호 간 자존심 싸움이 되지 않는 것이다. 평화통일을 위한 방법론으로 개성공단 모델처럼 탁월한 방식은 아직 없는 것 같다. 개성공단의 활성화와 확대를 위해 남북 당국이 혼신의 힘을 다해 주길 기대한다.

마음을 움직이는 통일 방안

대한민국 정부가 평화통일을 공식화한 것은 '7·4 남북공동성명'부터다. 물론 정치사적으로는 7·4 공동성명이 북한의 세습 체제와 남한의 유신 체제를 공고히 하는 데 활용되었다는 부정적인 평가가 있다. 그러나 정부 당국이 평화통일을 공식화했다는 점에서 역사적으로 의미가 크다. 7·4 공동성명 이전의 통일은 '북진통일'이었는데, 북진통일 외에는 말조차 꺼내기 어려운 상황이었다.

남북 관계에서 중요한 역사적 문서는 7·4 공동성명(1972), 남북기본합의서(1991), 6·15 선언(2000), 10·4 남북공동선언(2007) 등이다. 7·4 공동성명과 남북기본합의서는 보수 정권에서 나왔고, 6·15 선언과 10·4 공동선언은 진보 정권 집권기에 나왔다. 분단 이후 최초의 남북정상회담을 통해 6·15 선언을 이끌어 낸

김대중 전 대통령의 통일에 대한 헌신은 타의 추종을 불허할 정
도였다. 그런데 6·15 선언 성사 과정에서 7·4 공동성명과 남북
기본합의서 정신을 이은 통일 정책의 연장이라는 점을 적극적으
로 내세웠더라면, 평화통일 여정에서 남-남 갈등이 지금보다는
훨씬 완화되지 않았을까? 김대중 대통령이 군사 정권하에서 워
낙 정치적 박해와 모진 핍박을 받았기에 쉬운 일은 아니었겠지
만, 그래도 아쉬운 건 어쩔 수 없다.

평화통일은 말 그대로 과정 자체도 평화적이어야 한다. 통
일이란 어느 일방의 문제가 아니라 쌍방의 일이기에 마땅히 파트
너가 있게 마련이다. 좋건 싫건 북한이 한반도 평화통일의 파트
너일 수밖에 없다는 얘기다. 그러니 평화통일을 하자면서 북을
'주적'(主敵)으로 규정하는 것 자체가 모순이다. 북을 평화통일의
파트너로 공식적으로 천명하기는 꺼려지는 국내적 상황이 있다
보니, 북한 정권과 주민을 구분하고 분리하여 접근하는 통일 정
책을 내세운다. 언뜻 일리 있고 합리적인 것 같지만, 이는 사실상
모순이자 불가능한 이야기다. 셰익스피어의 희곡《베니스의 상
인》에 보면 '살점을 베어 내되 피는 한 방울도 흘려서는 안 된다'
는 대목이 있는데, 대북 관계에서 북한 정부와 주민을 분리 대응
하자는 것은 바로 그와 같은 모순 논리인 것이다. 평화통일 정책
을 내세운다면 당연히 북한을 통일의 파트너이자 동반자로 인정
해야 남북 관계든 대북 정책이든 오락가락 하지 않고 일관되게
풀어 나갈 수 있을 것이다.

일각에서는 '흡수통일'을 주장하는데, 이는 그야말로 허구
이자 국민을 속이는 일이다. 북한이 무너지면 자동으로 남한에

편입될 거라는 견해는 국제법으로도 말이 안 되는 이야기다. 게다가 국제 정치 현실을 고려해 볼 때, 중국이 북한을 고분고분 놔줄 리가 없다. 오히려 전보다 중국 친화적이고 예속적인, 일종의 위성 국가 성격의 집권 세력이 등장할 가능성이 높다는 것이 상식적으로 예측 가능하다. 전쟁을 통한 군사적 승리를 주장하는 이들도 있지만, 그건 다 함께 죽자는 극단일 뿐이다. 이런 극단이 통용되는 사회는 이미 중병이 든 사회임을 직시해야 한다.

현재로선 당장 통일이 되는 것보다 인도적 물자 지원이나 개성공단 프로젝트 같은 대북 지원을 통해 남북이 평화적으로 교류하고 신뢰 관계를 쌓아 나가는 게 중요하다. 통일이 30년, 아니 50년 뒤에 오면 어떤가. 상호 간에 신뢰를 쌓아 가면서 서로를 인정하고 잘 지내는 관계가 된다면, 언제 통일이 되더라도 좋은 것 아닌가.

대북 지원 얘기가 나왔으니 하는 말이지만, 북한을 지원하면 공산당 관료들 배만 부르게 하고 정작 주민들에게는 지원 물자가 전달되지 않는 것 아니냐는 반문이 있다. 서울대 통일평화연구소 김병로 교수가 한 얘기가 생각난다. 전 세계 빈곤국 지원 현황에 대한 유엔의 통계 자료를 보면, 빈곤국 지원 물자가 실제로 가난한 이들에게 가는 비율이 40퍼센트라고 한다. 그런데 북한의 경우 전달률이 국제 평균치를 웃돈다는 것이다. 지원 물자의 분배 투명성은 끊임없이 높여 가야 하지만, 그것이 나눔을 외면하는 이유가 되어서는 안 될 것이다.

북한에 식량을 지원하면 결국 군대로 들어가서 군량미로 쓰이는 것 아니냐는 물음도 단골로 나오는 문제 제기다. 이 문제에 관해서는 전문가들이 말 못하는 진실이 있는데, 언젠가 이런 이야기를 들은 적이 있다.

"북한 군부가 3-6개월 먹을 군량미가 없을 때 전쟁을 일으킬 가능성이 가장 높다. 굶어 죽느니 차라리 싸우다 죽는 쪽을 택할 것이기 때문이다."

우리의 목표는 멸공이 아니라 평화통일이다. 전쟁을 극복하면서 평화적인 방법으로 통일의 대로를 활짝 여는 것이다. 우리에게 그런 능력이 주어졌다는 것이 얼마나 놀라운 축복인가! 홍정길 목사님도 "북한 군인은 국민 아닌가. 군인이 먹더라도 쌀은 보내야 한다"고 주장하신 바 있는데, 지극히 공감한다.

인도주의에 입각한 대북 지원과 나눔, 그리고 다각적인 교류를 통해 북한 동포들이 남한을 동지로 생각하도록 그들의 마음을 움직여야 한다. 이보다 근본적이고 본질적인 통일 방안은 없다. 국제 정세나 주변 열강을 볼 때, 자주적이고 평화적인 통일의 길은 멀고도 험난하게만 보인다. 그러나 북한 동포들의 마음을 얻는다면, 제국주의적 속내를 지닌 주변 열강이 아무리 우리를 삼키려 해도 결국 어쩌지 못할 것이다. 동포의 마음에 다가가 그 마음을 얻게 될 때, 그들은 이렇게 말할 것이다.

"역시 같은 민족, 동포밖에 없다. 우리가 어려울 때 도와준 사람들은 대한민국이다."

그날을 기대하며 일편단심으로 조건 없는 나눔을 지속해 나가야 한다.

다시 '출발점'에 서는 마음으로

남북나눔은 출범 후 20년이 지난 지금까지도 설립 정신과 운동의 순수성을 잘 지켜 왔다고 평가받는다. 여기에는 두 가지 이유가 있다. 우선, 남북나눔운동의 태생이 민족사적으로 워낙 분명한 필요와 명분이 있었기 때문이다. 이에 더해, 홍정길 목사의 리더십이 절대적인 영향을 끼쳤다.

남북나눔운동의 특징을 한마디로 표현한다면, 북한을 이해하고 그들의 고통을 덜어 주는 데 초점을 맞춘 통일운동이었다고 할 수 있을 것이다. 그래서 북한 사람들도 "우리를 도우려면 홍정길 선생처럼 하라"고 말할 정도다. 그 과정에서 대한민국의 실정법을 준수하기 위해 노력했던 점도 빼놓을 수 없다.

지금까지 남북나눔은 홍정길 목사라는 탁월한 리더를 통해 의미 있는 일을 많이 해왔다. 이제 홍 목사님 이후의 운동 방향을 어떻게 설정할 것인지가 숙제로 주어졌다. 지난 20년 동안 남북나눔이 성공적으로 나눔을 실천할 수 있었던 것은 홍정길 목사의 리더십 덕분이었다는 점은 누구도 부인하지 않는다. 그런데 역설적이게도 바로 그 점이 남북나눔의 한계였다는 것도 부인하기 어려운 사실이다.

오늘날 시대정신으로도 영웅의 시대는 지나가고 있다. 운동도 거대한 단체의 영향력에 기대하던 방식은 지양하는 추세다. 이제 남북나눔은 원탁형 지도 체제를 만들어 가야 한다. 이런 운동 방식이 도입되면 남북나눔은 한국 교회의 진보와 보수가 연대한 연합운동으로 또 한 번 도약의 기회를 붙잡을 수 있을 것이다. 이젠 작은 손들이 모여 거대한 운동력을 창출해야 한다. 나눔이 있는 운동, 운동이 있는 나눔. 이것이야말로 남북나눔의 독특성이다.

불행하게도 그동안 한국 교회는 진보와 보수의 골이 너무나 깊었다. 한국 사회의 이념 지형 속에 드러난 남-남 갈등보다 한국 교회 내 진보와 보수 간의 갈등이 더 깊은 것이 오늘의 현실이다. 손양원 목사가 복음의 능력으로 이미 용해해 버린 이념의 장벽을, 한국 교회는 오히려 신앙의 이름으로 더욱 견고하게 쌓아 올리면서 사회 분열을 선도하는 실정이다. 이데올로기의 허구성과 파괴성을 간과하자는 것이 아니다.

한국 교회는 이데올로기의 경직성을 녹여 낼 사랑의 용광로를 갖지 못했다. 지금까지 남북나눔운동은 민족 사이에서 그 역할을 감당하며 기초를 쌓아 왔다. 이는 곧 남북나눔운동의 기수인 홍정길 목사의 운동 정신이다. '쌀을 보내면 군량미로 전환하기 때문에 절대로 보내면 안 된다'는 논리가 거의 신앙화되어 있는 한국 교회 풍토에서, '군인들도 우리 형제이기 때문에 쌀을 보내야 한다'고 갈파한 홍정길 목사의 정신을 역사에 토착화해 나가야 한다.

남북나눔이 가야 할 길은 아직 멀다. 풀어야 할 숙제도 많다. 그러나 지난 20년의 뜨거운 발자취는 새롭게 열어 갈 미래를 위한 도약의 기초가 되리라 믿어 의심치 않는다.

부록

(사)남북나눔운동 연표·사진으로 보는 남북나눔

남북 정세

6. 3 남북나눔 태동을 위한 예비 모임 시작.

9. 7 남북 교회 나눔운동에 대한 간담회–범교
회적 평화통일운동으로 진행. 가칭 '남북
교회 나눔운동 추진 본부' 결성하기로 함.

10. 12 남북나눔운동 제1차 준비위원회–잠정
적으로 105인 발기인으로 집계, '평화통
일을 위한 남북나눔운동'으로 명칭 결정.

12. 8 남북나눔운동 창립준비 예배 및 발기인
대회 개최(남서울교회)

2. 19 남북나눔운동 사무실 개소
(한국기독교회관 703호).

3. 5 연구위원회 구성(연구위원장 이만열).

3. 남북나눔 소식지 〈나눔의 기쁨〉 발간.

4. 27 남북나눔운동 창립대회 개최(정동제일교회)

7. 1~3 미주한인교회 평화통일 희년협의회
총회 참석–특별 참석한 조선기독교연맹
(조기련) 대표단과 만남.

1992

1993

1. 7~13 권호경 목사 방북–김일성 주석과 오찬.
남북한 기독교 교류와 선교 협력 관해
의견 나눔(남북한 교회 나눔운동 제의).

2. 14 조선그리스도교연맹(조그련)
서울 방문 무산.

2. 25 김영삼 대통령 취임.

3. 12 북 핵확산금지조약(NPT) 탈퇴 선언.

4. 9 김정일 국방위원장 취임.

남북 정세

6. 7 민간단체 최초로 북한에 쌀 60톤 지원
(중국 도문–북한 남양)

8. 22~31 연구위원회 통일 연수(독일).

11. 11 총서 1 《민족 통일을 준비하는
그리스도인》 발간.

11. 9~19 장흥을 화백의 남북산하전 개최
(일민미술관)

남북나눔 대북 물자 지원 시작
(쌀, 밀가루, 아동 의류 외)

6. 19~24 복음주의 4인방(홍정길, 옥한흠, 하용조,
이동원)이 조그련의 서신(3. 1)을 받고
대북 식량 지원 논의차 방북하기 위
해 북경에 대기 중이었으나 우리 정
부 요청으로 무산.

10. 한국 교회 수해복구돕기 운동본부 조직(남
북나눔, 기아대책, NCCK, 한국기독교사회봉사회,
한국이웃사랑회 연합). 의약품 8만 달러 지원.

1994

1995

2. 15 북 국제원자력기구(IAEA) 핵사찰 수락.

5. 24 조선인민군 판문점 대표부 설치.

6. 13 북 IAEA 탈퇴 선언.

7. 8 김일성 사망.

11. 9 제1차 남북경협 활성화 조치.

6. 17~21 대북 쌀 지원을 위한 제1차 회담(북경).

7. 15~19 대북 쌀 지원을 위한
제2차 회담(북경).

8. 북 수해로 대흉작. 식량난, 아사자 속출 보도.

8. 28 조기련 강영섭 위원장이 세계교회협의회
(WCC)에 북한 수해로 인한 복구 사업에
협조해 줄 것을 요청.

9. 26~10. 1 대북 쌀 지원을 위한
제3차 회담(북경).

11. 23 남 대한적십자사, 북한 수재민 구호물자
(담요) 지원.

1. 27~29 제2기 통일학교.

북한 농사 이모작을 위한 조생종 봄보리 종자
구입 시도 무산.

2. 5 기독교 대북지원 창구로 한국기독교북한동
포후원연합회 결성(14개 교단, 8개 단체 연합).

1. 29~2. 2 동아시아 나눔과 연대를 위한 모임
(마카오)-조그련 만남.

4. 12~13 제1기 통일학교.

어린이 옷 지원(화차 20량, 천진-서평양).

12. 9~13 연구위원회 통일 연수(베트남).

한국기독교북한동포후원연합회 사무국으로 제1차
대북 지원(강원도 평창 감자 1,650톤, 봄무와 봄배추 종
자 11.26톤).

8. 18~19 제3기 통일학교.

조그련 1-5차 지원(라면 외).

1996

1997

북 고난의 행군(~2000년).

9. 18 북한 잠수함 강릉 침투.

2. 12 황장엽 망명.

9. 9 북 주체 연호 시행.

10. 8 김정일 당 총비서 추대.

남북 정세

1. 29~30 제5기 통일학교(잠실중앙교회).

정부의 민간단체 창구 다원화 조치로 후원연합회 내에서도 단체들이 독자적으로 활동하기 시작함.

10. 30~11. 6 제9차 대북 지원 물자 인도 대표단 파견–후원연합회 출범 이래 모든 서류를 독자적으로 처리한 최초의 민간 지원.

조그련 8–9차 지원
(결핵검진차 및 분무기, 삽, 밀가루, 비료 외).

2. 18~19 제4기 통일학교.

'남북 농업 발전과 협력을 위한 민간단체협의회' 결성에 참여(대외협력국장에 홍정길 목사).

5. 26~6. 2 제1차 조그련 초청 평양 모니터링 방북.

11. 21, 28 '북한 어린이 겨울나기 지원 거리모금 사진전(대학로).

조그련 6–7차 지원(밀가루 외).

1998

1999

---

2. 25 김대중 대통령 취임.

4. 11~17 남북당국대표회담 개최(북경).

4. 30 제2차 남북경협 활성화 조치.

6. 22 북한 잠수함 속초 침투.

8. 31 북 장거리미사일 대포동 1호 발사.

9. 7 남 금강산 개발 남북협력사업 승인.

2. 10 남 대북 지원 민간단체 창구 다원화 조치.

6. 15 제1차 연평해전.

7. 1~3 제2차 남북차관급 당국회담(북경).

9. 2 북 서해 NLL 무효화 선언.

1. 18~11. 12 연구위원회 공개 세미나 및 월요
　　　　　공개 강좌.

2. 11 조그련과 두루섬 수경재배 시설 설치
　　　의향서 체결.

2. 17~19 제6기 통일학교.

5. 수경재배 시설 물자 반출.

6. 총서 2 《21세기 민족 화해와 번영의 길−남북
　　기본합의서의 이행을 중심으로》 발간.

11. 25 '봉수국수공장 운영 및 어린이 영양식
　　　　공급' 사업 남북협력기금 지원 사업으
　　　　로 선정.

12. 7 조그련 강영섭 위원장과 북경 회담−조그
　　　 련과 '어린이영양식공급 및 성장발육사업
　　　 합의서' 체결.

조그련 10−12차 지원(아동 의류 외).

2. 11~17 연구위원회 통일 연수
　　　　　(대만, 홍콩, 마카오, 심천 등).

2. 28~3. 1 제7기 통일학교(남서울교회)

12. 27 남북나눔 연구위원회 책 발간
　　　　《평화와 통일의 모색−일국양제와 중국》.

조그련 13−17차 지원(밀가루 외).

2000

2001

6. 13~15 제1차 남북정상회담.
　　　　　6·15 남북공동선언.

6. 27~30 제1차 남북적십자회담(금강산).

7. 29~31 제1차 남북장관급회담(서울).

8. 15~18 제1차 남북이산가족방문단 교환(서울/평양).

8. 29~9. 1 제2차 남북장관급회담(평양).

9. 15 시드니 올림픽 남북 공동 입장.

9. 23~25 재일본조선인총연합회(조총련)
　　　　　동포 남측 고향 방문.

9. 25~26 제1차 남북국방장관회담(제주).

9. 27~30 제3차 남북장관급회담(제주).

11. 30~12. 2 제2차 남북이산가족방문단 교환(서울/평양).

12.27~30 제1차 남북경제협력추진위원회(평양).

2. 26~28 제3차 남북이산가족방문단 교환
　　　　　(서울/평양).

남북 정세

3. 8~12 평양 방북 중 예정에 없던 개성 방문.

4. 12 창립 10주년 기념 음악회, 미술전
         (밀알컴플렉스).

4. 28 창립 10주년 기념 학술세미나 및
         논문집 발간.

6. 14~25 '통일 산하전: 백두에서 한라까지'
            (밀알미술관).

8. 23 연구위원회 100차 세미나(기독교회관).

10. 1~6 연구위원회 극동 지역 현장 연구
           (연해주).

10. 18 연해주 고려인과 북한 동포를 위한 감
          자 농사-연해주산 감자 491.3톤 북한
          지원(청진).

조그련 18-27차 지원(아동 의류 외).

조그련 28-42차 지원-(밀가루 외).

2002

2003

6. 29 제2연평해전.

7. 1 북 사회주의 경제관리 개선지침 시행
        (일명 7·1조치).

8. 27~30 제2차 남북경제협력추진위원회 개최
            (서울).

9. 19 북 신의주 특구 지정.

10. 23 북 금강산관광지구 지정.

11. 13 북 개성공업지구 지정.

10. 26~11. 3 제2차 북한 경제시찰단
                남측 방문.

2. 25 노무현 대통령 취임.

6. 30 개성공단 착공식.

8. 20 남북경협 합의서 발표.

9. 금강산 육로관광 개시.

12. 24 도라산 남북출입사무소 개소.

대북협력민간단체협의회(북민협) 부회장 단체로
선출—못자리용 비닐 지원 시작.

6. 11 남북판화전(밀알미술관).

7. 1 민족경제협력연합회(민경련)과 '북한 농촌 주
거환경 개선사업' 합의서 체결.

8. 18 민경련과 '어린이영양식공급 및 성장발육
사업' 합의서 체결.

1차년도 천덕리 농촌 주거환경 개선사업
—주택 100채, 유치원, 탁아소 완공.

조그련 68–102차 지원(밀가루 외).
민경련 1–6차 지원(초콜렛 외).

2. 26 '연해주 고려인과 북한 동포를 위한 감자
농사' 민간협력기금 최우수 사례로 선정.

4.~8. 용천 폭발사건 복구를 위한 긴급 구호
물자 지원.

11. 11 제1회 한국피스메이커 대상 수상.

조그련 43–67차 지원(분유 외).

2004

2005

1. 29 '개성공업지구와 금강산관광지구의 출입
및 체류에 관한 합의서' 채택.

4. 22 용천 폭발사건.

5. 26 제1차 남북장성급군사회담(금강산).

6. 3~4 제2차 남북장성급군사회담(속초).

8. 14 아테네 올림픽 남북 공동 입장.

7. 12 '남북경제협력협의사무소 개설 및
운영에 관한 합의서' 채택.

7. 31 '남북농업협력위원회 구성 운영에 관한
합의서' 채택.

8. 15 제1차 남북이산가족 화상 상봉.

9. 19 9·19 공동성명 발표.

10. 28 남북경협 사무소 개소.

11. 24~25 제2차 남북이산가족 화상 상봉.

12. 8~9 제3차 남북이산가족 화상 상봉.

2. 12 연구위원회 '한반도평화연구원(KPI)'로 독립 발족.

3. 28~31 후원자(99명) 모니터링 방북.

7. 12 함경북도 육아원 어린이 지원 시작(함경북도인민위원회, 함북위). 1–2차 지원(분유 외).

8. 30 대규모 수해 지원(밀가루, 식용유 외).

3차년도 천덕리 농촌 시범마을 조성사업(사업명 변경)–주택 100채, 유치원, 탁아소, 리관리위원회사무소, 마을회관, 간이진료소, 기계화작업실, 창고, 편의시설(이발관, 목욕탕) 완공.

조그련 143–159차 지원(밀가루 외).
민경련 38–69차 지원
(의류, 러시아 연해주 고려인이 재배한 콩 외).
민족화해협력범국민협의회(민화협) 1–10차 지원
(시멘트 외).

북민협 회장단체로 선출.

2차년도 천덕리 농촌 주거환경 개선사업
–주택 100채, 유치원, 탁아소 완공.

연구위원회 위원장에 윤영관 교수 선임.

조그련 103–142차 지원(식용유 외).
민경련 7–37차 지원(밀가루 외).

5. 24~27 후원자(79명) 모니터링 방북.
12. 13~16 후원자(39명) 모니터링 방북.

2006

2007

2. 11 토리노 동계 올림픽 남북 공동 입장.

2. 27~28 제4차 남북이산가족 화상 상봉.

7. 5 북 장거리미사일 대포동 2호 발사.

10. 9 제1차 북한 핵실험.

8. 23 대북 수해 복구 긴급 구호물자 및 자재, 장비 지원 착수.

10. 2~4 제2차 남북정상회담. 10·4 남북공동성명.

11. 14~16 남북총리회담(서울).

11. 27~29 제2차 남북국방장관회담(평양).

12. 4~6 남북경제협력공동위원회(서울).

12. 5 개성 관광 개시.

남북 정세

북민협 상임위원단체로 선출.

8. 2 홍정길 회장 국민훈장 동백장 수상(남북 관
　　　계 발전에 기여).

4차년도 천덕리 농촌 시범마을 조성사업
－주택 100채 외 보건 위생 개선, 식수 조림, 공공
시설 내부 시설 확충.

조그련 160-173차 지원(밀가루 외).
민경련 70-84차 지원(아동 의류 외).
민화협 11차 지원(어린이 옷).
함북위 3-12차 지원(분유 외).

2. 21 홍정길 회장 민화협 민족화해상 수상.

연해주 고려인의 생활 정착을 위한
시설원예지원사업 시작.

조그련 174-189차 지원(밀가루 외).
민경련 85-114차 지원(배나무 묘목, 비료 외).
함북위 13차 지원(이유식).

2008

2009

2. 25 이명박 대통령 취임.

2. 26 뉴욕 필하모닉 평양 공연 및 남북 동시
　　　생중계.

7. 11 금강산 피격 사건.

11. 29 개성 관광, 남북열차 운행 중단.

4. 5 북 장거리 미사일 발사.

5. 25 제2차 북한 핵실험.

11. 10 대청해전.

11. 30 북 제5차 화폐개혁 단행.

남북 정세

조그련 190–208차 지원(밀가루).
민경련 115–144차 지원(밀가루).
함북위 14차 지원(분유).

조그련 209차 지원(밀가루).
민경련 145–147차 지원(사료 외).
민화협 12차 지원(영양죽).

2010

2011

3. 26 천안함 사건.

5. 24 남 5·24 조치–취약계층 지원 외 모든
       인도적 지원 사업 및 인적 교류 금지.

11. 23 연평도 포격 사건.

12. 17 김정일 사망.

12. 30 북 김정은 인민군 최고사령관 추대.

남북 정세

창립 20주년.

민경련 155-159차 지원(어린이 내복 외).
해외동포위원회(해동위) 지원(비타민 및 기초항생제).

민경련 148-154차 지원(사료 외).

2012

2013

4. 13 북 장거리 미사일 발사. 김정일을 영원한
국방위원장, 김정은을 국방위원회 제1위
원장으로 추대.

2. 12 북 제3차 핵실험.

2. 25 박근혜 대통령 취임.

1993. 2. 19 종로구 연지동 기독교회관 703호 남북나눔운동 사무실 개소 예배
앞줄 왼쪽부터 사무처장 김영주, 사무총장 홍정길, 기획처장 이문식

1993. 4. 27 창립총회
왼쪽에 홍정길 목사와 고(故) 김준곤 목사

1994. 6. 7 첫 쌀 지원

제1차 사랑과 나눔의 쌀 60톤

하나님의 영광을 위하여 이루어지는 사랑과 나눔의 쌀은 길림성대외 무역수출입공사의 도경으로 도문화교무역공사 이름으로 조선민주주의 인민공화국육운총국의 운수로서 도문교두를 통하여 조선측 남양시로부터 평양으로 수송한다. 북조선측의 접수는 고기준목사 대표로 승송은 연길시 기독교회 김광수장로 대표협의로 진행한다.

쌀구매상황:
연길시량식창고에 1등 입쌀
(1)쌀 1kg=1.56원(1T=1.560.00원)
   60T=93.600.00원
(2)마대포장: 1개=3.00원
        총 600개 마대포장=1.800.00원
(3)짐실이 비용: 매톤=5.00원
             60톤x5.00원=300.00원
(4)매톤세금 60.00원(60.00원x120T=7.200.00원)
(5)해관, 검역, 수속,교통,비용등등.(이비용은 포함되지 않았음)

                              총합계:102.900.00원

중국 연변조선족 자치주 　　　남북나눔운동
연길시 기독교회　　　　　　　전달대표

당회장: 류도봉　　　　　　　목사: 이요한
장 로: 김 광수　　　　　　　장로: 송 재영

　　　　　　　　　　　　　　장로: 신 명철

1994년 4월 12일(연길시예서)

제1차 쌀 지원(60톤) 자료

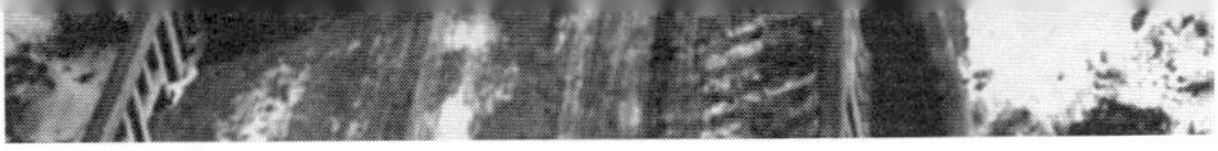

1994. 12. 26 도문 다리를 건너고 있는 쌀 트럭
아래 눈을 치운 곳이 중국 쪽이고 눈이 쌓여 있는 위쪽이 북한 방향이다.

1995. 중국 공항에서
좌측부터 하용조·이동원·홍정길·옥한흠·이문식 목사

1999. 4. 후원연합회 물자 지원

2001년 완공한 평양 두루섬 수경재배 시설
오이, 토마토 등을 재배하여 인근 유치원과 탁아소, 어린이 병원에 지원했다.

2002. 9. 남포육아원의 천진한 아이들과

2002. 9. 봉수국수공장에서

2004. 5. 재건축 이전의
봉수교회에서 주일 예배를 드리는 모습

2003. 10. 연구위원회 극동 지역 현장연구

2004. 5. 형제산가정교회에서 함께 예배하는 모습

2005년 방북
남북나눔 방북단 일행이 평양육아원을 방문해
아이들에게 안수 기도하는 모습.
이 아이들 역시 함께 살아야 할 우리 아이들이다.

2005년 분유를 받은 평양육아원 보모들이
잘 받았다고 사진을 보내 주었다.

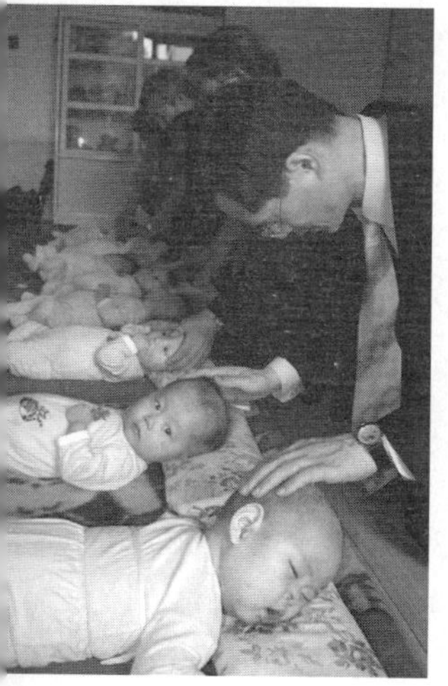

북한 동포 돕기 감자 보내기
연해주에서 화차에 감자를 실은 후

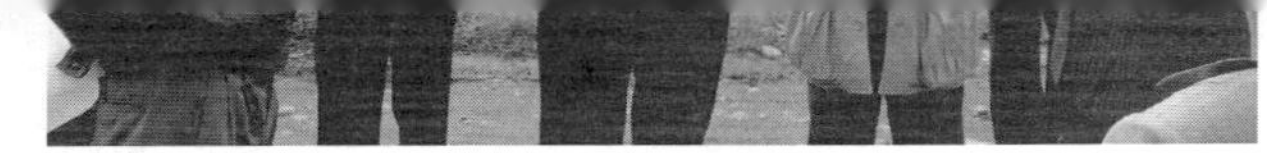

2005년 천덕리 방문
북한 농촌 주거환경 개선사업 현장 조사를 위해
천덕리를 방문하여 관계자의 설명을 듣고 있다.
가운데 홍정길 목사, 바로 우측에 김지철 목사.

2005년 천덕리 주택
밖에서 가는 비가 내리면 방 안에 굵은 비가 내리는 집이었다.

천덕리 주택 공사 현장에서
집을 짓기 위한 터를 닦는 등 공사가 한창이다.

2007년 천덕리 전경
깨끗하게 정돈된 길로 오리들이 자유롭게 걸어 다니고 있다.

천덕리 주택 전경
집 앞 텃밭에서 기른 작물은 개인이 소유할 수 있다.

천덕리 병원

천덕리 유치원

2006. 8. 방북하여 민경련과 합의서에 서명하는 모습

2007. 8. 북한 수재민 돕기 긴급 구호물자 지원

2011. 10. 23 수확한 토마토를 바라보는 고려인 아주머니

2011. 9. 30 개성 육로를 통해 영양죽 6만 개 지원

2013. 9. 연해주 고려인 지원 가정 방문
고려인을 위한 비닐하우스 지원 사업은 계속되고 있다.

화해와 평화의 좁은 길

2013. 12. 18. 초판 1쇄 인쇄
2013. 12. 26. 초판 1쇄 발행
지은이 홍정길 이만열 권호경 강경민 김영주 이문식 신명철
기획·구성 옥명호

펴낸이 정애주 **편집팀** 송승호 김기민 김준표 정한나 박혜민 한미영
디자인팀 김진성 박세정 조주영 **제작팀** 윤태웅 임승철 김의연
마케팅팀 차길환 국효숙 박상신 오형탁 곽현우 송민영 **경영지원팀** 오민택 마명진 윤진숙 염보미

펴낸곳 주식회사 홍성사 **등록번호** 제1-499호 1977. 8. 1.
주소 (121-897) 서울시 마포구 합정동 369-43
전화 02) 333-5161 **팩스** 02) 333-5165
홈페이지 www.hsbooks.com **이메일** hsbooks@hsbooks.com
트위터 twitter.com/hongsungsa **페이스북** facebook.com/hongsungsa
양화진책방 02) 333-5163